Hans-Peter Schneider/
Rudolf Steinberg

Schadensvorsorge im Atomrecht zwischen Genehmigung, Bestandsschutz und staatlicher Aufsicht

Nomos Verlagsgesellschaft
Baden-Baden

CIP-Titelaufnahme der Deutschen Bibliothek

Schneider, Hans-Peter:
Schadensvorsorge im Atomrecht zwischen Genehmigung, Bestandsschutz und staatlicher Aufsicht / Hans-Peter Schneider; Rudolf Steinberg. – 1. Aufl. – Baden-Baden: Nomos Verl.-Ges., 1991
  ISBN 3-7890-2185-7
NE: Steinberg, Rudolf:

1. Auflage 1991
© Nomos Verlagsgesellschaft, Baden-Baden 1991. Printed in Germany. Alle Rechte, auch die des Nachdrucks von Auszügen, der photomechanischen Wiedergabe und der Übersetzung, vorbehalten.

Vorwort

Nach dem Unfall von Tschernobyl wurden in der Bundesrepublik Deutschland, namentlich in Nordrhein-Westfalen, alle kerntechnischen Anlagen einer umfassenden Sicherheitsüberprüfung unterzogen. Auf der Grundlage ihrer Ergebnisse erteilte der nordrhein-westfälische Minister für Wirtschaft, Mittelstand und Technologie den Verfassern den Auftrag zu untersuchen, welche rechtlichen Konsequenzen daraus gezogen werden können oder müssen. Dabei ging es zum einen um Fragen des atomrechtlichen Gefahren- und Risikobegriffs bei der Anlagengenehmigung, zum anderen um Möglichkeiten und Grenzen staatlicher Aufsicht über bereits im Betrieb befindliche Anlagen. Von dieser Aufgabenstellung her bot sich also von vornherein eine Zweiteilung an, bei der jeder der Autoren für seine Ausführungen die alleinige Verantwortung trägt.

Ungeachtet dessen waren beide Verfasser bemüht, die Ergebnisse ihrer Untersuchung so aufeinander abzustimmen, daß nicht nur Widersprüche weitgehend vermieden werden konnten, sondern die Veröffentlichung auch in einem Band gerechtfertigt erschien. Anmerkungen und gemeinsames Literaturverzeichnis wurden bis zum Frühjahr 1990 auf den neuesten Stand gebracht. Die Verfasser hoffen, mit der Veröffentlichung ihrer Gutachten zugleich einen Beitrag zur Versachlichung der vielfach von Emotionen belasteten Debatte um die energiewirtschaftliche Nutzung der Kerntechnik auf der Grundlage des geltenden Atomrechts leisten zu können.

Hannover/Frankfurt am Main, im November 1990

Hans-Peter Schneider
Rudolf Steinberg

Inhaltsübersicht

Atomrechtliche Schadensvorsorge und »Restrisiko«
Rudolf Steinberg unter Mitarbeit von Gerhard Roller 9

Die Verantwortung des Staates für den sicheren Betrieb kerntechnischer Anlagen
Hans-Peter Schneider 115

Literaturverzeichnis 197

Atomrechtliche Schadensvorsorge und »Restrisiko«

von Universitätsprofessor *Dr. Rudolf Steinberg* unter Mitarbeit von wiss. Mitarbeiter *Gerhard Roller*

Inhaltsverzeichnis

Einleitung	12
I. Die erforderliche Schadensvorsorge nach § 7 Abs. 2 Nr. 3 und 5 AtG	13
1. Normstruktur des § 7 Abs. 2 Nr. 3 AtG	14
a) § 7 Abs. 2 Nr. 3 AtG als Gefahrenabwehrnorm	14
aa) Die klassische polizeirechtliche Definition von «Gefahr«	14
bb) Definition von Wahrscheinlichkeit	15
cc) Die Rezeption des polizeirechtlichen Gefahrenbegriffs im Atomrecht	16
b) Zur Differenzierung von Gefahrenabwehr und »gefahrenunabhängiger Risikovorsorge«	19
aa) Die Auffassung Breuers	19
bb) Die Auffassung Benders	22
c) »Bestmögliche Gefahrenabwehr und Risikovorsorge« – der Kalkar-Beschluß des BVerfG	23
aa) Der Maßstab der praktischen Vernunft	25
bb) Die Grenze des menschlichen Erkenntnisvermögens	25
d) Ergebnis	26
e) Die Auslegung der Schadensvorsorge durch das BVerwG im Wyhl-Urteil	27
2. Die Übertragung des Vorsorgestandards des § 7 Abs. 2 Nr. 3 AtG auf den nach § 7 Abs. 2 Nr. 5 AtG erforderlichen Schutz gegen Störmaßnahmen oder sonstige Einwirkungen Dritter	33
3. Risikoermittlung	34

	a) Die erforderliche Schadensvorsorge als Prognosetatbestand	34
	b) Deterministisches Sicherheitskonzept	35
	aa) Bestimmungsgemäßer Betrieb	35
	bb) Störfälle	36
	c) Probabilistik	40
4.	Stand von Wissenschaft und Technik	46
	a) Dreistufiges System technischer Standards	46
	b) Festlegung des Standes von Wissenschaft und Technik	49
	c) Die Bedeutung von Mindermeinungen	50
5.	Die Grenze zwischen der erforderlichen Schadensvorsorge und dem Restrisiko	52
	a) Praktische Vernunft	53
	b) Je-desto-Formel	53
	c) Verhältnismäßigkeitsgrundsatz	57
	d) Die Proceduralisierung der Risikobewertung	59
6.	Die Entwicklung von Vorsorgestrukturen im Atomrecht	61
II.	Versagungsermessen	64
III.	Die Konkretisierung der erforderlichen Schadensvorsorge durch die Strahlenschutzverordnung	67
1.	Strahlenminimierungsgebot	67
2.	Dosisgrenzwerte	68
3.	Störfallplanungsdosen	72
IV.	Vom Vorsorgegebot umfaßte Ereignisse und Maßnahmen	74
1.	Der Unfallbegriff der StrlSchV	74
2.	Flugzeugabsturz	74
3.	Anlageninterner Notfallschutz	76
4.	»Coreaufheizunfall«	78
V.	Drittschutz	79
1.	Der drittschützende Charakter der erforderlichen Vorsorge	79
2.	Kollektivrisiko – Individualrisiko	83
VI.	Rechtsfragen des »Restrisikos«	88
1.	»Restrisiko« als Gefahrenrest	88
2.	Der Schutz vor Grundrechtsschäden	90
3.	Schutzpflicht des Staates gegen Grundrechtsgefährdungen	92
4.	Grenze der Schutzpflicht	96
	a) Risikovergleiche mit anderen »Lebensrisiken«	96
	b) Die Kompetenzvorschrift Art. 74 Nr. 11a GG	98
	c) Die Grundrechte der Betreiber aus Art. 14 Abs. 1, 12 Abs. 1 GG	100

5. Die Sozialadäquanz des »Restrisikos« 102
   a) Maßstäbe der Sozialadäquanz 102
   b) Die Verhältnismäßigkeitsprüfung 105
Zusammenfassung 110

Einleitung

Das Bundesverfassungsgericht hat in seiner Kalkar-Entscheidung vom 8.8.1978[1] und in seinem Mülheim-Kärlich-Beschluß vom 20.12.1979[2] ausgeführt, daß zur Grundsatzentscheidung für oder gegen die friedliche Nutzung der Kernenergie allein der Gesetzgeber berufen sei und daß es in einer notwendigerweise mit Ungewißheiten belasteten Situation zuvörderst in der politischen Verantwortung des Gesetzgebers und der Regierung liege, im Rahmen ihrer jeweiligen Kompetenzen die von ihnen für geboten erachteten Entscheidungen bezüglich der wirtschaftlichen Nutzung der Atomspaltung zu treffen. Der Gesetzgeber habe von dieser Möglichkeit durch die Bestimmung des § 7 Abs. 2 AtG Gebrauch gemacht, und diese Regelung sei verfassungsrechtlich nicht zu beanstanden. Der Staat sei damit seiner Pflicht, das in Art. 2 Abs. 2 GG gewährleistete Grundrecht auf Leben und körperliche Unversehrtheit zu schützen, in ausreichender Weise nachgekommen.[3]
Von diesem verfassungsrechtlichen Ausgangspunkt, der auch der verwaltungsgerichtlichen Rechtsprechung zugrundeliegt, gehen die nachfolgenden Überlegungen aus. Sie knüpfen an dem zentralen genehmigungsrechtlichen Erfordernis des Kalkar-Beschlusses an, dem Grundsatz der bestmöglichen Gefahrenabwehr und Risikovorsorge[4], und wollen dessen Umsetzung in die atomrechtliche Dogmatik durch neuere Entscheidungen des Bundesverwaltungsgerichts verfolgen.
Im Zentrum der Untersuchung steht dabei die Frage nach der erforderlichen Schadensvorsorge des § 7 Abs. 2 Nr. 3 AtG, die es von dem hinzunehmenden »Restrisiko« abzugrenzen gilt (I.). Nach einer kurzen Betrachtung des Versagungsermessens (II.) wird verfolgt, in welcher Weise die erforderliche Schadensvorsorge durch die StrlSchV konkretisiert wird (III.) und welche Ereignisse und Maßnahmen vom Vorsorgegebot umfaßt werden. (IV.). Anschließend werden die Konsequenzen des im Anschluß an die Rechtsprechung des Bundesverwaltungsgerichts seit dem Wyhl-Urteil vom 19.12.1985[5] einheitlichen Begriffs der Schadensvorsorge für den Drittschutz gezogen (V.).
Abschließend wird die rechtliche Relevanz des »Restrisikos« erörtert und unter dem Gesichtspunkt der Sozialadäquanz nach Wegen einer rechtlichen Bewältigung gesucht (VI.).

1 BVerfGE 49, 89.
2 BVerfGE 53, 30.
3 So auch BVerwG, Urt. v. 9.7.1982, DÖV 1982, 820, 821.
4 BVerfGE 49, 89, 139.
5 BVerwGE 72, 300.

I. Die erforderliche Schadensvorsorge nach § 7 Abs. 2 Nr. 3 und 5 AtG

Die zentralen Genehmigungsvoraussetzungen für die Errichtung und den Betrieb einer kerntechnischen Anlage werden in § 7 Abs. 2 Nr. 3 AtG normiert. Danach darf die Genehmigung nur erteilt werden, wenn die nach dem Stand von Wissenschaft und Technik erforderliche Vorsorge gegen Schäden durch die Errichtung und den Betrieb der Anlage getroffen ist. Die entscheidenden Tatbestandsmerkmale der Vorschrift sind der »Stand von Wissenschaft und Technik« zum einen, sowie die »erforderliche Vorsorge« zum anderen.
Obwohl die Bestimmung dieser beiden unbestimmten Rechtsbegriffe Gegenstand zahlreicher Erörterungen in der Literatur und Gerichtsurteilen ist, ist ihr Umfang nach wie vor umstritten.
Voraussetzung für die Erteilung einer atomrechtlichen Anlagengenehmigung ist zunächst, daß die erforderliche Schadensvorsorge getroffen ist.
In Literatur und Rechtsprechung gibt es zahlreiche Versuche, diese Tatbestandsvoraussetzung näher zu bestimmen, was zu einer – vielfach kritisierten – Begriffsvielfalt und -verwirrung geführt hat. Es erscheint daher angezeigt, zunächst dieses Begriffsdickicht zu lichten und die entscheidenden Merkmale herauszuarbeiten. Im Groben lassen sich die folgenden Interpretationsansätze unterscheiden:
Eine verbreitete Auffassung in Literatur und Rechtsprechung geht davon aus, daß »Schadensvorsorge« mit Gefahrenabwehr im polizeirechtlichen Sinne gleichzusetzen ist. Maßnahmen, die über die Gefahrenabwehr hinaus der Vorsorge bzw. »Restrisikominimierung« dienen sollen, werden hingegen dem behördlichen Ermessen zugeordnet. (Dazu unten 1 a).
Eine andere, insbesondere von *Breuer* und *Bender* vertretene Auffassung unterscheidet innerhalb des Tatbestands zwischen »Gefahrenabwehr« und einer darüber hinausgehenden »gefahrenunabhängigen Risikovorsorge«. (Dazu unten 1 b).
Das Bundesverfassungsgericht hat in der Kalkar-Entscheidung den Standard der »bestmöglichen Gefahrenabwehr und Risikovorsoge« entwickelt. (Unten 1 c)
Schließlich hat das Bundesverwaltungsgericht zur Normstruktur des § 7 Abs. 2 Nr. 3 AtG im »Wyhl-Urteil« Stellung genommen, wobei von einem einheitlichen Tatbestand der Schadensvorsorge ausgegangen wird. (Unten 1 e)
Im einzelnen wird dabei auf verschiedene Begrifflichkeiten zurückzukommen sein. Dabei wird sich zeigen, daß gelegentlich unterschiedliche Begriffe für das Gleiche verwandt werden.

1. *Normstruktur des § 7 Abs. 2 Nr. 3 AtG*

a) *§ 7 Abs. 2 Nr. 3 AtG als Gefahrenabwehrnorm*

Soweit man Schadensvorsorge als Gefahrenabwehr im polizeirechtlichen Sinne auffaßt, wird zunächst an den klassischen Gefahrenbegriff angeknüpft. Da auch darüberhinausgehend die Definition der »Gefahr« für die übrigen vertretenen Auffassungen von entscheidender Bedeutung ist, erscheint eine nähere Untersuchung dieses Begriffs angezeigt.

aa) *Die klassische polizeirechtliche Definition von «Gefahr«*

Die klassische polizeirechtliche Definition des Gefahrenbegriffs geht zurück auf die Rechtsprechung des Preußischen Oberverwaltungsgerichts, welches seit der »Kreuzbergentscheidung«[6] in ständiger Rechtsprechung zur Auslegung des § 10 II 17 des Preußischen Allgemeinen Landrechts und später zu § 14 des Preußischen Polizeiverwaltungsgesetzes den Gefahrenbegriff konkretisierte: Danach war eine Gefahr im polizeilichen Sinne eine die erkennbare objektive Möglichkeit eines Schadens enthaltene Sachlage, der nach verständigem Ermessen vorzubeugen ist.[7] An anderer Stelle wird auf solche Zustände abgestellt, die mit einer gewissen Wahrscheinlichkeit den Eintritt eines Schadens nach sich ziehen.[8] Damit sind bereits die zentralen Merkmale des Gefahrenbegriffs benannt, nämlich ein *Schaden* einerseits und die *Wahrscheinlichkeit* seines Eintritts andererseits.

Diese Grundsätze gelten im wesentlichen auch heute noch. Eine Gefahr wird gemeinhin definiert als eine Lage, in der bei ungehindertem Ablauf des Geschehens mit hinreichender Wahrscheinlichkeit ein polizeilich geschütztes Rechtsgut Schaden nimmt.[9]

Ein Schaden im polizeirechtlichen Sinne ist nach verbreiteter Definition eine nicht unerhebliche Beeinträchtigung eines polizeirechtlichen Schutzgutes[10].

Ab wann der Eintritt eines Schadens »hinreichend« wahrscheinlich ist, kann nicht auf eine isolierte Wahrscheinlichkeitsbetrachtung gestützt werden. Nach allgemeiner Auffassung gilt vielmehr der Grundsatz, daß das Vorliegen einer

---

6 PrOVGE 9, 353 ff.
7 PrOVGE 77, 333, 338.
8 PrOVGE 87, 301, 310.
9 statt vieler: Martens in: Drews/Wacke, S. 220.
10 Martens, a.a.O., S. 223, Friauf, S. 201 m.w.N.; ausführlich zum Schadensbegriff: Hansen-Dix, S. 23 ff.

Gefahr im Rechtssinne von einer Verknüpfung der beiden Elemente »Wahrscheinlichkeit« und »Schadensausmaß« bestimmt wird: Je geringer der zu erwartende Schaden ist, um so höher muß der Wahrscheinlichkeitsgrad für dessen Eintritt sein; umgekehrt reicht bei befürchteten erheblichen Schäden eine geringe Eintrittswahrscheinlichkeit für das Vorliegen einer Gefahr aus. Das Schadensausmaß läßt sich weiter differenzieren in das Gewicht des bedrohten Rechtsgutes, die Intensität der dem Rechtsgut drohenden Beeinträchtigung sowie die Anzahl der betroffenen Rechtsgüter und Rechtsgutsträger. Der denkbar größte Schaden besteht demnach dort, wo im Hinblick auf alle drei Faktoren maximale Auswirkungen drohen. Hierauf wird zurückzukommen sein.

Mathematisch läßt sich somit Gefahr als das Produkt aus Schadensausmaß und Wahrscheinlichkeit definieren.[11] Diese sogenannte »Produktformel« oder »Je-desto-Formel« gilt im allgemeinen Polizeirecht[12] und soll auch – und vor allem – im technischen Sicherheitsrecht Anwendung finden.[13]

Von besonderem Interesse für den weiteren Gang der Untersuchung ist die Frage, was »Wahrscheinlichkeit« in diesem Zusammenhang bedeutet und wie Aussagen über Wahrscheinlichkeiten getroffen werden können.

bb) *Definition von Wahrscheinlichkeit*

Bereits das Preußische Oberverwaltungsgericht versuchte das Merkmal der Wahrscheinlichkeit zu bestimmen und bezeichnete sie als »Besorgnis, wie sie sich gerade auf dem Wissen um den ursächlichen Zusammenhang der Dinge gründet.«[14]

Das Wahrscheinlichkeitsurteil kann folglich als Schluß von bestimmten Ursachen auf den Eintritt von Ereignissen in der Zukunft angesehen werden. Dem *polizeirechtlichen* Wahrscheinlichkeitsurteil liegt dabei kein objektiver Wahrscheinlichkeitsbegriff[15] zugrunde, denn die zu treffende Prognose kann

---

11 hierzu.: Nell, S. 164; ausdrücklich auch VGH Bad-Württ., DVBl.1982, 967 (insoweit dort nicht abgedruckt, S. 117 des AU).
12 BVerwGE 45, 51, 61.
13 Breuer, DVBl. 1978 S. 833 Fn.41 m.w.N.; Martens, DVBl. 1981, S. 599; Hansmann, DVBl. 1981, S. 899; Ob diese Formel tatsächlich angewendet wird und ob sie überhaupt praktikabel ist, vgl. unten 5.b).
14 PrOVG PrVBl. 16, 125 f.
15 Unterscheiden lassen sich objektive und subjektive Wahrscheinlichkeitstheorien. Der klassische objektive Wahrscheinlichkeitsbegriff (»der Quotient aus der Anzahl der dem Ereignis günstigen Fälle durch die Gesamtzahl aller gleichmöglichen Fälle«) als auch der statistische und der logische Wahrscheinlichkeitsbegriff sind für die polizeiliche Prognose weitgehend ungeeignet, da sie nur Aussagen auf der Grundlage hinreichender Erfahrungsdaten zulassen. Vgl. Nell, S. 19 ff.

sich nicht nur auf bekannte Tatsachen stützen, sondern ist in mehr oder weniger starkem Maße eine Entscheidung unter Ungewißheit. Nur bedingt kann daher das Wahrscheinlichkeitsurteil mittels »statistischer Feststellungen« getroffen werden, denn für eine Vielzahl von denkbaren Ereignissen ermangelt es an zuverlässigen Statistiken. Die dem polizeirechtlichen Gefahrenbegriff zugrundeliegende Wahrscheinlichkeitsprognose ist vielmehr als »induktive Wahrscheinlichkeit« zu verstehen: Ein Höchstmaß an verfügbaren Tatsachen wird mit dem subjektiven Erfahrungswissen des Prognostizierenden verbunden; insoweit wird auch von einem »normativ-subjektiven« Wahrscheinlichkeitsbegriff gesprochen.[16]

Dies bedeutet allerdings nicht, daß objektive Tatsachen in der Entscheidung keine Rolle spielen und allein die »allgemeine Lebenserfahrung«[17] des Prognostizierenden entscheidend ist: Im Gegenteil sind in den Entscheidungsprozeß alle verfügbaren Tatsachen aufzunehmen, denn erst wenn alle prognoserelevanten Umstände einbezogen sind, kann ein Wahrscheinlichkeitsurteil getroffen werden (»Regel der maximalen Bestimmtheit«[18]).

Inwieweit diese Grundsätze ebenfalls für das Atomrecht gelten, insbesondere inwieweit das subjektive Element bei der Beurteilung herangezogen werden darf, bedarf noch der Erörterung.

Abzugrenzen ist »Wahrscheinlichkeit« von der bloßen »Möglichkeit« eines Schadenseintritts.[19] Während möglich alles ist, was aufgrund unseres akzeptierten Wissens nicht als naturgesetzlich ausgeschlossen erscheint, beschreibt Wahrscheinlichkeit eine über die abstrakte Möglichkeit hinausgehende Besorgnis, die nach Graden zu differenzieren ist.[20]

cc) *Die Rezeption des polizeirechtlichen Gefahrenbegriffs im Atomrecht*

(1) Diese Grundsätze – insbesondere auch die »Je-desto-Formel« – fanden ebenfalls in die atomrechtliche Literatur und Judikatur Eingang.[21] In der

---

16 Zum Ganzen: Darnstädt, S. 35 ff., insb. S. 43 ff.; Martens in: Drews/Wacke, S. 223; Nell, S. 50 ff.
17 Insoweit mißverständlich die teilweise in der polizeirechtlichen Literatur verwandten Formulierungen.
18 Vgl. hierzu Darnstädt, S. 43 ff.
19 So bereits Scholz, VerwArch. 27 (1919), S. 20; Darnstädt, S. 35 ff.; de Witt, S. 151.
20 Darnstädt, S. 36 f., S. 154 ff.
21 VG Würzburg Urt. v. 25.3.1977 »Grafenrheinfeld«, NJW 1977, 1649, 1650; VG Freiburg, »Wyhl«, NJW 1977, 1645, 1646; VGH BW, DVBl. 1982, 967 (Leitsatz 21); vgl. auch Fischerhof, § 7 Rn. 17.

atomrechtlichen Diskussion – ebenso wie im übrigen technischen Sicherheitsrecht – wird dabei vielfach auch der Begriff des »Risikos« benutzt. Teilweise wird zwischen den beiden Begriffen differenziert: »Gefahr« sei die rechtlich beachtliche und daher abzuwehrende Gefährdung, »Risiko« hingegen rechtlich zumutbar und daher hinzunehmen.[22] Zunehmend werden jedoch beide Begriffe gleichbedeutend verwandt. So wird das Risiko ebenfalls als Produkt aus Eintrittswahrscheinlichkeit und Schadensausmaß definiert.[23] Teilweise wird auch Risiko als Oberbegriff für verschiedene Stufen der Gefährdung angesehen.[24] Im folgenden wird nicht unterschieden.

So knüpft etwa das Verwaltungsgericht Würzburg ausdrücklich an die herkömmliche Gefahrendefinition an: »Je höher das Risiko ist, desto höher müssen auch die Sicherheitsanforderungen sein. Das bedeutet, daß bei der Gefahr besonders großer Schäden zur ›hinreichenden Wahrscheinlichkeit‹ auch die entfernte Möglichkeit eines Schadenseintritts gehört.«[25]

Die »entfernte Möglichkeit« des Schadenseintritts ist jedoch nichts anderes, als ein extrem niedriger Wahrscheinlichkeitsgrad.

Das VG Freiburg knüpfte ebenfalls an diese Definition an und stellte einen noch strengeren Maßstab auf:

Bestehe die Gefahr einer Katastrophe, die möglicherweise mehreren tausend Menschen das Leben koste, dann reiche es nicht aus, sich auf eine noch so geringe Wahrscheinlichkeit zu verlassen. Für den Fall eines Berstens des Reaktordruckbehälters müsse die Gefahr daher »auf Null« reduziert sein.[26]

Ähnlich verlangte der VGH Bad.-Würt. in einer früheren Entscheidung, daß die Katastrophe nationalen Ausmaßes praktisch ausgeschlossen bleiben müsse.[27]

Im Urteil des VGH Bad.-Würt. zum Kernkraftwerk Wyhl hat dieser zur Normstruktur des § 7 Abs. 2 Nr. 3 AtG festgestellt, daß Schadensvorsorge mit Gefahrenabwehr im polizeirechtlichen Sinn gleichzusetzen sei.[28]

Das BVerwG hingegen hat in seiner »Wyhl«-Entscheidung die Anwendung des polizeirechtlichen Gefahrenbegriffs ausdrücklich abgelehnt.[29]

---

22 Marburger, Schadensvorsorge, S. 73; eine völlig andere, beachtliche Differenzierung bringt die Studie von Reich, passim, bes. S. 75 ff.
23 Hohlefelder, ET 1983, S. 393; explizit Nicklisch, NJW 1982, S. 2635; Smidt, in: 6. AtRS 1979, S. 47.
24 Rengeling, Probabilistik, S. 72.
25 VG Würzburg, vgl. Fn. 21.
26 VG Freiburg NJW 1977, 1645, 1648.
27 DVBl. 76, 538, 544.
28 Vgl. Fn. 21; siehe hierzu auch unten e.
29 Dazu unten e.

(2) Im Schrifttum wird von einer verbreiteten Auffassung ebenfalls Schadensvorsorge als Gefahrenabwehr verstanden.[30] Hervorgehoben wird aber auch, daß der allgemeine polizeirechtliche Gefahrenbegriff für das technische Sicherheitsrecht der Verfeinerung bedürfe.[31] So reiche es insbesondere nicht aus, die Abschätzung der Eintrittswahrscheinlichkeit eines Schadens und das zu erwartende Schadensausmaß auf der Grundlage »allgemeiner Lebenserfahrung« zu treffen. Vielmehr seien anhand sachverständiger Beurteilung und objektiver wissenschaftlich-technischer Erkenntnisse mögliche Schadensursachen und Ereignisabläufe in die Prognoseentscheidung aufzunehmen und die erforderlichen Schutzmaßnahmen einzuplanen.[32] Dies bedeutet in erster Linie, daß an die Wahrscheinlichkeitsprognose erhöhte Anforderungen zu stellen sind. Insbesondere bedarf sie der Objektivierung nach dem Stand der wissenschaftlichen Erkenntnis.

Für die Bestimmung der erforderlichen Schadensvorsorge kommt es nach dieser Auffassung darauf an, Bewertungskriterien zu entwickeln, die eine Abgrenzung zum rechtlich verantwortbaren »Risikorest« ermöglichen, gegen den eine Schadensvorsorge nicht mehr getroffen werden muß.[33]

(3) In der staatlichen Genehmigungspraxis galt bisher ebenfalls die Auffassung, der Tatbestand enthalte allein Gefahrenabwehr.[34]

Als Grenze der erforderlichen Gefahrenabwehr werden gemeinhin für den bestimmungsgemäßen Betrieb der Anlage die Dosisgrenzwerte des § 45 StrlSchV angesehen, für die sogenannten Auslegungsstörfälle die Störfall-Leitlinien des BMI sowie die Störfallplanungsdosen in § 28 Abs. 3 StrlSchV.

Demgegenüber werden Maßnahmen, die darüberhinaus zu einer weiteren Minimierung des Risikos dienen, lediglich im Rahmen des behördlichen Versagungsermessens berücksichtigt. Hierzu gehören insbesondere Maßnahmen der Risikominimierung gegen nicht auslegungsbedürftige »Unfälle«. Da diesen Ereignissen die Qualität einer »Gefahr« aufgrund der extrem niedrigen Eintrittswahrscheinlichkeit nach dem Maßstab der »praktischen Vernunft« abgesprochen wird, unterfallen diese Vorsorgemaßnahmen in der Verwaltungspraxis

---

30 Ossenbühl, NVwZ 1986, S. 162 u. 168; Wagner, DÖV 1980, S. 274; Hohlefelder, ET 1983 S. 394; Ronellenfitsch, S. 235 ff.; Hansen-Dix, S. 157 ff., 172 ff.; Darnstädt, S. 175 u. 195 der allerdings ausdrücklich den Begriff »Gefahrenabwehr« in diesem Zusammenhang ablehnt, jedoch gleichwohl von einer einheitlichen Tatbestandsstruktur ausgeht, insoweit aber von »Gefahrenvorsorge« spricht. Sachlich besteht jedoch kein Unterschied.
31 Wagner, DÖV 1980, S. 274; Benda, ET 1981, S. 868.
32 vgl. etwa Hohlefelder, ET 1983, S. 394; Lukes, in: 6. AtRS 1979, S. 63.
33 Wagner, a.a.O., S. 274.
34 Hohlefelder, ET 1983, S. 392; Haedrich, Atomgesetz, § 7 Rn. 84; Schattke, in: Recht und Technik, S. 110 f.; Bochmann, 7. AtRS 1983, S. 22.

nicht der Genehmigungsvoraussetzung des § 7 Abs. 2 Nr. 3 AtG.[35] Sie können auch von Dritten nicht verlangt werden. Das danach verbleibende Risiko sei als sogenanntes »Restrisiko« hinzunehmen.

Tab. 1: Dreigliedriger Gefahr- und Risikobegriff der Praxis

Tatbestand	Ermessen	»Restrisiko«
»Je-desto-Formel«	Verhältnismäßigkeitsgrundsatz	
Gefahrenabwehr	Restrisikominimierung	hinzunehmendes Risiko

b) *Zur Differenzierung von Gefahrenabwehr und »gefahrenunabhängiger Risikovorsorge«*

Demgegenüber vertritt ein Teil der Literatur – vereinzelt auch die Rechtsprechung[36] – die Auffassung, der Tatbestand des § 7 Abs. 2 Nr. 3 AtG enthalte neben der Gefahrenabwehr eine »gefahrenunabhängige Risikovorsorge«.[37] Dabei wird die in dieser Vorschrift normierte Tatbestandsvoraussetzung der »Schadensvorsorge« als Oberbegriff verstanden.[38] Insbesondere von *Breuer* und *Bender* wurde diese Differenzierung entwickelt.

aa) *Die Auffassung Breuers*

Breuer geht zunächst davon aus, daß der Tatbestand Gefahrenabwehr im klassischen Sinn enthalte. Hierzu gehöre, daß Ursachenketten verfolgt werden,

---

35 Vgl. den Beschluß des Länderausschusses Atomenergie vom 15.3.1983, dazu Hohlefelder, ET 1983, S. 394. – Aus der Rechtsprechung VGH BW, Urt. v. 30.3.1982, AU S. 111 ff. (Wyhl), bereits früher Hanning/Schmieder, DB 1977, Beil. Nr. 14/77, S. 6 ff. – Vgl. auch Ossenbühl, NVwZ 1986, S. 168, wonach der Gedanke einer gefahrenunabhängigen Risikovorsorge nicht recht habe Fuß fassen können; demgegenüber wird von Feldmann, ET 1983, S. 385, noch von einer unterschiedlichen Praxis berichtet.
36 OVG Lüneburg, DVBl. 1977, 240; OVG Lüneburg, DVBl. 1982, 966.
37 Breuer, DVBl. 1978, 829 ff.; Bender NJW 1979, 1425 ff.; ders., DÖV 1980, S. 633 ff.; Sellner, Atomrecht, S. 378 f.; Roßnagel, NVwZ 1984, S. 139; Benda ET 1981, S. 868; Marburger, 7. AtRS 1983, S. 61; ders., Schadensvorsorge, S. 60 f. m. umf. Nachw.; Hofmann, Rechtsfragen, S. 337 ff.
38 Bender, NJW 1979, S. 1426; Breuer, WiVerw 1981, S. 225.

die in Schadensreaktionen der Anlage münden. Insoweit sind – nach übereinstimmender Auffassung – die anlagenspezifischen Risiken zu ermitteln.[39] Darüberhinaus sei jedoch eine weitere Komponente, die »gefahrenunabhängige Risikovorsorge« Tatbestandsmerkmal.

Breuer unterscheidet zwei Varianten der Risikovorsorge:[40] Die erste Variante betrifft Fälle, in denen kein drohender Schaden, sondern nur der Verdacht der Schädlichkeit oder die bloße Lästigkeit bestimmter Umwelteinwirkungen dargetan sei; dies sei »Risikovorsorge unterhalb der Schädlichkeitsschwelle«. Die zweite Variante greife ein, wo ein Schadenseintritt nach den Maßstäben praktischer Vernunft nicht zu erwarten und deshalb der erforderliche Wahrscheinlichkeitsgrad für die Annahme einer Gefahr nicht erreicht sei, zusätzliche Schutzvorkehrungen jedoch technisch und wirtschaftlich realisierbar seien. Diese »Risikovorsorge unterhalb der Schwelle praktischer Vorstellbarkeit eines theoretisch möglichen Schadenseintritts« stehe jedoch – anders als die kategorisch gebotene Gefahrenabwehr – unter dem Vorbehalt der technischen Realisierbarkeit sowie der Verhältnismäßigkeit von Aufwand und Nutzen.[41]

Fraglich ist somit, wo die Grenze der erforderlichen Gefahrenabwehr verläuft. Hier entwickelt *Breuer* nun seinen »Standard der praktischen Vernunft«. Dieser läge dann vor,

> »wenn es aufgrund der getroffenen Vorsorgemaßnahmen und des Erkenntnisstandes der führenden Naturwissenschaftler und Techniker praktisch nicht vorstellbar ist, daß ein bestimmtes Schadensereignis eintritt. Unter diesen Voraussetzungen ist der Schadenseintritt zwar nicht absolut, d.h. natur- oder denkgesetzlich, wohl aber praktisch ausgeschlossen. Damit vollzieht sich der rechtlich gebotene qualitative Sprung von der sehr geringen, aber beachtlichen Eintrittswahrscheinlichkeit zum Ausschluß eines Schadensereignisses. Nur mit diesem Standard der praktischen Vernunft können auf der Basis der gesetzlichen Grundsatzentscheidung, daß Atomanlagen und andere technische Großvorhaben zulässig sind, die notwendigen Vollzugsentscheidungen plausibel begründet werden.«[42]

Diese Formel fand auch Eingang in die Rechtsprechung. Insoweit ist jedoch auffallend, daß das Bundesverfassungsgericht in der grundlegenden »Kalkar«-Entscheidung zwar auf die Breuersche Formel Bezug nimmt, diese jedoch in

---

39 Hierin sieht Darnstädt den entscheidenden Unterschied zur polizeirechtlichen Gefahrenprognose, die es nicht mit anlagenspezifischen Gefährdungen (»dispositionelle Gefährlichkeit«) zu tun habe. Vgl. auch Fn. 30.
40 Breuer, a.a.O., S. 836/837.
41 So auch Marburger, 7. AtRS 1983, S. 63.
42 DVBl. 1978, S. 835.

wesentlicher Hinsicht anders versteht. Insbesondere stellt es nicht auf die »führenden Naturwissenschaftler« ab.[43] Zum andern – und das erscheint im Hinblick auf die Normstruktur des § 7 Abs. 2 Nr. 3 AtG bemerkenswert – verwendet das Gericht den »Standard der praktischen Vernunft« nicht zur Abgrenzung von Gefahrenabwehr und Risikovorsorge, sondern für die Bestimmung der Grenze zum »Restrisiko«.[44]

In diesem Sinne praktisch ausgeschlossen sei ein Schadensereignis dann, wenn auch Ursachenketten, die von der allgemeinen Erfahrung abwichen, berücksichtigt würden und ihnen durch eine Redundanz mehrfacher voneinander unabhängiger Schutzvorkehrungen entgegengewirkt würde. Die Wirksamkeit und die Redundanz der Schutzvorkehrungen müßten schließlich der Art und dem Ausmaß denkbarer Schadensfolgen angemessen und über jeden ernstzunehmenden Zweifel erhaben sein.[45]

Soweit *Breuer* jedoch hierin einen »qualitativen Sprung« sieht, kann ihm nicht gefolgt werden: Von der sehr geringen, aber beachtlichen Eintrittswahrscheinlichkeit zum *Ausschluß* eines Schadensereignisses kommt man nur anhand einer rechtlichen Fiktion, denn tatsächlich ist ja der Schadenseintritt keineswegs ausgeschlossen, auch nicht »praktisch«.

Diesem Verständnis des § 7 Abs. 2 Nr. 3 AtG wurde daher zu Recht entgegengehalten, daß *diese* Differenzierung zwischen Gefahrenabwehr und Vorsorge kein prinzipieller dogmatischer Unterschied ist, sondern allein am Grad der zu bestimmenden Wahrscheinlichkeit festgemacht wird.[46] Denn jenseits der Grenze der praktischen Vernunft ist der Schadenseintritt ja nicht *unmöglich* im Sinne von »natur- oder denkgesetzlich ausgeschlossen.« Würde man dies annehmen, so wären hiergegen gerichtete Vorsorgemaßnahmen auch völlig verfehlt. Der *praktische Ausschluß* eines *theoretisch denkbaren* Schadens ist nichts anderes als eine deterministische Festlegung, um einen rechtlich handhabbaren Standard nach dem Schema Gefahr ja/nein zu erhalten. Tatsächlich kann sich ein Ereignis, soweit es theoretisch denkbar ist, auch praktisch verwirklichen – sei die Wahrscheinlichkeit auch noch so gering.

*Breuer*s Grenze der praktischen Vernunft bezeichnet also lediglich einen – nicht näher spezifizierten – *niedrigeren Wahrscheinlichkeitsgrad*[47] – und mithin

---

43 Vgl. dazu unten c.
44 BVerfGE 49, 89, 137 u. 143; 53, 30, 59; dazu etwa Marburger, Schadensvorsorge, S. 62 u. 72; Trute, S. 48 Fn. 83 u. 58 f.
45 Breuer, a.a.O., S. 835.
46 So Darnstädt, S. 194 ff.
47 In diesem Sinne versteht auch Benda den Unterschied zwischen Gefahrenabwehr und Risikovorsorge: »Risikovorsorge unterscheidet sich somit von der Gefahrenabwehr durch den (relativ niedrigen) Grad der Eintrittswahrscheinlichkeit; es soll

allenfalls einen »quantitativen« Sprung. Damit ist aber die von *Breuer* selbst gestellte Frage, nämlich »wie unwahrscheinlich ein Geschehensablauf sein muß, damit eine Gefahr im Rechtssinne ausgeschlossen ist«[48] keineswegs beantwortet.[49] »Denn es kann nicht übersehen werden, daß letztlich eine unbestimmte Formel (...) durch eine andere ersetzt wird.«[50] Der Maßstab der Vernunft selbst – und damit die genauere Bestimmung dieser Grenze – bleibt nämlich im Dunkeln.[51] Breuer überläßt das Urteil vielmehr den »führenden Naturwissenschaftlern und Technikern«.[52] Dies läuft aber auf eine Delegation des von der Exekutive zu treffenden Wahrscheinlichkeitsurteils hinaus und ist daher abzulehnen.[53]

Konsequenzen hat diese Differenzierung insbesondere für die Rechtsfolgen: Während oberhalb der »praktischen Vorstellbarkeit« Maßnahmen zwingend geboten sind, so ist unterhalb dieser Grenze Vorsorge nur im Rahmen des wirtschaftlich Vertretbaren zu treffen.

bb) *Die Auffassung Benders*

Ähnlich differenziert *Bender* zwischen Risiken »mit erkannter Gefahrenqualität« und Risiken »ohne erkannte Gefahrenqualität«.[54]

Während die ersteren solche Risiken darstellten, für die nach derzeitigem Wissen die positive Feststellung gemacht werden könnte, daß bestimmte Ereignisse zu einer bestimmten Schadensfolge führten, sei die Wahrscheinlichkeit ihres Eintritts auch noch so klein, seien letztere dadurch charakterisiert, daß trotz Ausschöpfung der zur Verfügung stehenden Erkenntnismöglichkeiten nicht bekannt ist, ob ein bestimmter Störfallablauf mit Schadensfolge überhaupt *möglich* ist, dies aber auch nicht ausgeschlossen werden kann.

Im Kern differenziert *Bender* folglich zwischen *wahrscheinlichen* und bloß *möglichen* Schadensereignissen.[55] Nur in diesem letzteren Fall sei es zulässig ein »Restrisiko« hinzunehmen und die Anwendung des Grundsatzes

---

ungewissen, aber nicht ausschließbaren Schäden vorgebeugt werden.« Benda, ET 1981, S. 868/869.
48 DVBl. 1978, 834.
49 kritisch auch de Witt, S. 152.
50 Marburger, Schadensvorsorge, S. 93 f.; ähnlich Wagner, DVBl. 1980, S. 669: »Juristisches Glasperlenspiel«.
51 So auch Kloepfer, S. 478 f. (Rn. 16).
52 Breuer, a.a.O., S. 835.
53 So zutreffend Sommer, DÖV 1981, S. 657.
54 Bender, NJW 1979, S. 1426 ff.; ders. DÖV 1980, S. 634 ff.
55 In diesem Sinne versteht auch Darnstädt Benders Ausführungen, vgl. Darnstädt, S. 197 ff.

der Verhältnismäßigkeit (wohl im Sinne einer Abwägung von wirtschaftlichem Aufwand und sicherheitstechnischem Nutzen) legitim.[56] Bender ordnet Ereignisse mit einem erheblichen Schadensausmaß aber einer geringen Eintrittswahrscheinlichkeit – da dies erkannte Risiken sind – konsequenterweise der Gefahrenabwehr zu. Insoweit sei »der vom Atomgesetz normierten Schutzpflicht strictissime zu genügen.«[57]
Gegen *Benders* Auffassung wurde zum einen ins Feld geführt, daß es bei der Abwehr von Risiken »mit erkannter Gefahrenqualität« zu einem infiniten Regreß kommen müsse, da jede Gefahrenabwehrmaßnahme ihrerseits eine gewisse Versagenswahrscheinlichkeit habe, der durch bestimmte weitere Maßnahmen begegnet werden müsse usf.[58] Zum anderen sei es im Bereich der bloß »möglichen« Schadensereignisse schwer vorstellbar, daß es nach dem derzeitigen Wissensstand derart »Unerkennbares« gäbe, welches nicht einmal eine Wahrscheinlichkeitsprognose gestatte.[59] Dies erscheint indes zweifelhaft. Denn auch – und gerade – im Bereich der Kernenergie gibt es Ereignisabläufe, die – aus welchen Gründen auch immer – nicht erkannt werden.[60]

Tab. 2: Dreigliedriger Gefahr- und Risikobegriff der Literatur

	Tatbestand		Ermessen
Gefahrenabwehr	praktische Vernunft Risikovorsorge	Verhältnismäßigkeit	hinzunehmendes Risiko

c) *»Bestmögliche Gefahrenabwehr und Risikovorsorge«* – *der Kalkar-Beschluß des BVerfG*

Das Bundesverfassungsgericht hat im Kalkar-Beschluß die Frage nach der dogmatischen Struktur des § 7 Abs. 2 AtG zwar nicht beantwortet. Aber obwohl

---

56 Bender, DÖV 1980, S. 636.
57 NJW 1979, S. 1428 f.; vgl. auch ders., DÖV 1980, S. 634 f.; Neuerdings faßt Bender diese Risiken offenbar unter »Risiken ohne erkannte Gefahrenqualität«, vgl. ders., DÖV 1988, S. 815.
58 Vgl. insbesondere Wagner, NJW 1980 S. 669.
59 Darnstädt, S. 199; ähnlich Wagner, NJW 1980, S. 669; krit. auch Smidt, 6. AtRS, S. 46 f.; Breuer, WiVerw 1981, S. 229; Sellner, Atomrecht, S. 379; Marburger, Schadensvorsorge, S. 72, Fn. 257.
60 Dies zeigt anschaulich der jüngst bekanntgewordene Biblis-«Störfall«: Nach Aussagen eines Mitglieds der GRS war dies »der Anlaß, ein Szenario zu überprüfen von dem wir nicht wußten, daß es möglich war«, zit. nach einer vom Verlag autorisierten Übersetzung des Artikels der »Nucleonics Week«, abgedr. in FR 7.12.1988, S. 4.

eine Präzisierung der Begriffe Gefahrenabwehr und Schadensvorsorge ausdrücklich abgelehnt wird,[61] gibt das Gericht entscheidende Hinweise. Diese sind freilich nicht frei von Widersprüchen. Voraussetzung für eine Genehmigung sei zunächst,

> «...daß die Wahrscheinlichkeit des Eintritts eines Schadensereignisses, die bei einer Genehmigung hingenommen werden darf, so gering wie möglich sein muß, und zwar um so geringer, je schwerwiegender die Schadensart und die Schadensfolgen, die auf dem Spiel stehen, sein können. (...) Insbesondere mit der Anknüpfung an den jeweiligen Stand von Wissenschaft und Technik legt das Gesetz damit die Exekutive normativ auf den Grundsatz der bestmöglichen Gefahrenabwehr und Risikovorsorge fest.»[62]

Damit ist zunächst festgestellt, daß nicht nur Gefahrenabwehr, sondern auch Risikovorsorge vom Gesetz verlangt wird.

Die Formel der »bestmöglichen Gefahrenabwehr und Risikovorsoge« geht jedoch über die nach der »Je-desto-Formel« zu treffende Vorsorge hinaus, da sie von Wahrscheinlichkeitsbetrachtungen unabhängig ist. Denn entweder muß die Wahrscheinlichkeit eines Schadens jeweils »so gering wie möglich« sein, dann kommt es auf eine weitere Differenzierung in Wahrscheinlichkeitsgrade unterhalb dieser Schwelle nicht an, oder die Wahrscheinlichkeit muß jeweils in Abhängigkeit vom Schadensausmaß, entsprechend der »Je-desto-Formel«, so gering wie erforderlich sein.[63] Dem vom Bundesverfassungsgericht postulierten Grundsatz des »dynamischen Grundrechtsschutzes« kommt freilich jene Auslegung näher als diese.

Weiter hat das Bundesverfassungsgericht ausgeführt:

> »Was die Schäden an Leben, Gesundheit und Sachgütern anbetrifft, so hat der Gesetzgeber durch die in § 1 Nr. 2 und in § 7 II AtomG niedergelegten Grundsätze der bestmöglichen Gefahrenabwehr und Risikovorsorge einen Maßstab aufgerichtet, der Genehmigungen nur dann zuläßt, wenn es nach dem Stand von Wissenschaft und Technik *praktisch* ausgeschlossen erscheint, daß solche Schadensereignisse eintreten werden (vgl. dazu *Breuer*, DVBl.1978, 829 ff., 835 f.).
>
> Ungewißheiten jenseits dieser Schwelle praktischer Vernunft haben ihre Ursache in den Grenzen des menschlichen Erkenntnisvermögens; sie sind unentrinnbar und insofern als sozialadäquate Lasten von allen Bürgern zu tragen.«[64]

---

61 BVerfGE 49, 89, 138 u. 140.
62 BVerfGE 49, 89, 138 f.
63 Roßnagel, NVwZ 1984, S. 139.
64 BVerfGE 49, 89, 143.

Damit hat das Bundesverfassungsgericht mehrere Begriffe eingeführt, die der näheren Untersuchung bedürfen.

aa) *Der Maßstab der praktischen Vernunft*

Der Begriff der »praktischen Vernunft« vermag auch im Kalkar-Urteil nicht das einzulösen, was er zunächst verspricht. Denn er ist, trotz der »Wucht der Autorität«[65], die ihm anhaftet und die zunächst eher den Eindruck einer philosophischen Dimension denn niederer juristischer Dogmatik erweckt, auch hier »zur kleinen Münze geworden.«[66]
Der Standard der »praktischen Vernunft« zielt auch hier, wie bei *Breuer*,[67] auf einen Wahrscheinlichkeitsmaßstab ab. Praktisch ausgeschlossen ist das, was als ausreichend unwahrscheinlich gilt. Kriterien, ab wann dies der Fall sein soll, gibt freilich auch das Bundesverfassungsgericht nicht. Dies wird vielmehr der Exekutive überlassen. Damit bleibt aber die zentrale Frage ungelöst.
Das Bundesverfassungsgericht übernimmt den Breuerschen Maßstab, ohne allerdings seine genauere Bestimmung den führenden Naturwissenschaftlern zu überlassen. Vielmehr habe die Exekutive auch zu wissenschaftlichen Streitfragen Stellung zu nehmen.[68]

bb) *Die Grenze des menschlichen Erkenntnisvermögens*

Demgegenüber hebt die Grenze des menschlichen Erkenntnisvermögens, wie *Roßnagel* zutreffend herausgearbeitet hat,[69] auf einen von Wahrscheinlichkeitsbetrachtungen unabhängigen Standard ab. Denn wenn nur dasjenige Risiko hingenommen werden darf, welches jenseits der Grenze des menschlichen Erkenntnisvermögens beginnt, so sind gegen *erkannte*, d.h. »auf dem neuesten Stand unwiderlegten möglichen Irrtums« beruhende, Schadensmöglichkeiten auf jeden Fall Vorsorgemaßnahmen zu treffen. Demnach wäre das »Restrisiko« nur der Bereich nicht erkannter Schadensmöglichkeiten.
In diesem Sinne versteht auch *Bender* das Bundesverfassungsgericht, wenn er die wiederholte Betonung der Grenzen des menschlichen Erkenntnisvermögens als Indiz für seine Auffassung ansieht, die das »Restrisiko« nur in dem Bereich der »Risiken ohne erkannte Gefahrenqualität« angesiedelt wissen will.[70]

---

65 Renneberg, ZRP 1986, S. 162.
66 de Witt, S. 149.
67 Zu wichtigen Unterschieden in seiner Verwendung vgl. oben bei Fn. 43.
68 BVerfGE 49, 89, 136.
69 Roßnagel, NVwZ 1984, S. 141.
70 Bender, NJW 1979, S. 1428.

Schließlich könnte man auch den Mülheim-Kärlich-Beschluß so interpretieren, denn dieser beruft sich insoweit nicht auf *Breuer*, wohl aber auf *Bender*[71].
Dies bedeutet aber, daß insbesondere gegen die in ihren Auswirkungen eindeutig als erkannt anzusehenden nicht auslegungsbedürftigen Unfälle[72] Vorsorge getroffen werden muß. Denn ein Ereignis, dessen Eintrittswahrscheinlichkeit sogar quantifizierbar ist, kann schlechterdings nicht jenseits der Grenze menschlichen Erkenntnisvermögens angesiedelt sein. Dies gilt z.B. für die in der Deutschen Risikostudie Kernkraftwerke berechneten Ereignisse. Am anschaulichsten kann dies anhand des Beispiels eines Flugzeugabsturzes auf ein Kernkraftwerk verdeutlicht werden: Es ist wohl kaum ein Schadensereignis im Zusammenhang mit dem Betrieb eines Kernkraftwerkes denkbar, welches unser Erkenntnisvermögen weniger strapaziert als der Absturz eines Flugzeugs. Ein solches Ereignis wird aber gleichwohl als »praktisch ausgeschlossen« angesehen, da die Eintrittswahrscheinlichkeit zu gering sei. Insofern ist dieses Risiko jedoch keineswegs »unentrinnbar«. Ob es als »sozialadäquate Last von allen Bürgern zu tragen« ist, erscheint ebenfalls zweifelhaft.

Tab. 3: Zweigliedriger Gefahr- und Risikobegriff des BVerfG

Tatbestand	Ermessen
praktische Vernunft und menschliches Erkenntnisvermögen	
Bestmögliche Gefahrenabwehr und Risikovorsorge	hinzunehmendes Risiko

d) *Ergebnis*

Als vorläufiges Fazit läßt sich das bisherige Verständnis der Normstruktur des § 7 Abs. 2 Nr. 3 AtG wie folgt zusammenfassen.
Unterscheiden lassen sich drei Bereiche:
Im ersten Bereich, der übereinstimmend als Gefahrenabwehr bezeichnet wird und unstreitig zum Tatbestand gehört, sind kategorisch die erforderlichen Maßnahmen zu treffen, so daß eine Gefahr »praktisch ausgeschlossen« ist.
Im zweiten Bereich, der teilweise als Risikovorsorge bezeichnet und ebenfalls dem Tatbestand zugerechnet wird, teilweise auch als »*Restrisiko*bereich« lediglich dem behördlichen Ermessen zugerechnet wird, sollen Maßnahmen nur

---

71 BVerfGE 53, 30, 59; zum Ganzen auch: Roßnagel, NVwZ 1984, S. 141.
72 vgl. unten IV.

getroffen werden, soweit sie technisch machbar und wirtschaftlich vertretbar seien. Insoweit wird auch von »Restrisikominimierung« gesprochen. Hierbei handelt es sich etwa um Maßnahmen gegen nicht auslegungsbedürftige Unfälle, die nicht von dem Konzept der Auslegungsstörfälle umfaßt sind (Bsp.: Flugzeugabstürze).
Schließlich sind in einem dritten Bereich, jenseits der Grenze praktischer Vernunft und jenseits der Verhältnismäßigkeit von Vorsorgemaßnahmen, *keine* Maßnahmen mehr zu treffen: Insoweit handelt es sich um das *hinzunehmende* »Restrisiko«. Oder, wie es plastisch ausgedrückt wurde: »Die Anlage – so wie sie nach ihrer Genehmigung dasteht – ist zunächst das hingenommene Restrisiko.«[73]
Diese »Dreiteilung«[74] der Normstruktur ist durch das Wyhl-Urteil des Bundesverwaltungsgericht – zumindest was die Reichweite der tatbestandlich gebotenen zwingenden Maßnahmen angeht – revidiert worden.

e) *Die Auslegung der Schadensvorsorge durch das BVerwG im Wyhl-Urteil*

Im Wyhl-Urteil hat das Bundesverwaltungsgericht ausführlich zur Normstruktur des § 7 Abs. 2 Nr. 3 AtG Stellung genommen. Eine Differenzierung zwischen Gefahrenabwehr und Risikovorsorge nimmt das Bundesverwaltungsgericht nicht vor. Aber auch der in der Vorinstanz vertretenen Auffassung, daß Vorsorge gegen Schäden nichts anderes zum Ausdruck bringe, als den das technische Sicherheitsrecht prägenden Grundsatz der Gefahrenabwehr,[75] tritt das Gericht ausdrücklich entgegen:

> »... diese Vorschrift ist nicht anhand eines vorgeformten polizeirechtlichen Gefahrenbegriffs, sondern mit Blick auf den in § 1 Nr. 2 AtG genannten Schutzzweck des Gesetzes auszulegen. Vorsorge i.S. der in Rede stehenden Vorschrift bedeutet daher nicht, daß Schutzmaßnahmen erst dort zu beginnen brauchen, wo ›aus gewissen gegenwärtigen Zuständen nach dem Gesetz der Kausalität gewisse andere Schaden bringende Zustände und Ereignisse erwachsen werden‹ (...). Vielmehr müssen auch solche Schadensmöglichkeiten in Betracht gezogen werden, die sich nur deshalb nicht ausschließen lassen, weil nach dem derzeitigen Wissensstand bestimmte Ursachenzusammenhänge weder bejaht noch verneint werden können und daher insoweit noch keine Gefahr, sondern nur ein Gefahrenverdacht oder ein »Besorgnispotential« besteht.«[76]

73 Hohlefelder, ET 1983, S. 395.
74 Vgl. auch die Übersicht bei Rengeling, Probabilistik, S. 71 und 73.
75 So der VGH BW, DVBl.1982, S. 966 (Leitsatz 21).
76 BVerwGE 72, 300, 315 = DVBl.1986, 190 (194 f.) = NVwZ 1986, 208 (»Wyhl«); jetzt auch Äußerung v. 14.12.1988, NVwZ 1989, 1145 f.

Das Bundesverwaltungsgericht sieht demnach den Tatbestand als einheitlichen Vorsorgetatbestand an, der den *Gefahrenverdacht* bzw. ein *Besorgnispotential* mit einbeziehe.[77]

Tab. 4: Zweigliedriger Gefahr- und Risikobegriff des BVerwG

Tatbestand	Ermessen
Einheitlicher Schadensvorsorgetatbestand einschließlich »Gefahrenverdacht« und »Besorgnispotential«	praktische Vernunft hinzunehmendes Risiko

Unter Gefahrenverdacht wird nach verbreiteter Definition eine Situation verstanden, bei der aufgrund von Unsicherheiten hinsichtlich der prognoserelevanten Fakten – etwa bestimmter naturwissenschaftlicher Ursache-Wirkungs-Zusammenhänge – noch kein sicheres Urteil über das Vorliegen einer Gefahr getroffen werden kann. In derartigen Fällen sollen im Polizeirecht nur sogenannte »Gefahrerforschungseingriffe« zulässig sein.[78]
Die Einbeziehung des Gefahrenverdachts in den Tatbestand ist zutreffend und konsequent, denn in Wahrheit handelt es sich auch beim sogenannten »Gefahrenverdacht« entweder um eine beachtliche »Gefahr« oder um einen unbeachtlichen Zustand, der keinen Eingriff bzw. keine Genehmigungsversagung

---

77 Insoweit ist bemerkenswert, daß dies vom gleichen Senat im »Stade«-Urteil noch ausdrücklich abgelehnt wurde, vgl. u. S. 29 f.; Zu der gleichzeitig erfolgten Einbeziehung des Gefahrenverdachts in den immissionsschutzrechtlichen Vorsorgegrundsatz des § 5 Abs. 1 Nr. 2 BImSchG vgl. BVerwGE 69, 37, 43 und Urt. v. 9.11.1989 – 7 C 35.87, Umdruck S. 18. Damit dürfte eine Parallelisierung von atomrechtlicher und immissionsschutzrechtlicher Schadensvorsorge jedenfalls im Grundsatz erreicht sein. Ob gleichwohl Differenzierungen geboten sind, weil die atomrechtliche Schadensvorsorge im Schwerpunkt auf Störfälle, die immissionsschutzrechtliche dagegen auf den Normalbetrieb bedacht nimmt, erscheint fraglich. Da in beiden Bereichen die jeweils andere Gefährdungslage auch besteht, sind eher Akzentverschiebungen bei der jeweiligen Betrachtung anzuerkennen. Zu einer Betonung der Unterschiede neigt Trute in seiner grundlegenden Untersuchung des immissionsschutzrechtlichen Vorsorgegrundsatzes, vgl. S. 29 ff., hier besonders S. 48 f. Zentral in diesem Vorsorgekonzept wird die Bewältigung von Unsicherheiten, bei denen – anders als hier – zwischen Gefahrenverdacht und Besorgnispotential unterschieden wird. Vgl. a.a.O., S. 52 ff.
78 Denninger, S. 219; Götz, Rn. 130.

rechtfertigt.[79] Dies ergibt sich aus der konsequenten Anwendung der Definition des Gefahrenbegriffs[80]:
Das Urteil, ob eine hinreichende Eintrittswahrscheinlichkeit für den Eintritt eines Schadens gegeben ist, steht notwendigerweise unter dem Vorbehalt des Ungewissen. Insoweit unterscheiden sich »Gefahr« und »Gefahrenverdacht« nicht. Allenfalls kann der Bereich des »Ungewissen« beim »Gefahrenverdacht« größer sein. Damit wird das Wahrscheinlichkeitsurteil zwar insgesamt weniger rational überprüfbar und stärker von subjektiven Einschätzungen abhängig. Eine Einschätzung und Bewertung der Wahrscheinlichkeit, daß bestimmte Kausalverläufe, die (noch) nicht (vollständig) bekannt sind, in schadenstiftender Weise ablaufen, bleibt aber gleichwohl erforderlich. Denn ansonsten könnte eine Entscheidung, ob Vorsorgemaßnahmen erforderlich sind, nicht getroffen werden.

Die Hereinnahme des »Gefahrenverdachts« in den Tatbestand des § 7 Abs. 2 Nr. 3 AtG stellt also eine Erweiterung gegenüber der herkömmlichen Auffassung dar, denn die Berücksichtigung von bloßen »Besorgnispotentialen« im Sinne nicht ausschließbarer schadenstiftender Kausalverläufe wurde bislang lediglich im Rahmen des Versagungsermessens berücksichtigt.[81] Dies bedeutet aber auch, daß gegen derartige, nicht ausschließbare Ereignisse Vorsorgemaßnahmen *kategorisch geboten sind*, denn insoweit handelt es sich um eine Genehmigungsvoraussetzung. Bemerkenswert ist dieses Ergebnis insbesondere deshalb, weil das Bundesverwaltungsgericht im »Stade«-Urteil noch eine andere Auffassung vertreten hatte. Bezüglich der Risiken, die durch Emissionen im Normalbetrieb auch unterhalb der 30-mrem-Grenze verursacht werden, hatte das Bundesverwaltungsgericht ausgeführt, daß sich zwar die mit kleinsten Strahlendosen verbundenen somatischen Schäden weder experimentell noch epidemiologisch noch statistisch nachweisen ließen, andererseits könne

> »...auch nicht von einem Schwellenwert für ionisierende Strahlen ausgegangen werden, jenseits dessen mit Gewißheit somatische Schäden auszuschließen sind. (...) Diese Quantifizierung des Risikos kleinster Strahlendosen darf jedoch nicht darüber hinwegtäuschen, daß sie auf einer bloß hypothetischen Annahme beruht und damit keine Schadenswahrscheinlichkeit im Sinne des juristischen Gefahrenbegriffs angibt.

---

79 Darnstädt, S. 96; ähnlich Hansen-Dix, S. 180 f., die einen »hinreichend begründeten Gefahrenverdacht« mit einbezieht; ähnlich auch Murswiek: »Eine Gefahr im Rechtssinne kann auch dann schon vorliegen, wenn über die Kausalbeziehungen zwischen Ursache und Wirkung, z.B. über die Eignung bestimmter Stoffe, Krebs zu erzeugen, noch Ungewißheit herrscht.« WiVerw 1986, S. 189.
80 Dazu oben S. 9 ff.
81 Vgl. auch Rengeling, Probabilistik, S. 89.

Das BerGer. hat mithin verkannt, daß hier allein ein Risiko in Rede steht, welches – juristisch gesprochen – lediglich auf einem Gefahrenverdacht beruht.«[82]

Die Risiken, die das Bundesverwaltungsgericht hier beschrieben hat, sind – um auf die Terminologie des Wyhl-Urteils zurückzukommen – exakt solche, »die sich nur deshalb nicht ausschließen lassen, weil nach dem derzeitigen Wissensstand bestimmte Ursachenzusammenhänge weder bejaht noch verneint werden können«. Gerade dies soll aber nun – wie dargelegt – vom Vorsorgegebot umfaßt sein. Genauso hatte es auch die Vorinstanz im »Stade«-Verfahren gesehen und deshalb auch unterhalb der Dosisgrenzwerte ein drittschützendes Vorsorgegebot angenommen. Demgegenüber stellt das Bundesverwaltungsgericht unter Verweis auf das Stade-Urteil fest:

> »Der erkennende Senat hat bereits entschieden, daß ein Dosisgrenzwert von 30 mrem/a die für den Schutz des *einzelnen* (Herv. v. Verf.) erforderliche Vorsorge gegen Schäden beim Betrieb einer atomaren Anlage sicherstellt (BVerwGE 61, 256 [263 ff.]).«[83]

Der scheinbare Widerspruch in der vom Bundesverwaltungsgericht vorgenommenen Norminterpretation, die einerseits den Gefahrenverdacht einbezieht, andererseits aber trotz eines – von ihm selbst angenommenen – bestehenden Gefahrenverdachts einen Dosis-Grenzwert von 30 mrem im Hinblick auf die erforderliche Schadensvorsorge für ausreichend hält, löst das Gericht mit Hilfe einer – keineswegs im Wyhl-Urteil aufgegebenen[84] – weiteren Differenzierung: Das vorsorgebedürftige Risiko wird in ein »Individual-« und ein »Kollektivrisiko« (auch »Bevölkerungsrisiko« genannt) zerlegt.[85]

Ob freilich im Hinblick auf das »Kollektivrisiko« ein Dosisgrenzwert von 30 mrem für den Normalbetrieb als ausreichende Schadensvorsorge betrachtet werden kann, sah sich das Bundesverwaltungsgericht nicht zu entscheiden veranlaßt, denn insoweit hat ein Dritter keine einklagbaren Rechte.[86]

Zu der bedeutsamen Frage, bis zu welchem Punkt der Ungewißheit bzw. bis zu welchem denkbaren Wahrscheinlichkeitsgrad Vorsorge zu treffen ist, hat das Bundesverwaltungsgericht nicht unmittelbar Stellung bezogen. Hieraus wird teilweise der Schluß gezogen, daß das Bundesverwaltungsgericht lediglich auf der Ebene der Kausalität (durch die Einbeziehung des Gefahrenverdachts), nicht aber bei der erforderlichen Eintrittswahrscheinlichkeit eine Erweiterung

---

82 BVerwGE 61, 256, 266 f.
83 BVerwGE 72, 300, 319.
84 So aber Reich, S. 229.
85 Dazu unten V 2.
86 Dazu unten V.

des herkömmlichen Gefahrenbegriffs vorgenommen habe. Die Auslegung des Schadensvorsorgebegriffs durch das Bundesverwaltungsgericht führe daher lediglich zu einer modifizierten begrifflichen Abgrenzung, nicht jedoch zu neuen Anforderungen an die Genehmigungsfähigkeit von Kernenergieanlagen gegenüber der bisherigen Auffassung.[87]

Dies erscheint allerdings schon deshalb zweifelhaft, weil die Einbeziehung des »Gefahrenverdachts« in den Tatbestand zur Berücksichtigung bisher nicht beachteter hypothetischer Kausalverläufe nötigt und mithin sehr wohl zu neuen Anforderungen an die Genehmigungsfähigkeit von Kernenergieanlagen führen kann.

Darüberhinaus erscheint aber auch die Prämisse *Sellner*s fraglich: Es kann nicht angenommen werden, daß einerseits bereits gegen solche denkbaren Ereignisabläufe zwingend Schadensvorsorge getroffen werden muß, die aufgrund ihrer ungewissen Schadenskausalität lediglich »Besorgnispotentiale« darstellen, daß andererseits aber Schutzmaßnahmen gegen klar erkannte Kausalverläufe, deren Eintrittswahrscheinlichkeit jedoch als gering angesehen wird, nicht unter das Vorsorgegebot fallen sollen. Denn die Berücksichtigung von Ereignissen mit geringer Eintrittswahrscheinlichkeit ist keinesfalls ein »weniger« als der sog. »Gefahrenverdacht«.[88] Wie bereits ausgeführt beruht auch der »Gefahrenverdacht« auf einer Wahrscheinlichkeitsannahme.[89] Dabei ist es unerheblich, ob im Sinne der klassischen Gefahrendefinition[90] diese Wahrscheinlichkeit »hinreichend« ist, um eine Gefahr im polizeirechtlichen Sinne anzunehmen. Denn der atomrechtliche Schadensvorsorgebegriff ist gerade *nicht* »anhand eines vorgeformten polizeirechtlichen Gefahrenbegriffs« auszulegen. Daher ist Risikovorsorge auch gegen Ereignisse mit schwerwiegenden Folgen aber geringer Eintrittswahrscheinlichkeit vom Tatbestand des § 7 Abs. 2 Nr. 3 AtG umfaßt.[91]

Allein diese Auslegung ist auch geeignet, dem Postulat der »bestmöglichen Gefahrenabwehr und Risikovorsorge« im Hinblick auf einen »dynamischen Grundrechtsschutz« gerecht zu werden.

---

87 Sellner, NVwZ 1986, S. 617 f.
88 So anscheinend Nolte, S. 71; Zutreffend demgegenüber Kloepfer, S. 487 (Rn. 32): »Die Anerkennung eines weder verifizierbaren noch falsifizierbaren ›Besorgnispotentials‹ als Gegenstand der Schadensvorsorge geht über die Berücksichtigung geringer und geringster Eintrittswahrscheinlichkeiten qualitativ noch hinaus. Atomrechtliche Schadensvorsorge wird so zu experimenteller Prophylaxe in einer prinzipiell von Ungewißheit belasteten Situation.«
89 Vgl. oben S. 29.
90 Vgl. oben 1 a) aa).
91 So offenbar auch Kloepfer, S. 488, Rn. 36.

Die bisher vorherrschende Auffassung hat demgegenüber in der Genehmigungspraxis zu dem merkwürdigen Ergebnis geführt, daß ein erheblicher Teil von Sicherheitsmaßnahmen zwar de facto als Genehmigungsvoraussetzung verlangt wird, diese jedoch nicht dem Vorsorgegebot, sondern dem Ermessen der Behörde als »Risikominimierungsmaßnahmen« unterliegen sollen.[92] Dies gilt praktisch für alle diejenigen Sicherheitsanforderungen, die für sog. »Altanlagen« seinerzeit noch nicht galten. Diese Diskrepanz ist aber mit dem im Wyhl-Urteil aufgerichteten Sicherheitsmaßstab der umfassenden Risikovorsorge nicht vereinbar. Völlig zu Recht hebt Albers folgende Passage des Wyhl-Urteils hervor:

»Gefahren und Risiken müssen, wenn die erforderliche Vorsorge i.S. von § 7 Abs. 2 Nr. 3 AtG getroffen sein soll, praktisch ausgeschlossen sein;...«[93]

Albers sieht in der Forderung nach dem praktischen Ausschluß nicht nur von Schäden und Gefahren, sondern (ganz allgemein) von Risiken außerordentlich hohe rechtliche Anforderungen an den Sicherheitsstandard formuliert.[94] Dem ist zuzustimmen.

Das Wyhl-Urteil stellt zugleich einen Markstein und einen Wendepunkt in der Auslegung der Vorschrift dar. In der neueren Literatur ist die Auffassung des Bundesverwaltungsgerichts überwiegend auf Zustimmung gestoßen,[95] jedenfalls aber beachtet worden.[96] Der 7. Senat hat im übrigen in jüngsten Entscheidungen deutlich gemacht, daß er an der weiten, am Schutzzweck der Norm orientierten Auslegung, festhält.[97] Vorsorge i.S.v. § 7 Abs. 2 Nr. 3 erfordert folglich »auch potentielle Gefahren aufgrund von Wissenslücken, einen ›Gefahrenverdacht‹ oder ein ›Besorgnispotential‹ *auszuschließen* (Herv. d. Verf.)«.[98] Die Instanzgerichte haben diese Rechtsprechung bislang allerdings kaum zur Kenntnis genommen.[99]

---

92 Vgl. oben 1 a) cc).
93 BVerwGE 72, 300, 316.
94 Albers, FS für Simon, S. 536.
95 Bender/Sparwasser, Rn. 405; zustimmend auch Ronellenfitsch DVBl. 1989, S. 859; im Ergebnis zustimmend Reich, S. 156.
96 Vgl. Rengeling, Probabilistik, S. 89 und Lukes, 8. AtRS, S. 66 f.
97 BVerwG, B. v. 13.7.1989, NVwZ 1989, 1168 sowie Beschluß vom gleichen Tag, NVwZ 1989, 1169, unter ausdrücklicher Bezugnahme auf das Wyhl-Urteil.
98 BVerwG, NVwZ 1989, 1169.
99 So geht etwa der VGH Kassel, B. v. 4.7.1989, NVwZ 1989, 1183, 1184 f. (»Biblis«) trotz verbaler Bezugnahme auf das Wyhl-Urteil nach wie vor von einem drei-gliedrigen Normaufbau aus und siedelt die »Minimierung des Restrisikos« beim behördlichen Ermessen an; wie sich dieses zum – tatbestandlichen – Besorgnispotential verhalten soll, bleibt offen.; vgl. auch OVG Lüneburg, B. v. 28.10.1986, NVwZ 1987, S. 75/76 mit einem unrichtigen Hinweis auf BVerwGE 72, 300, 318, wo es

2. Die Übertragung des Vorsorgestandards des § 7 Abs. 2 Nr. 3 AtG auf den nach § 7 Abs. 2 Nr. 5 AtG erforderlichen Schutz gegen Störmaßnahmen oder sonstige Einwirkungen Dritter

Während § 7 Abs. 2 Nr. 3 AtG vom Betreiber Maßnahmen zum Schutz von Gefahren verlangt, die durch den Zustand oder den Betrieb der Anlage an sich hervorgerufen werden, erweitert § 7 Abs. 2 Nr. 5 AtG die Verantwortlichkeit des Betreibers auch für solche Gefahren, die durch unbefugte Einwirkungen Dritter auf die Anlage hervorgerufen werden. In Betracht kommt dabei der Schutz vor Gefahren, die von Terror- und Sabotageakten, Flugzeugabstürzen oder dem Transport gefährlicher Güter auf vorbeiführenden Verkehrswegen herrühren.[100] In seinem Neckarwestheim-Urteil vom 19. Januar 1989 hat das Bundesverwaltungsgericht klargestellt, daß die Anforderungen an den »erforderlichen Schutz« nach § 7 Abs. 2 Nr. 5 AtG keine geringeren seien als die der »erforderlichen Vorsorge« des § 7 Abs. 2 Nr. 3 AtG.[101] Dies wird zutreffend damit begründet, daß das Gefährdungspotential, um dessen uneingeschränkte Beherrschung es dem Gesetzgeber in beiden Genehmigungsvoraussetzungen gehe, ein und dasselbe sei. Die Vorkehrungen, die beide Vorschriften erforderten – in erster Linie baulich-technische, ergänzend organisatorisch-administrative -, ließen sich häufig gar nicht voneinander trennen.

> »Es ergäbe keinen Sinn, wäre mit Maßnahmen in Anwendung der Nr. 3 ein außerordentlich hoher Sicherheitsstandard, nämlich bestmögliche Gefahrenabwehr und Risikovorsorge, zu gewährleisten und zwar in dem Sinne, daß ›bei bestehenden Unsicherheiten stets die sichere Annahme zugrundegelegt‹ werden muß, während mit Maßnahmen nach Nr. 5 nur weniger weitergehende Sicherheitanforderungen gestellt werden könnten (ebenso Straßburg, ET 1984, 127, 140). Deshalb ist (...) Nr. 5 dahin auszulegen, daß der ›erforderliche Schutz‹ ebenso wie die Nr. 3 ein ›vorsorgender‹ Schutz ist und daß das Maß des Erforderlichen auch hier ›nach dem Stand von Wissenschaft und Technik‹ zu bestimmen ist. Gefahren und Risiken auch durch Störmaßnahmen uns sonstige Einwirkungen Dritter müssen praktisch ausgeschlossen sein.«[102]

Dieser Auffassung ist zuzustimmen; sie entspricht den Bedürfnissen der Praxis, welche die Wechselwirkungen zwischen § 7 Abs. 2 Nr. 3 und 5 immer kannte.[103] So ergingen die »Sicherheitskriterien für Kernkraftwerke« des Bundesministers

---

    in der in Anspruch genommenen Passage nicht um die Tatbestandsvoraussetzungen des § 7 Abs. 2 Nr. 3 AtG, sondern um das Ermessen ging. Vgl. auch unten IV 4.
100 BVerwG, Urt. v. 19.1.1989, NVwZ 1989, 864, 866.
101 BVerwG, NVwZ 1989, 864, 865 ff.
102 BVerwG, NVwZ 1989, 864, 866.
103 Vgl. Haedrich, § 7 Rn. 115.

des Innern vom 21.10.1977 »zu den Anforderungen nach Nr. 3 und 5«.[104] Sie trägt darüberhinaus zur Erleichterung der Rechtsanwendung bei, als sie die umstrittene Zuordnung einzelner Ereignisse zu den Tatbeständen der Nr. 3 oder 5 entbehrlich macht.[105] Ob also ein Erdbeben oder ein Flugzeugabsturz in den Bereich der Nr. 3 oder 5 fallen, macht im Hinblick auf die zu treffenden Vorkehrungen keinen Unterschied.

3. Risikoermittlung

a) *Die erforderliche Schadensvorsorge als Prognosetatbestand*

Unbestritten dürfte sein, daß § 7 Abs. 2 Nr. 3 AtG ein Prognosetatbestand ist, der zur Voraussetzung einer atomrechtlichen Genehmigung die *Ermittlung des von der zu genehmigenden Anlage ausgehenden Risikos* hat. Die Verantwortung für die Risikoermittlung und -bewertung hat die Exekutive.[106]
Eingehend hat *Darnstädt* die Struktur von Prognosetatbeständen untersucht. Die von ihm als »Gefahrenvorsorgenormen« bezeichneten Tatbestände des § 5 Abs. 1 Nr. 1 BImSchG und § 7 Abs. 2 Nr. 3 AtG erforderten – im Unterschied zur polizeilichen Gefahrenbeurteilung – eine doppelte Prognose:[107] Zunächst ist zu fragen, ob von der Anlage *wahrscheinlich* bestimmte unerwünschte Wirkungen – etwa die Freisetzung von Radioaktivität – ausgehen. Sodann ist festzustellen, ob diese Wirkungen *möglicherweise* zu Schäden führen. Schematisch läßt sich dieser Zusammenhang wie folgt darstellen:

Anlage	$\rightarrow$	Wirkung	$\rightarrow$	Schaden
	w		m	

w = induktive Wahrscheinlichkeit
m = Möglichkeit

Zusammenfassend läßt sich feststellen: § 7 Abs. 2 Nr. 3 AtG verlangt eine Aussage über die Disposition einer Anlage unter bestimmten Bedingungen, die wahrscheinlich genug sind, in schadenstiftender Weise zu reagieren.
Zum zentralen Punkt wird damit die Frage, welche Anforderungen an die Prognoseentscheidung zu stellen sind und welche Erkenntnisse in die Entscheidung aufgenommen werden. Einigkeit besteht darin, daß – anders als

---

104 BAnz. Nr. 206, S. 1 ff.
105 Vgl. die Nachweise bei Haedrich, § 7 Rn. 111 ff.
106 BVerwGE 72, 300, 316.
107 Darnstädt, S. 131 ff.; ähnlich auch Baumann, JZ 1982, S. 750.

im allgemeinen Polizeirecht – die Wahrscheinlichkeitsprognose angesichts des denkbaren Ausmaßes der Schäden – gerade nicht auf der »allgemeinen Lebenserfahrung« beruhen kann. Im Hinblick auf die »bestmögliche Gefahrenabwehr und Risikovorsorge« soll gerade auch das »Unwahrscheinliche« berücksichtigt werden:

> »Vorsorge bedeutet des weiteren, daß bei der Beurteilung von Schadenswahrscheinlichkeiten nicht allein auf das vorhandene ingenieurmäßige Erfahrungswissen zurückgegriffen werden darf, sondern Schutzmaßnahmen auch anhand ›bloß theoretischer‹ Überlegungen und Berechnungen in Betracht gezogen werden müssen, um Risiken aufgrund noch bestehender Unsicherheiten oder Wissenslücken hinreichend zuverlässig auszuschließen.«[108]

Ergänzend ist hinzuzufügen: Der Risikoausschluß muß um so zuverlässiger sein, je höher der denkbare Schaden ist.[109]

Die *Beurteilung von Schadenswahrscheinlichkeiten* soll also nicht allein dem ingenieurwissenschaftlichen Erfahrungswissen vorbehalten bleiben. Fraglich ist jedoch, ob diesen Anforderungen durch die herrschende Sicherheitsphilosophie genügt wird.

Die herrschende Sicherheitsphilosophie orientiert sich in erster Linie an einem deterministischen Konzept, Wahrscheinlichkeitsberechnungen über den Eintritt schadenstiftender Ereignisse spielen eher eine untergeordnete Rolle, wenngleich probabilistische Untersuchungen zunehmend an Bedeutung gewinnen.

b) *Deterministisches Sicherheitskonzept*

aa) *Bestimmungsgemäßer Betrieb*

Für den »bestimmungsgemäßen Betrieb« der Anlage legt § 45 StrlSchV Dosisgrenzwerte fest: Diese basieren auf dem sog. »30-Millirem-Konzept«, welches seinerseits auf ein von der Fachkommission »Strahlenschutz und Sicherheit« der Deutschen Atomkommission entwickeltes Konzept aus dem Jahre 1969 zurückgeht.[110] Berücksichtigt wurden dabei insbesondere genetische Schäden und gesundheitliche Spätschäden, und zwar im Hinblick auf die statistische

---

108 BVerwGE 72, 300, 315
109 Winter, KJ 1986, S. 25.
110 Zu den Einzelheiten dieses Konzepts vgl. Kramer/Zerlett, StrlSchV, § 45 Rn. 2 sowie Hahn/Sailer, S. 71 ff. – Die Berechnungsgrundlagen für den 30-mrem (jetzt: 0,3 mSv) – Grenzwert haben sich durch die neu bekanntgemachte StrlSchV v. 30.6.1989 allerdings geändert. An die Stelle der bisherigen »Ganzkörperdosis« ist die sog. »effektive Dosis« getreten, vgl. auch Czajka, NVwZ 1989, S. 1126 und unten III 2.

Auswirkung auf die Gesamtbevölkerung. Dieser Festlegung liegen letztendlich bereits bestimmte Wertungen zugrunde. Aussagen darüber, ob und wenn ja mit welcher Wahrscheinlichkeit auch diese kleinen Dosen radioaktiver Strahlung zu Schäden führen, enthält dieses Konzept nicht. Gerade neuere wissenschaftliche Untersuchungen belegen jedoch, daß auch kleinste Strahlendosen gesundheitsschädliche Auswirkungen haben können. Insoweit wird angenommen, daß ein linearer Dosis-Wirkungszusammenhang besteht und kein sogenannter »Schwelleneffekt«, ab dem eine Schädlichkeit zu verneinen wäre.[111] Von dieser Tatsache geht im übrigen auch der Verordnungsgeber aus.[112]

bb) *Störfälle*

Für den Bereich der Störfälle besteht ebenfalls ein deterministisches Sicherheitskonzept. Dieses ist in den vom Bundesminister für Umwelt und Reaktorsicherheit (vormals BMI) herausgegebenen »Sicherheitskriterien für Kernkraftwerke«, den ebenfalls vom BMI bekanntgemachten sog. »Störfall-Leitlinien«, sowie den von der Reaktorsicherheitskommission erstellten »RSK-Leitlinien für Druckwasserreaktoren« festgelegt.
In der Bekanntmachung der Störfall-Leitlinien heißt es ausdrücklich:

> »Die Störfall-Leitlinien legen auf der Grundlage der bisherigen Erfahrungen aus der Sicherheitsanalyse, der Begutachtung und dem Betrieb von Kernkraftwerken fest, welche Störfälle für die sicherheitstechnische Auslegung von Kernkraftwerken mit Druckwasserreaktoren bestimmt sind und welche Nachweise – vor allem bezüglich der Einhaltung der Störfallplanungswerte des § 28 Abs. 3 StrlSchV – vom Antragsteller zu erbringen sind.«[113]

Entgegen dem immer wieder postulierten Grundsatz,[114] daß sich angesichts der Gefahren der Kerntechnik ein Lernen aus Versuch und Irrtum verbiete, geht ein wesentlicher Teil der niedergelegten Anforderungen sehr wohl auf »Erfahrungen aus dem Betrieb von Kernkraftwerken« hervor.[115] Dies gilt keineswegs nur für sicherheitstechnisch irrelevante Erfahrungen, sondern auch für Unfälle mit erheblichen Auswirkungen.[116] Hingegen existieren – entgegen dem

---

111 Vgl. Streffer, 8. AtRS 1989, S. 143 ff.; Die Annahme des Bundesverwaltungsgerichts im Stade-Urteil, BVerwGE 61, 256, 266 f., es bestehe lediglich ein Gefahrenverdacht – der allerdings auch die Vorsorgepflicht auslöst, vgl. oben 1 e) – dürfte deshalb nicht mehr den Stand der wissenschaftlichen Erkenntnis wiedergeben.
112 Amtliche Begründung zu § 28 StrlSchV, abgedr. bei Kramer/Zerlett, § 28 vor Erl. 1.
113 BAnz. Nr. 245 v. 31.12.1983, Beilage.
114 Vgl. etwa Michaelis, Handbuch der Kernenergie, S. 701.
115 Vgl. auch Bochmann, 7. AtRS 1983, S. 28.
116 Vgl. hierzu Hahn/Sailer, S. 26 ff.

vom Bundesverwaltungsgericht aufgestellten Grundsatz – nur auf theoretischen Überlegungen basierende Unfalleinschätzungen kaum.[117]
Das Lernen aus Erfahrung ist ein typisches Merkmal einer deterministischen Risikosteuerung.[118] Die technischen Anforderungen an ein System orientieren sich an den von Experten postulierten Belastungen, die dieses beherrschen muß. Diesen Sicherheitspostulaten liegen keine expliziten Wahrscheinlichkeitsaussagen über potentielle Schadenseintritte zugrunde. Sie basieren vielmehr auf der Erfahrung mit dem System und insbesondere seinem Versagen und daraus resultierenden Unfällen. Die so gewonnenen Erfahrungen sowie die intuitive Erfassung und der Umgang mit vermuteten Gefährdungen führen letztendlich zu einer für den Techniker »plausiblen« oder »unplausiblen« Gefährdungsmöglichkeit.[119]
Werden die so gewonnenen und postulierten technischen Forderungen erfüllt, so gilt das System als »sicher«. Deterministische Regelwerke sind die klassische Form traditioneller technischer Risikobewältigung. Bekannte Beispiele sind etwa die »allgemein anerkannten Regeln der Baukunst«[120] oder die »anerkannten Regeln der Elektrotechnik«.
Derartige Risikosteuerung ist keineswegs grundsätzlich zu kritisieren; sie ist in vielen Bereichen sinnvoll und hat sich dort bewährt, wo technische Systeme nur mit einem relativ geringen Schadenspotential behaftet sind. Unvertretbar ist dies jedoch dann, wenn die »Kosten« des Prinzips von Versuch und Irrtum zu hoch sind, weil die möglichen Schäden unabsehbar groß sind.[121]
Eine Risikoeinschätzung, die im wesentlichen auf subjektiven Einschätzungen und Erfahrungen beruht, – zwar hier nicht auf der »allgemeinen Lebenserfahrung« des »idealtypisch zu messenden Durchschnittspolizeibeamten«[122] – wohl aber auf der »Zuversicht des Praktikers«[123] war jedoch für das technische Sicherheitsrecht im allgemeinen, und das Atomrecht im besonderen, bereits oben verworfen worden.[124]

---

117 Eine Ausnahme bildet insoweit lediglich das »große Leck« in der Hauptkühlmittelleitung – der sog. GaU, vgl. auch unten Fn. 320.
118 Birkhofer, 7. AtRS, 1983, S. 33; Roßnagel, UPR 1986, S. 51 f.; Ladeur, UPR 1986, S. 364 ff.
119 Hahn/Sailer, S. 50.
120 Vgl. § 3 I HBO; hierzu auch Lukes, 6. AtRS 1979, S. 53 ff.
121 Roßnagel, UPR 1986, S. 51.
122 So für das allgemeine Polizeirecht eine gängige Floskel, vgl. Martens in: Drews/Wacke, S. 223.
123 Sommer, DÖV 1981, S. 657; Roßnagel, UPR 1986, S. 52.
124 Vgl. auch Haedrich, AtG, § 7 Rn. 67.

Die Fragwürdigkeit von ausschließlich deterministischen Sicherheitsfestlegungen im Atomrecht zeigt sich insbesondere in der Auswahl bestimmter Auslegungsstörfälle, die im Rahmen der Schadensvorsorge zu berücksichtigen sind und der Vernachlässigung bestimmter anderer, als »Unfall« qualifizierter Ereignisse, die dem sog. »Restrisiko« zugeordnet werden. Eine derartige Klassifizierung beruht letztendlich auf einer – jedoch rational nicht begründeten – *Wahrscheinlichkeitsbewertung*:[125] Zum einen auf der Bewertung der Eintrittswahrscheinlichkeit eines Unfalls, zum anderen auf einer Bewertung der Versagenswahrscheinlichkeit von Sicherheitsmaßnahmen, die den Störfall »sicher beherrschbar« machen.[126]

Beispielhaft sei dies an dem Konzept für die erforderlichen Vorsorgemaßnahmen gegen den Eintritt sog. »Auslegungsstörfälle« dargestellt. Dieses basiert auf dem sog. »Einzelfehlerkonzept«.[127] Dieses Konzept beruht auf der postulierten Annahme, daß das Versagen eines bestimmten sicherheitsrelevanten Anlagenteils (= Einzelfehler) durch das Funktionieren einer redundanten Schutzvorkehrung aufgefangen wird, wobei teilweise die Reparatur bestimmter Anlagenteile mit berücksichtigt wird. So ist beispielsweise für die Notstromversorgung (Kriterium 7.1 der Sicherheitskriterien für Kernkraftwerke) gemäß der »Beispielliste zum Einzelfehlerkonzept«[128] Voraussetzung, daß ein »4strängiges Notstromsystem vorhanden (ist), das aus 4 jeweils voneinander unabhängigen Notstromschienen, Notstromdieselaggregaten und Notgleichstromversorgungsanlagen besteht.«

Entscheidend ist, daß dieses Konzept jeweils nur auf ein isoliertes Auftreten bestimmter Fehler abhebt. Die Verkettung mehrerer, unbhängig voneinander auftretender Ereignisse wird nicht berücksichtigt.(Ziffer 9 der Grundsätze für die Anwendung des Einzelfehlerkonzepts). Auch bei anlageninternen Ereignissen mit »sehr geringer Eintrittwahrscheinlichkeit«, bei äußeren Einwirkungen mit sehr geringer Eintrittwahrscheinlichkeit und bei Ereignisketten mit sehr

---

125 Roßnagel, UPR 1986, S. 52; ders., NVwZ 1984, S. 140; Birkhofer, 7. AtRS 1983, S. 33; ähnlich auch Sommer, DÖV 1981, S. 656.
126 Wenn man nicht unterstellen will, sie beruhe überhaupt auf einer wirtschaftlichen Kosten-Nutzen-Rechnung, die bestimmte Sicherheitsvorkehrungen als zu teuer erscheinen lassen, vgl. auch unten Fn. 400.
127 Nach der vom BMI herausgegebenen »Interpretation zu den Sicherheitskriterien für Kernkraftwerke« vom 2.3.1984 (Handbuch der Reaktorsicherheit, 3.49) ist der Einzelfehler folgendermaßen definiert: (1) Beim Einzelfehler handelt es sich um einen Fehler, der in den Sicherheitseinrichtungen im betrachteten Anforderungsfall unabhängig vom auslösenden Ereignis zusätzlich unterstellt wird, der jedoch nicht als Folge des Anforderungsfalles im bestimmungsgemäßen Betrieb oder bei Störfällen auftritt und der vor Eintritt des Anforderungsfalles nicht bekannt ist.
128 Handbuch Reaktorsicherheit, 3.49.1.

geringer Eintrittswahrscheinlichkeit, die keine Auslegungsstörfälle i.S. d. § 28 Abs. 3 StrlSchV sind, ist das gleichzeitige Auftreten eines Einzelfehlers nicht zu unterstellen, Ziffer 8 der Grundsätze. Diese deterministische Festlegung beruht auf der Einschätzung, daß »ein weitergehender Ausfall von Sicherheitssystemen (..) zwar theoretisch möglich, aber so unwahrscheinlich (ist), daß er außer Betracht bleiben kann.«[129]
Dieses Prinzip, welches auf der traditionellen Herangehensweise des Technikers beruht und lediglich die Sicherheit von Einzelkomponenten prüft,[130] ist für die Sicherheitsbetrachtung eines KKW jedoch nicht ausreichend. Dies haben zahlreiche Erfahrungen der Vergangenheit gezeigt. Der Unfall im Kernkraftwerk »Three-Mile-Island« in Harrisburg war gerade nicht die Folge des Versagens einer einzelnen Sicherheitseinrichtung. Vielmehr beruhte er auf einer Verkettung verschiedener »praktisch nicht vorstellbarer« Ursachen, auf einem »Synergismus von Fehlern«[131] sowie auf menschlichen Fehleinschätzungen.[132] Es erscheint äußerst zweifelhaft, ob es im Rahmen der für § 7 Abs. 2 Nr. 3 erforderlichen Risikoprognose ausreichend ist, die für die Sicherheit einer Anlage zentralen Aussagen schlicht auf der Grundlage »gesunden Ingenieurverstandes«[133] zu determinieren. Vielmehr setzt die zu treffende Risikoprognose die *Ermittlung und Bewertung der Wahrscheinlichkeit* voraus, mit der sich die Gefahr oder das Risiko verwirklichen wird. »Wer dies auf der Grundlage deterministischer Prüfungen unterläßt, wird sich schwerlich des Vorwurfs mangelnder Rationalität erwehren können. Denn ohne Quantifizierung der trotz Sicherheitstechnik noch verbleibenden Wahrscheinlichkeit eines Unfalls kann er das Risiko gar nicht kennen, das er zuläßt.«[134] So bleibt bei den oben dargestellten Auslegungsgrundsätzen im Dunkeln, worauf sich das Urteil der geringen Eintrittswahrscheinlichkeit gründet.
Daß dieses Defizit zu folgenreichen Auswirkungen führen kann, zeigt deutlich der erst jüngst bekanntgewordene Unfall[135] im Block A des Kernkraftwerkes Biblis. Im Dezember 1987 kam es beim Wiederanfahren des Reaktors zu einem Defekt an einem Ventil im außerhalb des Containements gelegenen

---

129 Birkhofer, Störfall-Leitlinien als Beitrag zur Normalisierung aus der Sicht der Technik, zit. nach Rengeling, Probabilistik, S. 97.
130 Ladeur, UPR 1986, S. 365 m.w.N.
131 Ladeur, UPR 1986, S. 368; vgl. auch Becker, Antrag, S. 39 ff.
132 Vgl. auch die Auswertung des Three-Mile-Island Unfalls in der Deutschen Risikostudie, aaO., S. 249 ff., insb. S. 251 f. u. 255.
133 Smidt, 6. AtRS 1979, S. 46.
134 Roßnagel, UPR, 1986, S. 52.
135 Es handelte sich hierbei entgegen der in der Öffentlichkeit verwandten Terminologie *nicht* um einen Stör- sondern um einen Unfall, vgl. zu den Begriffen unten IV 1.

Notkühlsystem. Das Ventil ließ sich nicht verschließen. Erst nachdem die Betriebsmannschaft ein riskantes Manöver durchführte, bei dem ein zweites Prüfventil kurzzeitig geöffnet wurde – womit eine Verbindung zwischen dem Primärkreislauf und den außerhalb des Containements gelegenen Einrichtungen hergestellt wurde – wurde der Reaktor von Hand abgeschaltet. Sicherheitstechnisch höchst bedeutsam war dieser Vorfall, weil ein weiterer Defekt an diesem zweiten – vorschriftswidrig geöffneten – Ventil zu einem unaufhaltsamen Kühlmittelverlust geführt hätte. Eine Kernschmelze wäre dann nicht auszuschließen gewesen.[136]

Gegen diesen Ereignisablauf war jedoch bislang keiner der bundesdeutschen Druckwasserreaktoren ausgelegt. Bislang wurde ein solches Ereignis von den »führenden Naturwissenschaftlern und Technikern« als zu unwahrscheinlich und damit »praktisch ausgeschlossen« angesehen. Dieses Beispiel belegt die Unzulänglichkeit einer auf der »Vernunft der Praktiker« aufbauenden Sicherheitsphilosophie, die ihre Anforderungen aus einem riskanten Lernprozeß schöpft.

Die ausschließlich deterministische Festlegung von Sicherheitsanforderungen und der damit verbundene Verzicht auf die rational überprüfbare Ermittlung des akzeptierten Risikos dürfte daher den Anforderungen an eine im Sinne von § 7 Abs. 2 Nr. 3 AtG ausreichende Risikoermittlung kaum gerecht werden.

c) *Probabilistik*

Eine Möglichkeit, rational nachvollziehbare *Risikoaussagen* aufgrund »bloß theoretischer Überlegungen und Berechnungen« zu erhalten, bietet die Probabilistik. Kennzeichen für derartige Berechnungen sind sog. »Risikostudien«, in denen Aussagen über das *mögliche Schadensausmaß* und die *Eintrittwahrscheinlichkeit* getroffen werden.[137] Im Gegensatz zu einem deterministischen Konzept, in dem Wahrscheinlichkeitsaussagen nur implizit enthalten sind, werden nach dieser Methode Wahrscheinlichkeiten explizit und quantitativ bestimmt.[138] Besonders anschaulich wird der Unterschied von Risikoanalysen und deterministischer Sicherheitsanalyse in der Deutschen Risikostudie Kernkraftwerke Phase B beschrieben:

»Risikoanalysen befassen sich daher mit Ereignisabläufen, bei denen Sicherheitssysteme versagen und Auslegungsgrenzen überschritten werden. Ausgehend vom Stand

---

136 Zum Unfallhergang: FAZ v.8.12.1988, S. 2; Der Spiegel, Nr. 50, 1988, S. 87 ff.
137 vgl. Rengeling, Probabilistik, S. 130 ff.
138 Rengeling, Probabilistik, S. 97/98.

der sicherheitstechnischen Auslegung werden dabei Störfall- und Unfallabläufe sowohl hinsichtlich ihrer Eintrittswahrscheinlichkeit *als auch möglicher Schadensfolgen* (Herv. d. Verf.[139]) untersucht.

Damit gehen Risikountersuchungen erheblich über die Aufgabenstellung der ›klassischen‹ Sicherheitsanalyse hinaus, wie sie für den Sicherheitsnachweis im atomrechtlichen Genehmigungsverfahren gefordert wird. Die Sicherheitsanalyse befaßt sich nicht mit Abläufen, für die ein Versagen von Sicherheitssystemen unterstellt wird und Auslegungsgrenzen der Anlage überschritten werden. Desweiteren macht sie keine Aussagen zur Eintrittshäufigkeit von Störfällen und zur Versagenswahrscheinlichkeit von Sicherheitseinrichtungen. Sie enthält somit auch keine Angaben zur Häufigkeit von Unfällen, die zu einer gefährlichen Aktivitätsfreisetzung nach außen führen können.«

Dies belegt anschaulich, daß die »klassische« Sicherheitsanalyse allein den Anforderungen des § 7 Abs. 2 Nr. 3 AtG nicht gerecht wird, da die Schadensvorsorge nur dann als getroffen angesehen werden kann, wenn auch gegen auslegungsüberschreitende Ereignisse Vorsorge getroffen ist. Andererseits ist es

»jedoch nicht möglich, die ›klassische‹ Sicherheitsanalyse einfach durch eine Risikoanalyse zu ersetzen. Die Sicherheitsanalyse hat vor allem die Aufgabe, die sicherheitstechnische Auslegung einer Anlage zu bemessen und festzulegen. Hierzu werden bestimmte, vorab festgelegte Störfälle in ihren möglichen Abläufen und Auswirkungen detailliert untersucht. Diese Auslegungsstörfälle werden so gewählt, daß mit den für sie erforderlichen Störfallanalysen auch andere Störfälle in ihren Abläufen und Auswirkungen erfaßt werden. Aufgrund der so für die Störfalluntersuchung festgelegten (determinierten) Randbedingungen wird die ›klassische‹ Sicherheitsanalyse im Gegensatz zur probabilistischen Risikoanalyse auch als deterministische Sicherheitsanalyse bezeichnet.
Mit der Festlegung der sicherheitstechnischen Auslegung liefert die deterministische Analyse eine notwendige Voraussetzung für Risikountersuchungen. Risikoanalysen sind als Ergänzung zur deterministischen Sicherheitsbeurteilung zu sehen. Mit ihren

---

139 Bemerkenswert ist freilich, daß die Risikostudie Phase B gerade auf die Berechnung der Schadensfolgen verzichtet. Dies ist vor allem deshalb erstaunlich, weil entgegen den Ergebnissen der Risikostudie Phase A der Verlauf von Kernschmelzunfällen, die zu einem sehr hohen Schadensausmaß führen (sog. Hochdruckkernschmelzen im Gegensatz zu Niederdruckkernschmelzen, bei denen mit geringeren Schäden zu rechnen ist), erheblich wahrscheinlicher ist, als bisher angenommen. Die Gesamtsumme der Häufigkeit eines solchen schwerwiegenden Unfallablaufs liegt bei 2,9 x 10^{-5}, vgl. Deutsche Risikostudie Kernkraftwerke Phase B, zusammenfassende Darstellung, S. 110, Tab. 6-1; vgl. auch die Kritik von Fischer/Hahn/Sailer, S. 47.

probabilistischen Methoden können sie dazu verwendet werden, die sicherheitstechnische Auslegung einer Anlage zu überprüfen und das bestehende Sicherheitskonzept weiterzuentwickeln. Dabei hat die probabilistische Analyse im Vergleich zur deterministischen Beurteilung den Vorzug, daß die Bedeutung von Störfällen und Unfällen quantitativ anhand von zu erwartenden Häufigkeiten bewertet werden kann. So können Schwachstellen in der sicherheitstechnischen Auslegung im Vergleich zu anderen Beiträgen aus Störfallabläufen an relativ hohen Häufigkeiten einzelner nicht beherrschter Störfallabläufe identifiziert werden. Werden solche Schwachstellen eliminiert, wird eine ausgewogene sicherheitstechnische Auslegung erreicht.«[140]

Zwar unterliegen derartige Risikoberechnungen im Ergebnis regelmäßig gewissen Schwankungen. Hieraus läßt sich jedoch nicht der Schluß ziehen, daß sie deshalb generell ungeeignet wären, zur Beurteilung von Schadenswahrscheinlichkeiten herangezogen zu werden. Auch wenn sie mit verhältnismäßig großen Schätzunsicherheiten verbunden sind, erlauben sie in vielen Fällen eine bessere Erreichung des angestrebten Sicherheitsniveaus. Soweit möglich, sind diese Schätzunsicherheiten zu benennen und ggf. zu quantifizieren.[141] Im übrigen ist in jedem Falle unter Berücksichtigung des möglichen Schadensausmaßes die entsprechende konservativste Annahme zu treffen.[142]

Mit den genannten Unsicherheiten hängt zusammen, daß probabilistische Aussagen grundsätzlich einen geringen Grad an Verifizierbarkeit aufweisen, denn sie sind weder experimentell noch statistisch überprüfbar.[143] Sie bedürfen daher in besonderem Maße des Nachweises der Plausibilität der eingehenden Modellannahme, der extremen Sorgfalt auf jeder Stufe der Modellierung sowie wenn möglich der Teil-Verifikation der Modelle. Die Aussage muß weiterhin einer natur- und ingenieurwissenschaftlichen – auch der denkbar aggressivsten – Kritik standhalten.[144]

Demgegenüber vermögen die grundsätzlichen Einwände Breuers gegen die Probabilistik nicht zu überzeugen. Seiner Auffassung nach offenbare sich die Unzulänglichkeit der Probabilistik darin, daß jede Grenzzahl auf der gleitenden,

---

140 Deutsche Risikostudie Kernkraftwerke Phase B, S. 16 f.
141 Vgl. Köberlein, S. 905 f.
142 So auch das BVerwGE 72, 300, 316; vgl. auch BVerwG, Urt. v. 19.1.1989, NVwZ 1989, 866, 867 und BVerwGE 78, 177, 181 wonach bei bestehenden Unsicherheiten stets die sichere Annahme zugrundegelegt werden muß.
143 In der ingenieur- und naturwissenschaftlichen Praxis werden drei Grade von Verifizierbarkeit unterschieden, vgl. dazu Winter/Schäfer, NVwZ 1985, S. 706; zu den Grenzen der Leistungsfähigkeit von Risikostudien wegen ihrer »einseitig ingenieurwissenschaftlichen Ausrichtung«: Meyer-Abich/Grupp S. 108 ff.
144 Winter/Schäfer, NVwZ 1985, S. 706, die in diesem Zusammenhang auf die Schwächen der Deutschen Risikostudie A hinweisen, vgl. ebd. S. 709 f. m.w.N.

nie Null erreichenden Skala der Eintrittswahrscheinlichkeit willkürlich gegriffen erscheine. Ob eine Gefahr bei der Eintrittswahrscheinlichkeit eines bestimmten Schadensereignisses von 10^{-5}, 10^{-6} oder 10^{-7}/a beginne, lasse sich nicht rational begründen. Daher könne ein brauchbarer Standard für die zum Gefahrenbegriff gehörende Eintrittswahrscheinlichkeit nicht ausschließlich oder primär durch die Probabilistik gewonnen werden.[145] Dies ist zwar zutreffend. Breuer verkennt aber, daß probabilistische Sicherheitsanalysen nicht die Bewertung eines Risikos (als beachtlich oder unbeachtlich) ersetzen und insofern auch gar nicht den Anspruch erheben, einen brauchbaren Standard für die *zulässige* Eintrittswahrscheinlichkeit abzugeben. Risikostudien dienen vielmehr der Risikoermittlung.[146]

Ein vorhandenes Begründungsdefizit, wie ein bestimmtes Ergebnis als rechtlich hinnehmbar vermittelt werden kann, ist aber ganz offensichtlich kein Argument dagegen, überhaupt eine Feststellung über die Eintrittswahrscheinlichkeit eines Schadens zu machen und somit das vorhandene Risiko erst zu erkennen. Erst wenn dies festgestellt ist, kann im zweiten Schritt die Frage aufgeworfen werden, ob das nunmehr bekannte Risiko rational begründbar hingenommen wird oder nicht. Offenbar empfindet Breuer aber gerade diese Kenntnis als problematisch, denn die Probabilistik begegne auch deshalb tiefreichenden Bedenken, da auch eine noch so entfernte, immerhin aber mit einer bestimmten Zahl verifizierte Möglichkeit eines katastrophalen Schadensereignisses die Rechtsfrage nach der Erforderlichkeit weiterer Schutzvorkehrungen provoziere.[147] Dies vermag freilich erst recht kein Argument dagegen zu sein, eine notwendige Aussage über die Wahrscheinlichkeit zu machen. Dies erfordert jedenfalls der Tatbestand des § 7 Abs. 2 Nr. 3 AtG. Die Angst vor unerwünschten Ergebnissen vermag jedenfalls nicht den Verzicht auf eine solche Aussage zu begründen, auch nicht ihre Ersetzung durch die Festlegung der Unwahrscheinlichkeit qua definitionem durch einen Standard der praktischen Vernunft. Denn dieser ist noch weniger rational begründbar.[148]

---

145 Breuer, DVBl. 1978, S. 835.
146 Vgl. oben 3 a).
147 Breuer, DVBl.1978, S. 835.
148 Dies sieht Breuer freilich selbst: »Die naturwissenschaftlich-technische Beurteilung, wann ein bestimmter Schadenseintritt praktisch unvorstellbar und ausgeschlossen ist und inwieweit eine darüber hinausgehende Risikovorsorge geboten ist, kann nur in begrenztem Maße begrifflich und logisch nachvollzogen werden.« ebd. S. 837.

Heute ist denn auch anerkannt, daß probabilistische Untersuchungen für die Risikoermittlung weitgehend unverzichtbar sind.[149] Soweit die Probabilistik die Möglichkeit zusätzlicher Erkenntnisse schafft, erscheint sie für die Risikoermittlung unentbehrlich.[150] Sie tritt damit neben die »klassischen« Ingenieurmethoden.

Die probabilistische Analyse erlaubt zum einen eine Quantifizierung des Gefährdungsrestes, der trotz der Sicherheitsvorkehrungen verbleibt.[151] Derartige Risiken können im allgemeinen nicht empirisch, sondern nur auf analytischem Wege durch eine Art »Hochrechnung« abgeschätzt werden. Zu diesem Zweck ist von den empirisch bekannten oder abschätzbaren Wahrscheinlichkeiten für das Versagen von einzelnen technischen Komponenten und der diese steuernden Menschen auf die nicht unmittelbar feststellbare Wahrscheinlichkeit für den Ausfall von Systemen zu schließen. Hierzu gehört auch die analytische Ermittlung von Systemausfällen innerhalb und außerhalb der Anlage.

Zum anderen erlauben probabilistische Risikoanalysen eine Beurteilung der technischen Sicherheit, indem sie durch detaillierte Analyse der Versagensmöglichkeiten Ansatzpunkte für Verbesserungen über das erreichte Sicherheitsniveau zu erkennen geben. Die probabilistische Sicherheitsanalyse ermöglicht damit die Aufdeckung von Schwachstellen bisheriger Schadensvorsorgesysteme.[152] Dabei liegt der Gewinn derartiger Untersuchungen weniger in der Quantifizierung von Wahrscheinlichkeiten und Unsicherheiten als in der anlagenbezogenen systematischen Betrachtung von Unfallsachen und -verläufen.[153]

Auf den Beitrag der Probabilistik oder Risikoanalyse zum Vergleich von Risiken unterschiedlicher Systeme und Technologien sei nur am Rande hingewiesen.[154]

---

149 Birkhofer, 7. AtRS 1983, S. 42; Ladeur, UPR 1986, S. 365; Bender/Sparwasser, Rn. 417; zum Anwendungsbereich: Bochmann, 7. AtRS, S. 29; Vgl. zum internationalen Stand: IAEA, Basic Safety Principles for Nuclear Power Plants, Safety series No. 75 – INSAG – 3, Wien 1988, Rn. 82; auch der Sachverständigenrat für Umweltfragen »unterstützt ... die verstärkte Heranziehung probabilistischer Methoden als Instrument der Sicherheitsbeurteilung für kerntechnische Anlagen. Es sollte um der Glaubwürdigkeit der Aussagen willen allerdings vermieden werden, statistische Aussagen mit physikalisch-technischen Erkenntnissen gleichzusetzen.« Umweltgutachten 1987, Dez. 1987, Tz. 1974.
150 Lawrence, S. 57 f.
151 Vgl. zum folgenden Köberlein, S. 889 ff. und Bender/Sparwasser, Rn. 417.
152 Bender/Sparwasser, Rn. 417; Reich, S. 94.
153 In diesem Sinne faßt eine OECD-Studie die – positiven – internationalen Erfahrungen zusammen, vgl. OECD/NEA, Probabilistic Safety Assessment in Nuclear Power Plant Management, 1989, S. 109.
154 Bender/Sparwasser, Rn. 417; Köberlein, S. 892, 906 f.

Diesen Einschätzungen entspricht zunehmend auch die Praxis. So finden in der den Störfall-Leitlinien zugrundeliegenden Sicherheitsphilosophie probabilistische Methoden partiell Anwendung. »Bei der Störfall-Leitlinie wurde dieser Weg vor allem dann beschritten, wenn zu entscheiden war, ob sehr unwahrscheinliche Störfälle zu berücksichtigen sind«.[155] Die Probabilistik dient folglich in erster Linie dazu, »Korrekturen innerhalb des (deterministisch erstellten, d.Verf.) Grundkonzeptes zu ermöglichen, um so eine ausgewogene Auslegung zu erreichen.«[156]

In dem Abschlußbericht über die Ergebnisse der anläßlich des Tschernobyl-Unfalls vorgenommenen Sicherheitsüberprüfung bundesdeutscher Kernkraftwerke heißt es, daß es »zweckmäßig« sei, in einem Zehnjahresrhythmus eine generelle Sicherheitsbewertung vorzunehmen. »Wesentliche Elemente einer derartigen Sicherheitsüberprüfung sind nach Meinung der RSK auf der einen Seite die Erfassung des Sicherheitsstatus in einer zusammenfassenden Darstellung und zum anderen die Durchführung einer probabilistischen Sicherheitsanalyse für jedes Kernkraftwerk.«[157]

Auch im Zusammenhang mit den oben zitierten Passagen des Wyhl-Urteils[158] wurde bereits verschiedentlich daraufhingewiesen, daß probabilistischen Methoden nunmehr eine stärkere Bedeutung zukomme.[159] Allerdings hat das Bundesverwaltungsgericht in einer jüngsten Entscheidung deutlich gemacht, daß »das Atomrecht jedoch nicht als Voraussetzung der Genehmigung oder Teilgenehmigung *jeglicher* (Herv d. Verf.) Anlage oder *jeglicher* (Herv. d. Verf) Teilanlage oder -einrichtung im Rahmen des § 7 II Nr. 3 AtomG die Durchführung sog. probabilistischer Methoden der Risikoermittlung und – bewertung zwingend vorschreibt.«[160] Die Frage, welche Methoden zur Risikoermittlung geeignet sind, sei vor allem eine Frage tatrichterlicher Würdigung, die einer Prüfung in einem Revisionsverfahren nicht zugänglich sei.

Allerdings bleibt festzuhalten: Probabilistische Risikostudien können keine Auskunft darüber geben, ob eine Risiko hingenommen werden darf oder nicht. Sie bieten nur Entscheidungs- und Erkenntnishilfen für die Ermittlung eines Risikos.

---

155 Birkhofer/Köberlein, Die Störfall-Leitlinien als Beitrag zur Konkretisierung sicherheitstechnischer Anfordeungen an Kernkraftwerke, zit. nach Rengeling, Probabilistik, S. 98.
156 Birkhofer/Köberlein, ebd.
157 Abschlußbericht über die Ergebnisse der Sicherheitsüberprüfung der Kernkraftwerke in der Bundesrepublik Deutschland durch die RSK vom 23.11.1988, S. 9.
158 Oben Fn. 108.
159 Rengeling, DVBl. 1988, S. 259; ders., Probabilistik, S. 57 und 220 f.
160 BVerwG, NVwZ 1989, 1169.

Die Bewertung des Risikos als rechtlich relevant oder irrelevant bleibt hingegen der Exekutive vorbehalten.

4. Stand von Wissenschaft und Technik

§ 7 Abs. 2 Nr. 3 AtG verlangt desweiteren, daß die erforderliche Schadensvorsorge nach dem Stand von Wissenschaft und Technik getroffen wird. Der Stand von Wissenschaft und Technik stellt die Grundlage für die Risikoermittlung und -bewertung sowie die Beurteilung der Geeignetheit von Vorsorgemaßnahmen dar.

Mit der Einführung dieses unbestimmten Rechtsbegriffs wurde für das Atomrecht ein Sicherheitsstandard formuliert, der über die bisher im technischen Sicherheitsrecht gebräuchlichen Standards hinausgeht.

a) *Dreistufiges System technischer Standards*

Bei der Festlegung von Sicherheitsstandards wird überwiegend zwischen drei Stufen unterschieden.[161]

Bei Verweisung von Vorschriften des technischen Sicherheitsrechts auf die *allgemein anerkannten Regeln der Technik*[162] hat die genehmigende Behörde festzustellen, ob die angewandte Regel von der Durchschnittsmeinung der auf dem jeweiligen technischen Gebiet tätigen Praktiker als richtig und erprobt angesehen wird.[163] Da bei diesem Standard insbesondere auf die Auffassung von Praktikern abgestellt wird, werden neue technische Entwicklungen nicht in Betracht gezogen.[164]

Demgegenüber wird durch die Festlegung auf den *Stand der Technik*[165] die Einbeziehung technischen Fortschritts erreicht.

> »Der rechtliche Maßstab für das Erlaubte oder Gebotene wird hierdurch an die Front der technischen Entwicklung verlagert, da die allgemeine Anerkennung und

---

161 BVerfGE 49, 89, 135 ff.; Grundlegend: Breuer, AÖR 101 (1976), S. 68; Richter, S. 25 ff.; Obenhaus/Kuckuck, DVBl.1980, S. 156; kritisch zur Dreistufigkeit: Nicklisch, BB 1983, S. 263 ff.
162 Etwa § 3 Abs. 1 MaSchG; vgl. auch o. Fn. 120.
163 Richter, a.a.O., S. 26; Obenhaus/Kuckuck, DVBl. 1980, S. 156 Lukes, 6. AtRS 1979, S. 54.
164 Obenhaus/Kuckuck, ebd.
165 Vgl. etwa § 25 GewO 1959, § 5 Abs. 1 BImSchG.

die praktische Bewährung allein für den Stand der Technik nicht ausschlaggebend sind.«[166]

Das Bundesverfassungsgericht lehnt sich hier erkennbar an die Definition des Stands der Technik in § 3 Abs. 6 BImSchG an.[167] Danach gehört zum Stand der Technik der Entwicklungsstand neuer Verfahren, die die praktische Eignung zur Emissionsbegrenzung aufweisen. Das jeweilige neue Verfahren braucht in begründeten Fällen auch nicht betriebserprobt zu sein.[168] Schon auf dieser Ebene müssen die Behörden in den Meinungsstreit der Techniker eintreten.[169] Für den Bereich des Atomrechts gilt allerdings, daß neuartige sicherheitstechnische Lösungen sich nicht risikoerhöhend auf andere Sicherheitskomponenten auswirken dürfen.[170] Denn anders als im BImSchG bezieht sich der Stand der Technik hier auf umfassende Schadensvorsorge und nicht nur auf Emissionsbegrenzung. Es muß also ein Schutz gegen Schäden mit schwerwiegenden Folgen gewährleistet sein.[171] Daher sind hier, soweit möglich, hinreichend bewährte technische Systeme zu verwenden.[172]

Der in § 7 Abs. 2 Nr. 3 AtG gewählte Maßstab bezieht neben den neuen technischen Entwicklungen den Stand der Wissenschaft mit ein. Während teilweise angenommen wird, die Einfügung von »Wissenschaft« diene lediglich einer weiteren Verkürzung der Durchsetzung neuer Entwicklungen und der Feststellung ihrer technischen Realisierbarkeit,[173] wird von der Rechtsprechung zutreffend die Ansicht vertreten, daß sich die Vorsorge gegen Schäden nach dem neuesten wissenschaftlichen Stand richten muß[174] und es mithin nicht ausreicht, die technisch realisierbare Schadensvorsorge zu treffen.[175]

Betrachtet man die Formel im Zusammenhang mit den beiden anderen Standards, insbesondere mit dem im BImSchG verwandten und definierten Stand der Technik, ergibt sich, daß die Bezugnahme auf den Stand der Wissenschaft nur sinnvoll ist, wenn man die neuen wissenschaftlichen Erkenntnisse hinsichtlich

---

166 BVerfGE 49, 89, 135.
167 Vgl. dazu etwa L/R-Hansmann, § 3 BImSchG Rn. 29.
168 Richter, a.a.O., S. 28; L/R-Hansmann § 3 BImSchG Rn. 29 mit näheren Erläuterungen.
169 BVerfGE 49, 89, 136.
170 Haedrich AtG § 7 Rn. 78 m.w.N.
171 Feldmann, ET 1984, S. 291.
172 Ebenso Smidt, 6. AtRS 1979, S. 43.
173 Obenhaus/Kuckuck, DVBl. 1980, S. 156.
174 BVerfGE 49, 89, 136; BVerfGE 53, 30, 59; BVerwG DVBl. 1972, 678, 680 (»Würgassen«); Winkler v. Mohrenfels, ZRP 1980, S. 86; L/R-Hansmann, § 3 BImSchG Rn. 30.
175 So aber Obenhaus/Kuckuck, DVBl. 1980, S. 156.

der Erforderlichkeit von bestimmten Vorsorgemaßnahmen nicht der ingenieurwissenschaftlichen Realisierbarkeit unterwirft. Wenn für die Genehmigung nur auf die nach dem Stand der Technik mögliche Realisierbarkeit abgestellt würde, könnte die wissenschaftliche Erforschung weitreichender Vorsorgemaßnahmen unterbleiben. Der Unterschied zum Stand der Technik wäre dann verwischt.
Daß die Genehmigung unterbleiben muß, wenn die nach wissenschaftlichen Erkenntnissen erforderliche Schadensvorsorge nicht zu realisieren ist,[176] ergibt sich auch aus dem Schutzzweck[177] von § 7 Abs. 2 Nr. 3 AtG. Dieser muß im Zusammenhang mit § 1 Nr. 2 gesehen werden,[178] der als Aufgabe des Gesetzes den Schutz vor den Gefahren der Kernenergie beschreibt. Wird weiter berücksichtigt, daß die Schutznorm des § 1 Nr. 2 unbestritten Vorrang vor dem Förderungszweck besitzt,[179] muß der Ermittlung von Vorsorgemaßnahmen durch die Wissenschaft Vorrang gegenüber dem Stand der Technik eingeräumt werden. Damit besteht ein prinzipieller Unterschied zwischen dem Stand der Technik und dem Stand von Wissenschaft und Technik im Sinne von § 7 Abs. 2 Nr. 3 AtG, der angesichts der Neuartigkeit und der besonderen Gefahren der Kernenergie[180] angemessen erscheint. Zutreffend hat das Bundesverfassungsgericht im Kalkar-Beschluß daher ausgeführt:

> »Es muß diejenige Vorsorge gegen Schäden getroffen werden, die nach den neuesten wissenschaftlichen Erkenntnissen für erforderlich gehalten wird. Läßt sie sich technisch noch nicht verwirklichen, darf die Genehmigung nicht erteilt werden; die erforderliche Vorsorge wird mithin nicht durch das technisch gegenwärtig Machbare begrenzt«.[181]

Demgegenüber wird von einer Mindermeinung in der Literatur die Unterscheidung technischer Standards nach der dargestellten »Dreistufentheorie« in Frage gestellt.[182] Insoweit ist einzuräumen, daß es keine einheitliche Verwendung der genannten Begriffe im technischen Sicherheitsrecht gibt. Es mag daher zweifelhaft sein, ob in anderen gesetzlichen Regelungen die Begriffe »allgemein anerkannte Regeln der Technik«, »Stand der Technik« oder »Stand von Wissenschaft und Technik« im Einzelfall dem dreistufigen System entsprechen. Dies widerspricht jedoch nicht der hier vertretenen herrschenden

---

176 BVerfGE 49, 89, 136; BVerfGE 53, 30, 59) BVerwG DVBl. 1972, 680; Feldmann, a.a.O., S. 289.
177 Für die Bedeutung des Schutzzweckes insoweit richtig: Obenhaus/Kuckuck, DVBl. 1980, S. 155.
178 ebd.
179 Statt vieler: Haedrich, AtG, § 1 Rn. 8 m.umf.N.
180 BVerfGE 53, 30, 58.
181 BVerfGE 49, 89, 136.
182 Nicklisch, BB 1983, S. 261 ff.; Lukes, 6. AtRS 1979, S. 53 ff.

Auslegung des »Stands von Wissenschaft und Technik« für das Atomrecht. Denn auch *Nicklisch* stellt nicht in Frage, »daß unterschiedliche technische Systeme ein unterschiedliches Maß an Schadensvorkehrungen verlangen« und daß entsprechend dem Gefahrenpotential dieser Systeme »ebenso ansteigende Sicherheitsanforderungen zu stellen sind.«[183] Dies ergibt sich aber entgegen *Nicklisch* nicht erst aus dem Verhältnismäßigkeitsgrundsatz, sondern bereits – wie dargelegt – aus dem am Schutzzweck des Atomgesetzes auszulegenden Tatbestandsmerkmals »Stand von Wissenschaft und Technik«.

b) *Festlegung des Standes von Wissenschaft und Technik*

Die Festlegung des Standes von Wissenschaft und Technik kann dabei nicht den Naturwissenschaftlern überlassen bleiben. Hierfür spräche zwar zunächst, daß es der jeweiligen Wissenschaft am ehesten möglich ist, ihren eigenen Kenntnisstand festzustellen.[184]

Dies allein reicht jedoch nicht aus. Die Genehmigungsbehörde hat vielmehr in wertender Entscheidung den jeweiligen Erkenntnisstand für den einzelnen Genehmigungsfall zu konkretisieren.[185] Insoweit räumt das Bundesverwaltungsgericht der Exekutive einen eigenen Beurteilungsspielraum ein.[186] Diesen hat die Verwaltung dann allerdings auch in voller Verantwortung wahrzunehmen. Tut sie dies nicht – sind insbesondere Lücken in der Risikoermittlung und Bewertung vorhanden, so ist eine gleichwohl erteilte Genehmigung rechtswidrig.[187] Die Exekutive »hat hierbei die Wissenschaft zu Rate zu ziehen«,[188] *nicht jedoch die Beurteilung der Wissenschaft zu überlassen.*[189]

---

183 Nicklisch, BB 1983, S. 264.
184 Wagner, NJW 1980, S. 667; Nicklisch, BB 1983, S. 268; ders.: NJW 1982, S. 2639, der eine »originäre Sachkompetenz« des wissenschaftlich-technischen Sachverstands auch im Hinblick auf die mit der Festlegung technischer Standards verbundenen Abschätzungen und Wertungen vorbehalten wissen will, die selbst für den Rechtsanwender verbindlich sein sollen.
185 Vgl. Haedrich, AtG § 7 Rn. 75 c m.w.N.
186 BVerwGE 72, 300, 316 ff.
187 BVerwGE 80, 207, 217 (»Mülheim-Kärlich«).
188 BVerwGE 72, 300, 316; ebenso: B. v. 13.7.1989, NvwZ 1989, 1168 u. 1169.
189 Eben dies geschieht jedoch weitgehend in der Praxis. So meinte etwa Bundesumweltminister Töpfer anläßlich der Ereignisse in Biblis: »Ich will mich hier nicht in technischen Kategorien abschließend äußern. Ich glaube, das wäre eine Anmaßung des Politikers. Ich habe mich auf das zu beziehen, was die Reaktor-Sicherheits-Kommission schon im Sommer zu diesem Fall gesagt hat ...«, zit. nach FR v. 12.12.1988 S. 2.

Dabei stellt sich zum einen die Frage, *welche* Erkenntnisse dem Stand von Wissenschaft und Technik zuzurechnen sind, zum andern *wessen* Meinungen zu berücksichtigen sind.

Nach verbreiteter Auffassung im Schrifttum sollen nur »gesicherte« Erkenntnisse berücksichtigt werden.[190] Dies findet jedoch weder im Wortlaut der Norm eine Stütze, noch entspricht es der Schutzkonzeption des Atomgesetzes. Das Bundesverwaltungsgericht hat daher zutreffend hervorgehoben, daß »alle wissenschaftlich und technisch vertretbaren Erkenntnisse« zu berücksichtigen sind.[191] Insbesondere sind hierbei auch bloß theoretische Schadensmöglichkeiten heranzuziehen,[192] soweit sie wissenschaftlicher Erkenntnis zugänglich sind. Gerade für die Vorsorge gegen »praktisch ausgeschlossene« Ereignisse sind in der Regel »gesicherte« Erkenntnisse nicht vorhanden. Insoweit gehören probabilistische Berechnungen zum Stand der Wissenschaft. Sie sind daher bei der zu treffenden Schadensvorsorge zu berücksichtigen. Ein ausschließlich an deterministischen Kriterien orientiertes Sicherheitskonzept hingegen dürfte kaum noch dem Stand der Wissenschaft entsprechen.[193]

c) *Die Bedeutung von Mindermeinungen*

Soweit – und dies ist häufig der Fall – unterschiedliche Auffassungen der Fachleute einander entgegenstehen, kann nicht ohne weiteres auf eine »herrschende« Auffassung abgestellt werden[194], vielmehr ist die »Bandbreite« der wissenschaftlichen Meinungen zu berücksichtigen.[195] Dies trägt dem Umstand Rechnung, daß sich der wissenschaftliche Erkenntnisprozeß vielfach nicht geradlinig, sondern dialektisch zwischen unterschiedlichen Ansichten vollzieht.[196] Im Hinblick auf einen dynamischen Grundrechtsschutz, wie ihn das Bundesverfassungsgericht postuliert hat[197], wäre es daher verfehlt, nur auf die »führenden« Naturwissenschaftler abzustellen, denn dabei bliebe die

---

190 Smidt, 6. AtRS 1979, S. 43; Wagner, NJW 1980, S. 665, 667; Marburger, WiVerw 1981, S. 258.
191 BVerwGE 72, 300, 316.
192 Zutreffend das BVerwG, vgl. o. Fn. 108; a.A. Marburger, ET 1984, S. 211.
193 Vgl. oben 3 b).
194 So aber Breuer, vgl. o. Fn. 52: »führende Naturwissenschaftler«; dagegen: Bender, NJW 1979, S. 1430; Sommer, DÖV 1981, S. 656; Roth-Stielow, DÖV 1979, S. 168.
195 Haedrich, AtG, § 7 Rn. 76 m.w.N.; Feldmann, ET 1984, S. 290.
196 Czajka, DÖV 1982, S. 108; ders., ET 1981, S. 542; Roth-Stielow, EuGrZ 1980, S. 389; Smidt, 6. AtRS 1979, S. 43.
197 BVerfGE 49, 89, 147 ff.; eingehend zu diesem Postulat: Roßnagel, NVwZ 1984, S. 137 ff.

Tatsache unberücksichtigt, daß sich Minderheitspositionen im Verlaufe des Erkenntnisprozesses zu Mehrheitsmeinungen entwickeln können. Dies ist eine zwangsläufige Folge des wissenschaftlichen Erkenntnisprozesses. Bekanntlich ist jede neue wissenschaftliche Erkenntnis zunächst »Mindermeinung«. Dies galt bereits zu Zeiten von Kopernikus und gilt auch heute noch. Völlig zu Recht hat daher das Bundesverfassungsgericht festgestellt, daß der wissenschaftliche Erkenntnisprozeß notwendigerweise immer nur Annäherungswissen sei, »das nicht volle Gewißheit vermittelt, sondern durch jede neue Erfahrung korrigierbar ist und sich insofern immer nur auf dem neuesten Stand unwiderlegten möglichen Irrtums befindet.«[198]

Im übrigen hat sich bereits mehrfach gezeigt, daß gerade auch »Außenseiter« einen Beitrag zur Aufdeckung von Fehlern leisten können.[199]

Es kann daher keinesfalls allein auf die »herrschende Meinung der Fachleute«[200] oder die »führenden Naturwissenschaftler«[201] abgestellt werden. Zutreffend hat das Bundesverwaltungsgericht ausgeführt:

> »...; dabei darf die Genehmigungsbehörde sich nicht auf eine »h.M.« verlassen, sondern muß alle vertretbaren wissenschaftlichen Erkenntnisse in Erwägung ziehen.«[202]

Demnach sind auch die Stellungnahmen der zur Beratung des Bundesumweltministers gebildeten Gremien, wie die Reaktorsicherheitskommission und die Strahlenschutzkommission, nicht schlechthin mit dem Stand der Wissenschaft gleichzusetzen. Sie stellen lediglich einen Teil des wissenschaftlichen Spektrums dar, welches die Exekutive zu Rate zu ziehen hat.[203]

Fraglich ist, in welchem Umfang wissenschaftliche Zweifel zu berücksichtigen sind.

Aufgrund der Schutzkonzeption des AtG würde einiges dafürsprechen, daß »alle Kenntnislücken oder Unsicherheiten im Bereich naturwissenschaftlicher wie technischer Feststellungen zu Lasten des Betreibers gehen.«[204] Insoweit verlangt auch das Bundesverwaltungsgericht, daß bei bestehenden Unsicherheiten stets die sicherere Annahme zugrundegelegt wird. Dabei müsse allerdings nicht »jeder ›vereinzelt geäußerten‹ wissenschaftlichen Meinung entsprochen

---

198 BVerfGE 49, 89, 142.
199 Vgl. etwa Winter/Schäfer, NVwZ 1985, S. 709 ff. mit Verweis auf die »Risikountersuchungen zu Leichtwasserreaktoren«, Öko-Institut, Bericht Nr. 24, 1983.
200 Nicklisch, BB 1983, S. 268.
201 Breuer, DVBl. 1978, S. 836.
202 BVerwGE 72, 300, 316; B. v. 13.7.1989, NVwZ 1989, 1168 u. 1169.
203 Vgl. auch die Äußerung des BVerwG v. 14.12.1988, NVwZ 1989, 1145 ff., wonach der Stellungnahme der RSK »eine gewisse indizielle Bedeutung« zukäme.
204 Roth-Stielow, DÖV 1979, S. 168.

werden.«²⁰⁵ Was dies im konkreten Fall heißen mag, läßt das Bundesverwaltungsgericht freilich offen. Die Genehmigungsbehörde müsse aber auch nicht – so heißt es in zwei neueren Entscheidungen – »ermitteln, ob zur h.M. eine – auch noch so fernliegende – Gegenmeinung besteht, die theoretisch nicht widerlegbar ist, aber als Beleg für ein bestehendes ›Gefahrenpotential‹ praktisch auszuschließen ist.«²⁰⁶ Denn damit würde die Frage der Genehmigungsfähigkeit einer Anlage nach § 7 Abs. 2 Nr. 3 AtG auf die bloße Frage des Bestehens oder Nichtbestehens eines wissenschaftlichen Streits über die Beurteilung von Risiken reduziert; dies würde – entgegen der ausdrücklichen Entscheidung des Gesetzgebers – auf eine Unzulässigkeit der friedlichen Nutzung der Kernenergie hinauslaufen. Die Behörde habe jedenfalls das Gewicht der Meinungsäußerungen zu würdigen und gegeneinander abzuwägen. Dabei kann es freilich nicht einfach auf die »Autorität« des einzelnen Wissenschaftlers ankommen. Vielmehr ist nach sachlichen Kriterien zu beurteilen, welcher Auffassung der Vorzug zu geben ist. Dabei sind die zugrundegelegten wissenschaftlichen Erkenntnisquellen, die angewandten wissenschaftlichen Methoden sowie die Folgerichtigkeit und die Überprüfbarkeit der einzelnen Meinungen zu bewerten.²⁰⁷ Dabei kann auch die institutionelle, wirtschaftliche und innere Unabhängigkeit des Wissenschaftlers eine Rolle spielen, die gerade bei »Außenseitern« eher anzutreffen ist.²⁰⁸

Für eine möglichst breite Berücksichtigung des wissenschaftlichen Spektrums – sowohl auf nationaler als auch auf internationaler Ebene – spricht letztlich auch die Sichtweise des Bundesverfassungsgerichts: Wenn die »Grenze des menschlichen Erkenntnisvermögens« die zu treffende Schadensvorsorge begrenzt und das danach verbleibende Risiko der Allgemeinheit im Rahmen einer sozialadäquaten Last aufgebürdet wird,²⁰⁹ so sind diese Grenzen des menschlichen Erkenntnisvermögens möglichst genau auszuleuchten. Mit anderen Worten kann danach eine Genehmigung nur erfolgen, wenn auch entferntere wissenschaftliche Außenseitermeinungen überprüft worden sind.

5. *Die Grenze zwischen der erforderlichen Schadensvorsorge und dem »Restrisiko«*

Gleichgültig, wie man die erforderliche Schadensvorsorge nun im Einzelnen

---

205 BVerwGE 72, 300, 316.
206 BVerwG, B. v. 13.7.1989, NVwZ 1989, 1168, 1169.
207 Haedrich § 7 Rn. 76 m.w.N.; Eingehend: Winter/Schäfer, NVwZ 1985, S. 709 ff.
208 So zutreffend: Winter/Schäfer, ebd.
209 Vgl. oben 1 c).

definiert, – ob als reine Gefahrenabwehr, als Gefahrenvorsorge, als Gefahrenabwehr + Risikovorsorge, oder zutreffend als einheitlichen Vorsorgetatbestand – herrscht jedenfalls weitgehend Einigkeit darüber, daß unterhalb einer nicht näher definierten Grenze ein Bereich verbleibt, in dem keine Vorsorgemaßnahmen mehr getroffen werden müssen, da das Gesetz insoweit ein »Restrisiko« hinnimmt. Welches Risiko bei Erteilung einer Betriebsgenehmigung als sog. Restrisiko hingenommen werden muß, ergibt sich nicht unmittelbar aus § 7 Abs. 2 Nr. 3 bzw. 5 AtG.[210] Eine Konkretisierung der erforderlichen Schadensvorsorge durch Rechtsverordnung findet sich allein im Bereich des Strahlenschutzes (StrlSchV). Dagegen hat die Bundesregierung von der Ermächtigung zum Erlaß einer Anlagenvorsorgeverordnung nach § 12 Abs. 1 Nr. 1 AtG bedauerlicherweise bislang keinen Gebrauch gemacht. Diese Grenze zu finden und damit die entscheidende Frage nach der Bewertung des akzeptierbaren Risikos zu beantworten – »wie sicher ist sicher genug?« –, ist nach der Struktur des geltenden Atomrechts in der Auslegung des Bundesverfassungs- und des Bundesverwaltungsgerichts Aufgabe der Exekutive. Sie hat hierbei die Wissenschaft zu Rate zu ziehen. Auf die hierzu entwickelten und aus § 7 Abs. 2 Nr. 3 AtG abgeleiteten Maßstäbe wurde bereits hingewiesen. Es sind dies der Maßstab der »praktischen Vernunft«, die »Je-desto-Formel«, die Grenzen des menschlichen Erkenntnisvermögens sowie der Verhältnismäßigkeitsgrundsatz.

a) *Praktische Vernunft*

Bereits oben ist auf die Breuer'sche Formel ausführlich eingegangen worden. Soweit die Formel herangezogen wird, um unwahrscheinliche, aber durchaus mögliche Ereignisse aus der Vorsorgepflicht auszugrenzen, ist sie nicht rational überprüfbar. Die Rechtsprechung verzichtet denn auch weitgehend darauf, eine Begründung für die Annahme zu liefern, daß ein bestimmtes Ereignis oder ein bestimmter Ereignisablauf »praktisch ausgeschlossen« sind. Die beharrliche Wiederholung wohlklingender Formulierungen vermag freilich über das bestehende Begründungsdefizit nicht hinwegzutäuschen. Die Formel der praktischen Vernunft differenziert auch nicht hinsichtlich des möglichen Schadensausmaßes und überläßt letztendlich die Bewertung des Risikos den »führenden Naturwissenschaftlern und Technikern«.

b) *Je-desto-Formel*

Die ursprünglich aus dem Versicherungswesen stammende[211] Formel ist zu

210 So BVerwGE 61, 256, 263.
211 Vgl. Baues, S. 20.

einem festen Bestandteil des Technikrechts geworden. Ihre Attraktivität dürfte darin begründet sein, daß mit ihrer Hilfe komplizierte, mit vielen Unsicherheiten behaftete Sachverhalte einer scheinbar klaren, mathematisch begründbaren Lösung zugeführt werden können. Das alte »iudex non calculat« scheint hier überholt:

»Also wird im technischen Sicherheitsrecht die Gefahr als Produkt aus Eintrittswahrscheinlichkeit und Schadensausmaß definiert. Daraus folgt: Ist das Schadensausmaß sehr hoch, aber gleichzeitig die Eintrittswahrscheinlichkeit extrem gering, liegt keine Gefahr im juristischen Sinne vor. Denn Null bzw. nahe Null mal 1 Million gibt weiterhin Null.«[212]

Die Produktformel hat freilich ihre Tücken: Die auf den ersten Blick so zwingend erscheinende mathematische Begründung vermag bei genauerer Betrachtung nicht ganz zu überzeugen: »Nahe Null« multipliziert mit einer beliebigen Zahl größer Null ergibt eben keineswegs Null. An diesem ehernen mathematischen Gesetz vermag auch das OVG Lüneburg nichts zu ändern.[213] Daß das Produkt möglicherweise sehr klein ist – 10^{-6} x 1 Million ergibt beispielsweise 1 – erklärt eben keineswegs, ob dieses Ergebnis eine »Gefahr« oder ein »Restrisiko« darstellt. (Soll die Gefahr etwa bei dem Produkt 0,5, bei 1 oder bei 5 beginnen?) Iudex non calculat?

Die wesentliche Kritik an der herrschenden Risikologik bezieht sich aber auf jenen Teil der Formel, der beharrlich ausgeblendet wird: Das Schadensausmaß spielt in der Praxis keine Rolle.[214] So wurde denn auch noch kein Versuch unternommen, eine Zahl für das denkbare Schadensausmaß zu ermitteln.[215] Wenn aber die Gefahr das Produkt aus Eintrittswahrscheinlichkeit und Schadensausmaß ist, dann muß das Schadensausmaß berücksichtigt werden. Stellt man hingegen, wie in der Praxis üblich, lediglich auf die Eintrittswahrscheinlichkeit ab – sei es durch die explizite Angabe einer Zahl, sei es einfach durch die Feststellung, ein Ereignis sei so unwahrscheinlich, daß es »praktisch ausgeschlossen« sei – so führt dies dazu, daß Ereignisse mit einem »großen« Risiko nicht vorsorgebedürftig sind, Ereignisse, die ein geringeres Risiko darstellen aber vom Vorsorgegebot erfaßt werden.[216] Dies läßt sich anhand einer Rechnung wie folgt darstellen: Angenommen der beachtliche Wahrscheinlichkeitswert wird auf 10^{-6} festgesetzt. Jenseits dieser Grenze soll das »Restrisiko« beginnen.

---

212 Schattke, in: Recht und Technik, S. 104.
213 Auf das sich Schattke, a.a.O., stützt.
214 Krit. auch Nolte, S. 66.
215 So wäre im obigen Beispiel der Wert »eine Million« ebenfalls begründungsbedürftig. Mit welcher Schadensgröße soll etwa der Abriß einer ganzen Stadt ausgedrückt werden? Vgl. FR v. 10.10.1988, S. 1: »Tschernobyl wird abgerissen«.
216 Vgl. ausführlich Baues, S. 20 ff., insb. S. 22.

Ein Ereignis (1) mit der Wahrscheinlichkeit W1 von 10^{-7} wäre dann dem »Restrisiko« zuzurechnen und nicht mehr vorsorgebedürftig. Angenommen dieses Ereignis würde zu einem Schaden S_1 führen, der die Zahl 10^6 erhält, also ein ganz beachtlicher Schaden. Das Risiko nach der Produktformel beträgt dann $10^{-7} \times 10^6 = 0,1$. Stellt man daneben ein zweites angenommenes Ereignis (2) mit einer Eintrittswahrscheinlichkeit W_2 von 10^{-5}, also eine Wahrscheinlichkeit diesseits der Grenze und damit ein Vorsorgemaßnahmen erforderndes Ereignis, welches zu einem Schaden S_2 von lediglich 10^3 – also ein mittlerer Schaden – führt, dann ergibt dies eine Risikozahl von $10^{-5} \times 10^3 = 0,01$. Fall (2) stellt also ein viel geringeres Risiko dar, wäre aber nach der herrschenden Wahrscheinlichkeitsdogmatik ein vorsorgebedürftiges Ereignis, während Fall (1) ein größeres Risiko darstellt aber gleichwohl unberücksichtigt bleibt. Bei einer korrekten Anwendung der Formel müßte aber die Risikozahl immer gleich bleiben.

Nimmt man die Formel ernst, so stellen Ereignisse mit einem exorbitanten Schadensausmaß aber extrem niedriger Eintrittswahrscheinlichkeit eine Gefahr im Rechtssinne dar.[217] Denn das denkbare Schadensausmaß kann bei einem Reaktorunfall – dies dürfte spätestens seit der Reaktorkatastrophe von Tschernobyl klar sein – im Hinblick auf alle das Schadensausmaß bestimmenden Merkmale[218] von maximaler Auswirkung sein.[219] Es erscheint bei derartigen, neuartigen Schäden bereits fraglich, ob sie überhaupt nur rein quantitativ im Rahmen dieser mathematischen Formel erfaßt werden können:

> »Demgegenüber wird eine kerntechnische Katastrophe als ein konzentriertes Ereignis mit großer kollektiver Auswirkung, zumal bei zugleich kontinentweiter Betroffenheit, außerordentlich schwere Folgen mit sich wechselseitig potenzierenden Wirkungen nach sich ziehen. Die Vielzahl und die Intensität der Schäden bewirken über das quantitative Ausmaß der Schäden hinaus eine neue Schadensqualität mit strukturellen Folgeeffekten, die die ganze Gesellschaft umfassend betreffen.«[220]

Angesichts dieser Schwierigkeiten verwundert es nicht, daß in der Praxis nicht die »Sicherheitsphilosophie« von den rechtlichen Vorgaben geleitet wird, sondern daß umgekehrt die technischen Anforderungen auf der Ebene untergesetzlicher Regelwerke per definitionem dem einen oder dem anderen

---

217 So Schmidt, KJ 1986, S. 476; Bender, NJW 1979, S. 1426.
218 Vgl. oben 1 a) aa).
219 Nach Meinung des Physikers von Ehrenstein sind noch erheblich schwerwiegendere Unfälle denkbar, vgl. den Nachweis bei Lamprecht, FS für Simon, S. 505/506.
220 Bericht der Landesregierung Nordrhein-Westfalen zum Beschluß des Landtags vom 10.7.1986 betreffend den Übergang auf eine Energieversorgung ohne Kernkraft, S. 50.

Bereich (Schadensvorsorge oder »Restrisikominimierung«) zugeordnet werden, wobei die Tendenz unverkennbar ist, daß praktisch alle neuen Erkenntnisse – wiewohl sie längst Stand von Wissenschaft und Technik sind – schlicht der sog. »Restrisikominimierung« dienen sollen. Dies mag sinnvoll sein, um die Illusion aufrechtzuerhalten, eine die erforderliche Schadensvorsorge verändernde Entwicklung von Wissenschaft und Technik fände nicht statt.[221] Im Lichte von § 7 Abs. 2 Nr. 3 AtG ist diese Praxis jedoch – wie dargelegt – nicht haltbar.[222] Damit erweisen sich die zur Risikobewertung als Ergebnis probabilistischer Risikoanalysen angebotenen Risikozahlen für die Eintrittswahrscheinlichkeit als wenig aussagekräftig; sie sind deshalb als Entscheidungshilfen kaum brauchbar. Wenn sich bei der Bewertung des Risikos in der Praxis – ohne daß dies irgendwo ausdrücklich festgelegt wäre – eingebürgert hat, ab einer errechneten Eintrittswahrscheinlichkeit von 10^{-6} pro anno (Reaktorbetriebsjahre) die Grenze der »praktischen Vernunft« anzusiedeln, ab der das »Restrisiko« beginne[223], so findet eine solche Festlegung weder im Gesetz noch sonstwo eine Stütze. Zutreffend wird daher darauf hingewiesen, daß diese Festsetzung willkürlich sei.[224] Denn – wie erwähnt – die errechnete Eintrittswahrscheinlichkeit allein, ohne Einbeziehung des denkbaren Schadensausmaßes, sagt nichts darüber aus, ob Schadensvorsorge zu treffen ist oder nicht. Konsequenterweise müßte dann bei einer mathematischen Betrachtungsweise ein Wert für den möglichen Schaden angegeben werden. Schließlich müßten dann bestimmte »Risikogrenzwerte« festgelegt werden, bei deren Überschreiten Vorsorge zu treffen wäre. Dies wird aber von der h.M. gerade abgelehnt.[225] Eine schematische Festsetzung auf bestimmte zahlenmäßig fixierte Eintrittswahrscheinlichkeiten kann daher die Risikobewertung nicht ersetzen.[226]

Darüberhinausgehende gesetzliche Maßstäbe für die Bewertung des rechtlich akzeptierbaren Risikos existieren jedoch nicht.

Gleichwohl obliegt der Genehmigungsbehörde die Verantwortung für die Risikobewertung. Sie muß feststellen, ob die erforderliche Vorsorge getroffen ist.[227] Das weitgehende normative Defizit stellt an die Exekutive hohe Anforderungen.

---

221 Ob diese Strategie nicht zu Glaubwürdigkeitslücken und den damit verbundenen Akzeptanzproblemen der Kernenergie beiträgt, sei dahingestellt.
222 Zur weiteren Konsequenz dieser Praxis bezüglich des Drittschutzes vgl. unten V.
223 Schattke, in: Recht und Technik, S. 114; Hahn/Sailer, S. 83.
224 Wenig überzeugend die Begründung von Schattke, daß jeder andere Grenzwert ebenso willkürlich wäre, ebd., S. 114.
225 Für ein solches Konzept lediglich Roßnagel, Risikosteuerung, S. 198 ff., insbes. S. 209 ff.
226 Zutreffend Hansen-Dix, S. 157; abl. auch Lawrence, S. 151 f.
227 BVerwGE 72, 300, 316.

In der Praxis wird allerdings die Risikobewertung durch die auf Bundesebene erlassenen Richtlininen und technischen Regelwerke vielfach bereits vorweggenommen. Die Problematik der hinter diesen Regelwerken stehenden Sicherheitsphilosophie wurde bereits ausführlich dargestellt. Soweit die in diesen Richtlinien zum Ausdruck kommende Sicherheitsphilosophie mit der sich aus dem Gesetz selbst ergebenden Schutzverpflichtung in Widerspruch steht, können sie freilich keinen geeigneten Bewertungsmaßstab abgeben. Dies gilt namentlich für die vom Bundesminister des Innern bekanntgemachten Störfall-Leitlinien vom 18.10.1983[228], soweit dort Unfallereignisse, die »wegen ihres geringen Risikos keine Auslegungsstörfälle sind« fälschlich aus der Schadensvorsorge ausgegrenzt und der »Risikominimierung« zugeordnet werden.

Vielmehr darf die erforderliche Schadensvorsorge erst dann als getroffen angesehen werden, wenn auch gegen Ereignisse mit sehr geringer Eintrittswahrscheinlichkeit aber katastrophalem Schadensausmaß Vorsorge getroffen ist und darüberhinaus auch potentielle Gefahren aufgrund von Wissenslücken, ein »Gefahrenverdacht« oder ein »Besorgnispotential«, ausgeschlossen sind. Das danach verbleibende Risiko wird vom Tatbestand des § 7 Abs. 2 Nr. 3 AtG nicht mehr umfaßt, denn dieses liegt in der Tat jenseits der Grenze des menschlichen Erkenntnisvermögens und ist deshalb unentrinnbar.[229]

c) *Verhältnismäßigkeitsgrundsatz*

Fraglich ist, ob beim sog. »Gefahrenverdacht« und bei Risiken mit geringer Eintrittswahrscheinlichkeit – also im Bereich der über die klassische polizeirechtliche Gefahr hinausgehenden Risikovorsorge – die Anwendung des Verhältnismäßigkeitsgrundsatzes in Betracht kommt.[230] Dabei ist zu bedenken, daß es sich bei diesem Grundsatz zunächst einmal um eine Leerformel handelt, solange nicht Klarheit über die für die Abwägung zu bildenden Relationen besteht.[231]

Zum Teil wird angenommen, daß im Bereich der Risikovorsorge grundsätzlich die technische Realisierbarkeit und der Verhältnismäßigkeitsgrundsatz zu

---

228 Beilage zum BAnz. Nr. 245 v. 31.12.1983.
229 Dazu oben 1 c) bb).
230 So etwa Breuer, vgl. oben Fn. 40.
231 Vgl. die Nachweise bei Reich, S. 192 unter besonderem Hinweis auf Ossenbühl, Vorsorge, S. 167 f.; vgl. auch den Relationenwechsel von § 17 Abs. 2 BImSchG a.F. und § 17 Abs. 2 BImSchG i.d.F. v. 1985, wonach unverändert die Anwendung des Verhältnismäßigkeitsgrundsatzes bei der nachträglichen Anordnung, nicht aber bei der Erteilung der Genehmigung angeordnet wird.

beachten seien.[232] Diese Auffassung geht allerdings von dem überkommenen dreistufigen Normaufbau aus; ihr kann schon deshalb nicht gefolgt werden. Darüberhinaus wird damit die Prüfung der Verhältnismäßigkeit unzulässigerweise auf die Tatbestandsebene verlagert: Im allgemeinen Polizeirecht ist anerkannt, daß zunächst die (tatbestandliche) Frage nach dem Vorliegen einer Gefahr zu beantworten ist und erst danach, bei der Auswahl des konkreten Eingriffsmittels, der Grundsatz der Verhältnismäßigkeit zu beachten ist. Es gibt keinen Grund, hiervon im technischen Sicherheitsrecht im allgemeinen und im Atomrecht im besonderen abzuweichen: Die Prüfung, ob die erforderliche Schadensvorsorge getroffen ist, ist nach Maßgabe des von der Anlage ausgehenden Risikopotentials zu bestimmen. Insoweit spielen – wie das Bundesverwaltungsgericht im Voerde-Urteil[233] hervorgehoben hat – Elemente des Verhältnismäßigkeitsgrundsatzes nach Maßgabe der Je-desto-Formel eine Rolle. Im übrigen ist für Verhältnismäßigkeitserwägungen hier kein Raum.
Die Frage der Verhältnismäßigkeit kann sich demnach erst auf der Ebene der konkreten Vorsorgemaßnahme stellen. Hier ist allerdings vorweg klarzustellen: Da Vorsorge verlangt, »auch potentielle Gefahren aufgrund von Wissenslücken, einen ›Gefahrenverdacht‹ oder ein ›Besorgnispotential‹ auszuschließen«[234], kann es im Rahmen dieser tatbestandlich gebotenen Vorsorge nicht darum gehen, die technische Realisierbarkeit einer Maßnahme oder die wirtschaftliche Zumutbarkeit für den Betreiber[235] als Maßstab anzulegen. Die nach dem Gesetz erforderliche Schadensvorsorge unterliegt nicht einem Abwägungsvorbehalt, da dies zu einer Relativierung der strikten tatbestandlichen Genehmigungsvoraussetzungen führen würde. Die erforderliche Schadensvorsorge wird deshalb im wesentlichen gesteuert durch den Stand von Wissenschaft und Technik.[236]
Dabei versteht sich von selbst, daß eine Vorsorgemaßnahme geeignet sein muß, den gewünschten Sicherheitsgewinn herbeizuführen. In diesem Sinne wird häufig darauf hingewiesen,[237] daß dem (rechtlichen) Grundsatz der Verhältnismäßigkeit der (technische) Grundsatz der Ausgewogenheit entspreche. Danach sei eine Maßnahme nur dann ausgewogen, wenn ihr Sicherheitsgewinn in einem Teilbereich nicht zu einem Sicherheitsverlust im Hinblick auf die Gesamtsicherheit der Anlage führt. Dieser Grundsatz ist freilich in rechtlicher Hinsicht schon deshalb beachtlich, weil die erforderliche Schadensvorsorge –

---

232 Marburger, 7. AtRS 1983, S. 63; Breuer, oben 1 b) aa).
233 BVerwGE 55, 250, 254.
234 BVerwG, NVwZ 1989, 1169 unter ausdrücklicher Bestätigung des Wyhl-Urteils, BVerwGE 72, 300, 315.
235 A.A.: Rengeling, Stand der Technik, S. 89.
236 So überzeugend Reich, S. 208 ff.
237 Smidt, 6. AtRS 1979, S. 44 ff.

ebenso wie die Beurteilung der Sicherheit der Anlage in der Aufsichtsphase[238] – nur dann als getroffen angesehen werden kann, wenn nicht auf Einzelkomponenten abgestellt wird, sondern das von der Gesamtanlage ausgehende Risiko beurteilt worden ist.[239] Bei dieser Betrachtungsweise wird auch ausgeschlossen, daß es bei der obligatorischen Vorsorge gegen erkannte Risiken mit geringer Eintrittswahrscheinlichkeit zu einem infiniten Regreß kommen muß; d.h. die Möglichkeit des Versagens einer Schutzeinrichtung erfordere weitere Vorsorge, die wiederum versagen könne usw.[240]

Hingegen ist die Frage nach der Verhältnismäßigkeit einer Vorsorgemaßnahme im engeren Sinne regelmäßig zu bejahen, sofern die willkürfreie Risikoermittlung und -bewertung der Behörde auf der Grundlage des Standes von Wissenschaft und Technik zu dem Ergebnis kommt, daß Risiken – mögen sie auch lediglich auf einem Besorgnispotential beruhen – (noch) nicht ausgeschlossen sind und sofern sich mit den Vorkehrungen eine Reduzierung des Risikos – sei es durch eine Minderung der Eintrittswahrscheinlichkeit, sei es durch eine Verringerung des Schadensausmaßes – erreichen läßt. Die zusätzlichen Vorkehrungen dürften allein dann unzumutbar sein, wenn der erforderliche Aufwand in einem offenbaren Mißverhältnis[241] zum erreichbaren Sicherheitsgewinn stünde. Allerdings hat das Bundesverwaltungsgericht im Neckarwestheim-Urteil hervorgehoben, daß eine Maßnahme angesichts der von § 7 Abs. 2 Nr. 3 AtG erfaßten »hochgefährlichen Anlagen« nach dem Grundsatz der bestmöglichen Gefahrenabwehr und Risikovorsorge auch dann geboten sein könne, wenn ihr Nutzen nicht exakt in Geld bemessen werden könne.[242] Insofern kommt der Genehmigungsbehörde ein weiter Beurteilungsspielraum zu.

d) *Die Prozeduralisierung der Risikobewertung*

Damit ist deutlich geworden, daß sich die Grenze zwischen Schadensvorsorge und »Restrisiko« weder durch begriffliche Deduktionen noch durch einen Erkenntnisakt ermitteln läßt. Es handelt sich – so das Bundesverwaltungsgericht –

---

238 Ausführlich: Schneider, unten A I.5.
239 Zutreffend: Jakobs, S. 195.
240 Dieses Problem stellte sich zum Beispiel bei der Frage der Notwendigkeit eines »Berstschutzes« und stellt sich heute für die Maßnahmen der sog. »Druckentlastung«, dazu unten IV 3.
241 Vogel, in: Drews/Wacke, S. 423.
242 BVerwG, NVwZ 1989, 864, 867.

bei der Risikobewertung letztlich um eine Wertungsfrage in politischer Verantwortung, die sich nicht allein in Anwendung rechtlicher Maßstäbe beantworten läßt.[243]
Gerade der Hinweis auf den »Standard der praktischen Vernunft« bedeutet mit den Worten Hasso Hofmanns, »daß auf eine mit den Mitteln theoretischer Vernunft nicht lösbare Frage eine *ethische* Antwort gegeben wird.«[244]
Damit wird deutlich, daß das Recht mit den Genehmigungsvoraussetzungen des § 7 Abs. 2 Nr. 3 und 5 AtG lediglich einen Rahmen für die Entscheidung über die erforderliche Schadensvorsorge setzt, der freilich durch die dargestellte Rechtsprechung des Bundesverwaltungsgerichts deutlichere Konturen erhalten hat. Ob das »Regelungsdefizit der normativen Ebene«[245] unabdingbar ist oder von Verfassungs wegen detailliertere gesetzliche Regelungen geboten sind, muß hier dahinstehen.[246]
Mit dem Hinweis auf die begrenzte materiell-rechtliche Festlegung der gebotenen Schadensvorsorge hat es jedoch nicht sein Bewenden. Die Schwäche des materiellen Rechts wird nämlich – zumindest teilweise – kompensiert durch eingehende prozedurale Anforderungen, die § 7 Abs. 2 Nr. 3 und 5 AtG an die Genehmigungsbehörde stellt. Das Bundesverwaltungsgericht hat hierzu die Pflicht zu umfassenden Ermittlungen entwickelt.[247] Hierzu gehört die Vergewisserung, daß »die der behördlichen Sicherheitsbeurteilung zugrundeliegenden Annahmen und Bewertungen auf einer ausreichenden Datenbasis beruhen und dem im Zeitpunkt der Behördenentscheidung gegebenen Stand von Wissenschaft und Technik Rechnung tragen.«[248] Hierfür muß die Genehmigungsbehörde »alle vertretbaren wissenschaftlichen Erkenntnisse in Erwägung ziehen«[249], die hierzu notwendigen Untersuchungen vornehmen und erforderliche Überlegungen anstellen.[250] Angesichts – so das Bundesverwaltungsgericht im Neckarwestheim-Urteil – des außergewöhnlich hohen Schädigungspotentials atomarer Anlagen für einzelne wie für die Allgemeinheit genügt »nur eine laufende Anpassung der für eine Risikoermittlung maßgeblichen Umstände an den jeweils neuesten Erkenntnisstand dem [vom Bundesverfassungsgericht

---

243 BVerwG, B. v. 5.4.1989, NVwZ 1989, 1170 f.
244 Hofmann, Rechtsfragen, S. 343.
245 BVerfGE 49, 89, 135.
246 In dieser Richtung werden vom Normenkontrollantrag der SPD-Fraktion vom 21.4.1988 – 1 BvF 3/88 – Bedenken erhoben.
247 BVerwG, B. v. 5.4.1989, NVwZ 1989, 1170; BVerwGE 78, 177, 180.
248 BVerwG, B. v. 23.11.1988, NVwZ 1989, 670.
249 BVerwGE 72, 300, 316.
250 So BVerwGE 78, 177, 180.

postulierten] Grundsatz einer bestmöglichen Gefahrenabwehr und Risikovorsorge.«[251] Dieses »verbietet eine Genehmigung, wenn Risiken, die nach den Maßstäben praktischer Vernunft nicht auszuschließen sind, ungeklärt bleiben und sich die Genehmigungsbehörde damit nicht die gebotene Gewißheit darüber verschafft hat, daß die erforderliche Vorsorge getroffen ist.«[252]
Darüberhinaus werden Topoi der zu treffenden Risikobewertung wie das Postulat hinreichend konservativer Annahmen[253] entwickelt.
Die Entfaltung prozeduraler Anforderungen zum – partiellen – Ausgleich einer schwachen materiell-rechtlichen Steuerung der Genehmigungsentscheidung erscheint umso unverzichtbarer, als das Bundesverwaltungsgericht seinen Anteil des judikativen Ausgleichs des normativen Defizits[254] durch die Anerkennung eines Beurteilungsspielraums der Behörde bei der Anwendung des § 7 Abs. 2 Nr. 3 und 5 AtG zurückgenommen hat. Die Verwaltungsgerichte haben deren Bewertungen nur daraufhin zu überprüfen, »ob sie auf willkürfreien Annahmen und ausreichenden Ermittlungen beruhen.«[255]
Die hier – wie auch in anderen Bereichen vorsorgenden Umweltrechts[256] – festzustellende Verschiebung der atomrechtlichen Schadensvorsorge »von materiellen Vorgaben auf eine materiell zwar angeleitete, aber nicht gebundene, prozedurale Konzeptentfaltung erfordert die Entwicklung eines Gefüges von kompensatorischen Anforderungen an Organisation und Verfahren des Entscheidungsprozesses«[257], die weit über das konkrete Genehmigungsverfahren hinausweisen.

6. Die Entwicklung von Vorsorgestrukturen im Atomrecht

Die atomrechtliche Genehmigungsbehörde wäre völlig überfordert, wenn sie die erforderliche Bewertung im Einzelfall ohne Anleitungen vornehmen müßte, die den weiten normativen Rahmen der §§ 7 Abs. 2 Nr. 3 und 5 AtG konkretisieren.

---

251 Urt. v. 19.1.1989, NVwZ 1989, 864, 865.
252 BVerwG, Urt. v. 9.9.1988, BVerwGE 80, 207, 216 f.
253 BVerwGE 72, 300, 316; ähnlich BVerwGE 78, 177, 181 und Urt. v. 19.1.1989, NVwZ 1989, 844, 866 f.
254 So BVerfGE 49, 89, 136.
255 BVerwG, Urt. v. 19.1.1989, NVwZ 1989, 864, 866; Vgl. dazu Gerhardt, DVBl. 1989, 126 ff; BVerwGE 72, 300, 316 f. – Dieses Urteil in die allgemeinen Entwicklungen der Dogmatik des »unbestimmten Rechtsbegriffs« einordnend Sendler, FS für Ule S. 337 ff., 356 m. umf. N.
256 Grundlegend hierzu Trute, S. 86, 296 f. und passim.
257 Ebd., S. 86.

In der atomrechtlichen Genehmigungspraxis hat sich in verwirrender Vielfalt[258] das Instrument der Richtlinien, Regeln, Leitlinien, Empfehlungen, Stellungnahmen etc. durchgesetzt, die durch beim Bundesminister für Umwelt, Naturschutz und Reaktorsicherheit errichtete Gremien – die Reaktorsicherheitskommission (RSK) und Strahlenschutzkommission (SSK)[259] sowie den Kerntechnischen Ausschuß (KTA)[260] – erarbeitet werden.[261] Daneben finden auch DIN-Normen Anwendung, die vom Normenausschuß Kerntechnik aufgestellt werden.[262] Formell entscheiden zwar die Genehmigungsbehörden der Länder über die Sicherheitsanforderungen, aber die Kriterien, nach denen sie entscheiden, sind umfangreiche und komplizierte »Normen«, die in einem rechtlichen Niemandsland angesiedelt sind. Angesichts der komplexen Materie, des Umfangs und vor allem der wertenden Elemente, die unvermeidlich in den Begriff der anzustrebenden Sicherheit eingehen und der durch diese Regelwerte konkretisiert wird,[263] bestimmen daher jene Expertengremien tatsächlich weitgehend das Niveau der Sicherheit der Bevölkerung gegenüber kerntechnischen Anlagen.

Es gibt aber weder ein mit rechtlicher Außenwirkung gestaltetes Verfahren, das Zusammensetzung und Arbeitsweise jener Gremien regelt, noch Normen, welche die Transformation der von diesen Gremien aufgestellten technischen Regeln gegenüber der Verwaltung verbindlich machen.[264]

Zu bemängeln ist ferner, daß weder die inhaltlichen, noch methodischen und verfahrensmäßigen Anforderungen festgelegt sind, denen die technischen Normen im Atomrecht genügen müssen.[265] Hierzu gehören die Dokumentation des vorhandenen Wissens, des Entscheidungsprozesses, der Verfahrensgrundsätze, schließlich die Begründung der getroffenen Entscheidung und deren Veröffentlichung.[266]

258 So Winters, S. 101.
259 Vgl. die Neufassung der »Satzung der Reaktor-Sicherheits-Kommission und der Strahlenschutzkommission« vom 8.12.1987, BAnZ Nr. 239 v. 22.12.1987; dazu Steinberg, Bundesaufsicht, S. 50 ff.
260 Bekanntmachung vom 1.9.1986, BAnZ v. 2.12.1986, dazu Schwarzer, ET 1984, S. 377 ff.; Vieweg, S. 23 ff.
261 Vgl. dazu etwa Bender, NJW 1979, S. 1430 f.; Degenhart, Kernenergierecht, S. 136 ff.; Fischer, S. 59 ff.
262 Zu der Qualifizierung von DIN-Normen als »Vereinbarungen interessierter Kreise« durch das Bundesverwaltungsgericht vgl. Urt. v. 22.5.1987, BVerwGE 77, 285, 291.
263 Degenhart, Kernenergierecht, S. 140 f.; Nolte, S. 95.
264 Zu derartigen Anforderungen an »qualifizierte Umweltstandards« Jarass, NJW 1987, S. 1228 ff.
265 Im Unterschied dazu vgl. die »Rahmenrichtlinie« des BMI vom 15.12.1983 über die »Gestaltung von Sachverständigengutachten im atomrechtlichen Verwaltungsverfahren«, GMBl. 1984, S. 21; dazu wie zum Unterschied zwischen Gutachter nach § 20 AtG und den Beratungsgremien des BMU vgl. Steinberg, Bundesaufsicht, S. 50 ff.
266 Dazu im einzelnen Trute, S. 100 ff., insbes. S. 107.

Dies ist umso weniger hinzunehmen, als es sich bei den die Normen erstellenden Gremien um »als nicht ganz unabhängig angesehene Beratungskommission(en)«[267] handelt, die teilweise interessenmäßig einseitig besetzt sind,[268] teilweise trotz fachlicher Zusammensetzung[269] ein möglichst breites Spektrum wissenschaftlicher Ausgangspositionen vermissen lassen,[270] und den von ihnen aufgestellten technischen Regeln in erheblichem Maße wertende Elemente eigen sind.[271]

Von besonderer Bedeutung erscheint die Regelung der Zusammensetzung, bei der für »eine nach dem wissenschaftlich-technischen Sachverstand ausgewogene Beteiligung, auch unter Berücksichtigung von Mindermeinungen«[272] Sorge zu tragen ist. Es ist vor allem sicherzustellen, daß nicht ausschließlich wissenschaftlich-technische Großorganisationen, sondern die gesamte Breite des fachwissenschaftlichen Sachverstandes vertreten ist. Die Anforderungen an die Berücksichtigung von Mindermeinungen bei der Ermittlung des Standes von Wissenschaft und Technik, die – wie dargestellt[273] – § 7 Abs. 2 Nr. 3 und 5 AtG normiert, müssen ohne Einschränkung auch hier gelten.

Die geforderten Regelungen werden teils durch Gesetz, teils durch Rechtsverordnung, in jedem Falle also durch außenrechtswirksamen Rechtssatz getroffen werden müssen. Auf diese Weise vermag wenigstens partiell die im Hinblick auf den Gegenstand nur begrenzt mögliche materiell-rechtliche Bindung der Verwaltungsentscheidungen kompensiert zu werden.[274]

Aber auch wenn in der skizzierten Weise die Entstehung technischer Regeln im Atomrecht stärker als bisher rechtsstaatlichen und demokratischen Anforderungen zu genügen vermöchten, so muß sichergestellt werden, daß die letztverantwortliche Risikoermittlung und -bewertung – wie oben im Anschluß an die

---

267 Breuer, AöR 101 (1976), S. 589 zur RSK; allgemein zur Interessenabhängigkeit technischer Normierungsgremien: Wolf, S. 142 ff. m.w.N.; Ritter, NVwZ 1987, S. 933.
268 So zum KTA Nolte, S. 104 und 158 f.; Vieweg, S. 35, 51 f., 240; Fischer, S. 71; zum Normenausschuß Kerntechnik Nolte, S. 112; Fischer, S. 71 f.
269 So Nolte, S. 98, 102; Vieweg S. 34, Fn. 7.
270 Aus diesem Grunde empfiehlt die Enquête-Kommission Zukünftige Kernenergiepolitik, Zur Sache 2/80, S. 274, »das Auswahlverfahren so zu gestalten, daß qualifizierte Fachleute mit unterschiedlicher Einstellung zur Nutzung der Kernenergie berufen werden.« Diese Empfehlung wurde vom Deutschen Bundestag am 10.12.1981 mehrheitlich beschlossen, ohne daß dies bislang Konsequenzen gehabt hätte.
271 So Feldhaus, DVBl. 1981, S. 169 f.; vgl. auch Papier, S. 91 f.; Hofmann, UPR 1984, S. 78; Nolte, S. 101, 108; Jarass, NJW 1987, S. 1225 f.
272 Benda, S. 9.
273 Vgl. oben 4 c.
274 So Benda, S. 9; Simon/Heußner, diss.op. BVerfGE 53, 30, 78.

Rechtsprechung dargelegt wurde[275] – der Exekutive obliegt. Diese hat die Verantwortung durch einen ausdrücklichen Rezeptionsakt zu übernehmen, indem sie generelle Regeln als Verwaltungsvorschriften erläßt. Die Bundesregierung hat hierbei nach Maßgabe des Art. 85 Abs. 2 GG zu verfahren. Stellungnahmen zu Einzelfragen hat die Genehmigungsbehörde wie auch sonst Gutachten zu berücksichtigen. Sie können durch die Bundesaufsicht – bei Vorliegen der allgemeinen Voraussetzungen[276] – durch eine Weisung nach Art. 85 Abs. 3 GG verbindlich gemacht werden.

Erst wenn gewährleistet ist, daß die Sicherheitsstandards den dargestellten organisatorischen, verfahrensmäßigen und inhaltlichen Anforderungen genügen, wenn es sich also um »qualifizierte Standards« handelt, erscheint eine Einschränkung der verwaltungsgerichtlichen Inhaltskontrolle zugunsten einer Verfahrenskontrolle vertretbar.[277] Das Bundesverwaltungsgericht hat insoweit mit der Anerkennung normkonkretisierender Richtlinien, die von den Verwaltungsgerichten nur daraufhin überprüft werden könnten, ob sie auf willkürfreien Ermittlungen beruhten und ob die Genehmigungsbehörden von hinreichend konservativen Abschätzungen ausgehen durften,[278] den zweiten Schritt vor dem ersten getan.

II. Versagungsermessen

Auch wenn die nach dem Stand von Wissenschaft und Technik erforderliche Schadensvorsorge getroffen ist, kann die Genehmigung versagt werden. Der Genehmigungsbehörde ist in § 7 Abs. 2 AtG ein sogenanntes Versagungsermessen eingeräumt.[279] (»Die Genehmigung darf nur erteilt werden, wenn...«).

275 S. oben 5 d.
276 Dazu Steinberg, Bundesaufsicht, S. 27 ff; jetzt auch BVerfG, Urt. v. 22.5.1990 – Kalkar-Weisung – DVBl. 1990, 763 ff.
277 Vgl. bereits Benda, Technische Risiken, S. 10; ähnlich jetzt auch Breuer, Anlagensicherheit, Rz. 29 und 30. – Die dann eröffneten Kontrollmöglichkeiten beschreibt Trute, S. 342 ff.
278 BVerwGE 72, 300, 320.; es erscheint im übrigen bemerkenswert, daß sich das Gericht mit keinem Wort zur Verbindlichkeit der »Richtlinie« verhält, die jedenfalls – mangels Erlasses durch die Bundesregierung und mangels Zustimmung durch den Bundesrat – nicht auf Art. 85 Abs. 2 GG beruhen kann.
279 So die herrschende Meinung: Fischerhof, § 7 Rn. 24 ff.; Haedrich, Atomgesetz, § 7 Rn. 47; Breuer, VerwArch 1981, S. 270 m.w.N.; a.A.: Ronellenfitsch, Genehmigungsverfahren, S. 356 f.

Das Bundesverfassungsgericht hat dieses Ermessen im Hinblick auf die von der Kernenergie ausgehenden Gefahren ausdrücklich für zulässig erachtet.[280] Diese Ermessensregelung bringt – wie jüngst Lorenz herausgearbeitet hat[281] – zum Ausdruck, daß die Nutzung der Atomenergie nicht dem privaten Freiheitsbereich zugehört, sondern daß diese »den Charakter einer öffentlichen Sache« aufweist.

Welche Gesichtspunkte im Einzelfall im Rahmen des Ermessens zu berücksichtigen sind, ist freilich bislang nicht abschließend geklärt. Als sicher dürfte gelten, daß bei dem hier vertretenen zweigliedrigen Normaufbau des § 7 Abs. 2 Nr. 3 anlagenbezogene sicherheitstechnische Fragen im Ermessensbereich keine Rolle mehr spielen.[282] Dies wird zwar teilweise ohne nähere Begründung gleichwohl angenommen.[283] Hinweise darauf, welche Sicherheitsaspekte dies sein sollen, finden sich freilich nirgends.

Zu berücksichtigen sind allerdings Entsorgungsfragen.[284] Dies gilt jedenfalls dann, wenn man nicht der – zutreffenderen – Ansicht folgen will, daß die Berücksichtigung einer gesicherte Entsorgung bereits eine Genehmigungsvoraussetzung darstellt.[285] Die verlangte Entsorgungsvorsorge soll jedenfalls dann beeinträchtigt sein, wenn unüberwindliche Hindernisse technischer, rechtlicher oder politischer Art einer Entsorgung gemäß dem Konzept des § 9a AtG entgegenstehen.[286] Bei der derzeitig völlig unsicheren Entsorgungslage könnte dieser Gesichtspunkt in der Zukunft eine entscheidende Rolle spielen. Insbesondere erscheinen die Grundsätze zur Entsorgungsvorsorge für Kernkraftwerke vom 29.2.1980 durch die aktuelle Entwicklung überholt.

Im Rahmen der Ermessensbetätigung können darüberhinaus Gesichtspunkte wie die Beachtung internationaler Verpflichtungen (§ 1 Nr. 4 AtG)[287] oder auch Erwägungen der äußeren Sicherheit der Bundesrepublik Deutschland (§ 1 Nr. 3

---

280 BVerfGE 49, 89, 146 f.
281 Lorenz, NVwZ 1989, S. 817.
282 A.A.: Rengeling, Probabilistk, S. 89/90.
283 Degenhart, ET 1989, S. 756; zweifelnd Lukes, 8. AtRS 1989, S. 72.
284 Die h.M. ordnet die Voraussetzung der gesicherten Entsorgung nicht dem Tatbestand, sondern dem Ermessen zu, vgl. etwa VG Schleswig, NJW 1980, 1296, 1300; Fischerhof, § 7 Rn. 17 (S. 301); eine Mindermeinung lehnt die Prüfung der gesicherten Entsorgung als Genehmigungvoraussetzung ganz ab, Ronellenfitsch, Genehmigungverfahren, S. 263.
285 So OVG Lüneburg, B. v. 17.10.1977, DÖV 1978, 296 f. mit Anm. Winters; grundlegend Hofmann, Rechtsfragen, S. 192 ff.
286 Breuer, VerwArch 1981, S. 261 ff., 276.
287 BVerfGE 49, 89, 147; Zur Einwirkung internationaler Regelungen auf das Genehmigungsverfahren vgl. Haedrich, AtG § 7 Rn. 133 ff.; sowie zu aktuellen Maßnahmen nach Tschernobyl, ders., ET 1988, S. 631 ff.

AtG), etwa dergestalt, daß sich mit zunehmender Anzahl von Kernkraftwerken die Verwundbarkeit der Bundesrepublik von außen erhöht,[288] Eingang finden. Umstritten ist auch, ob energiewirtschaftliche Belange berücksichtigt werden können. Das Bundesverwaltungsgericht hat dies im Wyhl-Urteil offengelassen.[289] Insoweit deutet sich aber offenbar eine vorsichtige Abkehr von der bisherigen Rechtsprechung an, die die Einbeziehung einer Bedürfnisprüfung noch strikt ablehnte.[290]

Das Versagungsermessen könnte darüberhinaus geeignet sein, als Einfallstor für die dem Staat von Verfassungs wegen auferlegten Schutzpflichten gegenüber seinen Bürgern zu dienen. Selbst wenn die nach dem Atomgesetz – auch in der hier vertretenen Auslegung – erforderliche Schadensvorsorge getroffen ist, verbleibt beim Betrieb kerntechnischer Anlagen ein verfassungsrechtlich beachtlicher Risikorest. Es darf nicht verkannt werden, daß die prognostizierten geringen Eintrittswahrscheinlichkeiten schwerwiegender Unfälle, – die zudem nach der Risikostudie B weitaus häufiger vorkommen als ursprünglich angenommen[291] – sich regelmäßig nur auf eine isoliert betrachtete Anlage beziehen, zum Teil sogar nur auf bestimmte Einzelabläufe innerhalb einer Anlage.[292] Bei einer Gesamtbetrachtung aller bundesdeutschen Kernkraftwerke würde sich ein ganz anderes Bild ergeben.

Die Summierung von solchen einzelnen »Restrisiken« kann sich zu einem beachtlichen Risiko auswachsen, denn zunehmende Quantität kann in eine neue Risikoqualität umschlagen.[293] Die vom Bundesverfassungsgericht aufgestellte Voraussetzung, daß das Versagungsermessen der Exekutive die Möglichkeit einräume, »eine an sich zu erteilende Genehmigung abzulehnen, falls besondere und unvorhergesehene Umstände es einmal notwendig machen,«[294] kann möglicherweise auch dann erfüllt sein, wenn das von einer einzelnen Anlage ausgehende Risiko als solches hinnehmbar erscheint, aber die Summierung von derartigen Risiken aufgrund einer Vielzahl von Anlagen qualitativ umschlägt und bei einer Gesamtbetrachtung den Grad einer beachtlichen Gefahr

---

288 Ossenbühl, ET 1983, S. 670, der dies allerdings im Zusammenhang mit einer Energiebedarfsprognose erörtert und einschränkend davon ausgeht, daß es hierzu eines »gesamtplanerischen Aktes« auf Bundesebene bedürfte.
289 BVerwGE 72, 300, 318.
290 Vgl. etwa BVerwG, Urt. v. 9.7.1982, DÖV 1982, 820 f.; BVerwGE 70, 365, 378; VGH Bad.-Württ., DVBl.1982, 968 Leitsatz 39 (»Wyhl«).
291 Vgl. oben Fn. 139.
292 Vgl. zum Erfordernis einer Gesamtrisikobetrachtung der Anlage: Schneider, unten A I.5.
293 Vgl. auch Schneider, unten A I.4. m.w.N.
294 BVerfGE 49, 89, 146.

annimmt.[295] Fraglich ist allerdings, ob für eine derartige Bewertung die konkrete Genehmigungsbehörde ausreichend gerüstet ist, oder ob hier nicht eine gesamtplanerische Entscheidung notwendig ist.

III. Die Konkretisierung der erforderlichen Schadensvorsorge durch die Strahlenschutzverordnung

Die erforderliche Schadensvorsorge wird durch die am 30.6.1989 neu bekanntgemachte Strahlenschutzverordnung[296] konkretisiert. Obwohl die Neufassung zahlreiche Paragraphen der alten Fassung abändert, sind die Kernregelungen des Strahlenschutzrechts unverändert geblieben.[297]
Zu unterscheiden sind zunächst Anforderungen an den bestimmungsgemäßen Betrieb der Anlage[298] einerseits und bei Störfällen[299] andererseits.

1. Strahlenminimierungsgebot

Grundsätzlich gilt für die *Planung* und den *Betrieb* einer kerntechnischen Anlage, als »Magna Charta des Strahlenschutzes«, daß jede unnötige Strahlenexposition oder Kontamination von Personen, Sachgütern oder der Umwelt zu vermeiden ist, § 28 Abs. 1 Nr. 1 StrlSchV. Soweit dies nicht möglich ist, ist jede Strahlenexposition unter Beachtung des Standes von Wissenschaft und Technik so gering wie möglich zu halten, und zwar auch unterhalb der in der StrlSchV festgesetzten Grenzwerte, § 28 Abs. 1 Nr. 2 StrlSchV.
Ausdrücklich wird in der amtlichen Begründung zu § 28 StrlSchV betont, daß dieser Vorschrift die Annahme zugrundeliege, daß kein Dosisgrenzwert existiere, bei dessen Überschreitung keine Strahlenwirkung mehr auftrete, und daß daher davon ausgegangen werden müsse, daß jede noch so geringe Strahlenexposition eine gewisse, wenn auch entsprechend geringe Strahlenwirkung zur Folge habe.

---

295 Ähnlich Degenhart, ET 1989, S. 753.
296 BGBl. I, 1321.
297 Vgl. zu den Änderungen Czajka, NVwZ 1989, S. 1125 ff.
298 Vgl. dazu unten 2.
299 Unten 3.

Das Strahlenminimierungsgebot ist von der Genehmigungsbehörde als zwingende Genehmigungsvoraussetzung zu beachten. Danach sind diejenigen Maßnahmen zu ergreifen, die nach dem Stand von Wissenschaft und Technik eine Reduzierung der Strahlenbelastung so weit wie möglich gewährleisten. Der Begriff »möglich« hebt dabei nicht auf die wirtschaftliche Möglichkeit ab, derartige Erwägungen spielen beim Strahlenschutz grundsätzlich keine Rolle.[300] Dieser Grundsatz wird allerdings in der Praxis durch die Anwendung des Verhältnismäßigkeitsprinzips in gewisser Weise aufgeweicht. Danach sollen keine Maßnahmen angeordnet werden dürfen, die trotz erheblicher Aufwendungen unterhalb der Grenzwerte nur eine geringfügige Reduzierung der Strahlenbelastung ermöglichen.[301] Angesichts der unbestrittenen Wirkungen auch geringster Strahlendosen wird man allerdings nur bei einem offenbaren Mißverhältnis von Aufwand und Erfolg zur Ablehnung einer Schutzmaßnahme kommen dürfen. Das Strahlenminimierungsgebot ist grundsätzlich als selbständige Schutzvorschrift auch nach Erteilung der Genehmigung zu beachten. Daraus ergibt sich die Verpflichtung, die Maßnahmen zur Reduzierung der Strahlenexposition dem jeweilig neuesten Stand von Wissenschaft und Technik anzupassen.[302]

2. *Dosisgrenzwerte*

Für den *bestimmungsgemäßen Betrieb* der Anlage gilt im übrigen § 45 StrlSchV. Der bestimmungsgemäße Betrieb der Anlage ist in Ziff.1.1 der Sicherheitskriterien für Kernkraftwerke[303] definiert. Danach gehören hierzu
– Betriebsvorgänge, für die die Anlage bei funktionsfähigem Zustand der Systeme bestimmt und geeignet ist («Normalbetrieb»)
– Betriebsvorgänge, die bei Fehlfunktion von Anlageteilen oder Systemen ablaufen, soweit hierbei einer Fortführung des Betriebes sicherheitstechnische Gründe nicht entgegenstehen («anormaler Betrieb»)
– Instandhaltungsvorgänge
Die Vorschrift bezieht sich sowohl auf die Planung als auch auf den Betrieb[303a]. Danach ist die zulässige Strahlenbelastung durch die Ableitung radioaktiver

---

300 Kramer/Zerlett, StrlSchV, § 28 Rn. 7.
301 ebd. Rn. 11.
302 Kramer/Zerlett, StrlSchV, § 28 Rn. 8.
303 BAnz Nr. 206 v. 3.11.1977.
303a Kramer/Zerlett, StrlSchV, § 45 Rn. 5.

Stoffe über Luft und Wasser auf jeweils 30 mrem[304] pro Jahr begrenzt. Auch hier gilt das oberste Strahlenschutzprinzip des »so gering wie möglich«. Nach der Neufassung der Strahlenschutzverordnung ist zwar das in § 45 StrlSchV a.F. selbständig enthaltene Strahlenminimierungsgebot weggefallen. Insoweit handelt es sich jedoch lediglich um eine redaktionelle Änderung. Anwendbar ist das allgemeine Minimierungsgebot des § 28 Abs. 1 Nr. 1 StrlSchV.[305] Die Strahlenbelastung der Umgebung ist demnach auch unterhalb der Grenzwerte so gering wie möglich zu halten.

Die Dosisgrenzwerte dürfen auch dann nicht überschritten werden, wenn an einem Standort erhöhte Ableitungen, etwa infolge eines Störfalls, auftreten.[306] Grundsätzlich ist die Vorbelastung an einem Standort mit einzubeziehen. Können aufgrund der Vorbelastung die Dosisgrenzwerte nicht eingehalten werden, ist die Anlagengenehmigung zu versagen.[307] Dies galt bislang grundsätzlich auch für Vorbelastungen durch ausländische Anlagen, da § 45 StrlSchV a.F. insoweit nicht zwischen inländischen und ausländischen Anlagen unterschieden hat.[308] Schließlich sind auch neu hinzukommende Ableitungen zu berücksichtigen. Kann anders die Einhaltung der Dosisgrenzwerte nicht erreicht werden, ist die bestehende inländische Anlage durch Auflagen zur Reduzierung der Ableitungen anzuhalten.[309]

Ob dieses Konzept freilich noch eine zureichende Konkretisierung der nach § 7 Abs. 2 Nr. 3 AtG erforderlichen Schadensvorsorge ist, erscheint fraglich.

Im Unterschied zu der Schadensvorsorge gegen mögliche Stör/Unfälle kommt es insoweit auf eine Beurteilung von Wahrscheinlichkeiten nicht an: Daß die Anlage Radioaktivität emittiert, ist sicher. Fraglich ist vielmehr, ob diese Emissionen zu *Schäden* führen.

---

304 Die Neufassung verwendet die Maßeinheit Millisievert (mSv – 1 mSv = 100 mrem). Der Grenzwert ist jedoch gleichgeblieben (0,3 mSv), vgl. auch Czajka, NVwZ 1989, S. 1125, sowie die amtl. Begr. zu § 45, abgedruckt bei Kramer/Zerlett, § 45, II.
305 Czajka, NVwZ 1989, S. 1126.
306 Kramer/Zerlett, StrlSchV, § 45 Rn. 10; ausführlich Sterzel, KJ 87, 394 ff. insb. S. 400 ff. mit umfangreichen Nachweisen; a.A.: OVG Lüneburg NVwZ 1987, 75.
307 Kramer/Zerlett, StrlSchV, § 45 Rn. 9.
308 Kramer/Zerlett, StrlSchV, 2. Aufl., § 45 Rn. 18; Sterzel, a.a.O.; a.A.: OVG Lüneburg NVwZ 1987, 75/76. Nunmehr bezieht sich die Neufassung des § 45 Abs. 3 StrlSchV nur noch auf Ableitungen, die durch Anlagen oder Tätigkeiten im Geltungsbereich der StrlSchV verursacht werden, vgl. Kramer/Zerlett, § 45 Rn. 9.
309 Vgl. Fn. 308.

Wie bereits oben ausgeführt, sind Schäden nicht unerhebliche Beeinträchtigungen von Rechtsgütern. Zur tatbestandlichen Schadensvorsorge gehört auch der sog. »Kollektivschutz«.

»Daher ist es im Atom- und Strahlenschutzrecht nicht nur – wie der VGH meint – ›unerwünscht', sondern im Hinblick auf die in § 7 Abs. 2 Nr. 3 AtG getroffene Regelung auch unerlaubt, ›exakt bis an die Gefahrengrenze zu gehen'; dies gilt sowohl für den Kollektiv- als auch für den Individualschutz.«[310]

Dies bedeutet, daß es nicht auf die konkrete Nachweisbarkeit einer Schädigung eines einzelnen ankommt. Vielmehr sind auch stochastische Schäden, d.h. solche Schäden in Betracht zu ziehen, die zwar aufgrund bestehender Nachweisschwierigkeiten nicht einem *konkreten Individuum* zugeordnet, wohl aber für ein Bevölkerungskollektiv abgeschätzt werden können.
Die Existenz stochastischer Schäden auch niedriger Strahlendosen ist jedoch nach heutiger Erkenntnis anzunehmen. So geht das Wissenschaftliche Kommitee der Vereinten Nationen über die Wirkung von ionisierenden Strahlen (UNSCEAR) bei der Abschätzung der bei niedrigen Dosen zu erwartenden Risiken von zwei Grundannahmen aus:

»Die erste Annahme ist, daß es keinen Schwellenwert gibt, unterhalb dessen kein Krebsrisiko besteht. Durch jede noch so kleine Dosis erhöht sich demnach die Wahrscheinlichkeit, daß die exponierte Person an Krebs erkrankt – und jede zusätzliche Dosis bewirkt eine weitere Erhöhung dieses Risikos. Die zweite Annahme ist, daß das Risiko direkt proportional zur Dosis ist, daß also eine Verdoppelung der Dosis das Risiko verdoppelt, eine Verdreifachung das Risiko verdreifacht usw. ... UNSCEAR ist der Auffasssung, daß dies wahrscheinlich eine konservative Annahme ist, d.h. daß hiermit die Wirkungen von Dosen im niedrigen Bereich möglicherweise überschätzt und aller Wahrscheinlichkeit nach nicht unterschätzt werden. Auf dieser – unvollkommenen, aber immerhin praktikablen – Basis ist es möglich, zu groben Abschätzungn über die Risiken verschiedener strahleninduzierter Krebsarten zu kommen.«[311]

Soweit das Bundesverwaltungsgericht daher die bereits im Stade-Urteil vertretene Auffassung bekräftigt, daß ein Dosisgrenzwert von 30 mrem/a die für

---

310 BVerwGE 72, 300, 315
311 UNSCEAR, Strahlung. Dosen, Wirkungen, Risiken, hrsg. v. UNEP, 1985, in deutscher Übersetzung durch den BMU, S. 78 f.; vgl. auch Kaul, S. 47 f., der vor allem auf die methodischen Schwierigkeiten der Risikoabschätzung hinweist; ferner Streffer, 8. AtRS, 1989, S. 143 ff.

den Schutz des einzelnen erforderliche Vorsorge gegen Schäden sicherstelle,[312] erscheint dies nach dem heutigen Stand der wissenschaftlichen Erkenntnis zweifelhaft. Auch niedrige Strahlendosen induzieren Schäden. Ungewiß ist lediglich, wann diese Schäden bei wem und bei wievielen in Form von Erkrankungen an Krebs und Leukämie offenkundig werden.[313]
Diese Einsicht hat in den Naturwissenschaften zu einem gewandelten Verständnis der Dosisgrenzwerte geführt:

> »Das heute im Strahlenschutz angewandte Risikokonzept, das für stochastische Strahlenschäden grundsätzlich keine Schwellendosis annimmt, geht vielmehr außerdem davon aus, daß Dosisgrenzwerte nicht mehr wie früher als Obergrenze des erlaubten (Toleranzdosis), sondern als Untergrenze des nicht mehr akzeptierbaren Dosisbereichs anzusehen sind. Das heißt, Dosisgrenzwerte sind nicht als Grenze zwischen Sicherheit und Gefahr zu verstehen. Sie haben vielmehr den Sinn, die Strahlenexposition Einzelner oder von Bevölkerungsgruppen und das damit verknüpfte Strahlenrisiko auf ein zumutbares Maß zu reduzieren.«[314]

Diese naturwissenschaftliche Erkenntnis muß auch Konsequenzen für die rechtliche Bewertung der Dosisgrenzwerte und deren Abgrenzung zum Strahlenminimierungsgebot mit sich bringen. Es handelt sich bei ihnen in der Tat um »nur nach Maßgabe aller Umstände des Einzelfalles zu unterschreitende Orientierungswerte«,[315] besser um eine Untergrenze des nicht mehr akzeptierbaren Dosisbereichs, ungeachtet dessen »jede Strahlenexposition ... so niedrig zu halten [ist], wie dies vernünftigerweise erreichbar ist.«[316] Wenn damit die mit starren Grenzwerten verbundene Rechtssicherheit verlorengeht,[317] so ist dies begründet in den dem Strahlenschutzrecht vorausliegenden Strahlenschutzgrundsätzen, die eben auf den unwägbaren stochastischen Strahlenwirkungen basieren.[318]

---

312 BVerwGE 72, 300, 319; Im Stade-Urteil hatte der Senat entschieden, »die Dosisgrenzwerte konkretisieren die äußerste, weil nicht mehr überschreitbare Grenze der gemäß § 7 Abs. 2 Nr. 3 AtG erforderlichen Schadensvorsorge«, BVerwGE 61, 256, 264.
313 Zur Quantifizierung der Strahlenrisiken vgl. Kaul, a.a.O., S. 61 ff.; Streffer, 8. AtRS 1989, S. 151 f.; vgl. auch bereits Meißner, atw 1980, S. 97.
314 Kaul, a.a.O., S. 49
315 Diese Aussage ablehnend BVerwGE 61, 256, 268.
316 So Art. 6 (b) RL 80/836/EWG v. 17.9.1980, ABl. L 246 v. 17.9.1980 S. 1, zuletzt geändert durch RL 84/467/EWG v. 3.9.1984, ABl. L 265 v. 5.10.1984 S. 4; ähnlich die Strahlenschutzgrundsätze der Internationalen Strahlenschutzkommission (ICRP), zitiert bei Kaul, a.a.O., S. 48 f.; darauf aufbauend auch § 28 Abs. 1 Nr. 2 StrlSchV.
317 So die Befürchtung des Bundesverwaltungsgerichts, BVerwGE 61, 256, 268.
318 Zu den Konsequenzen für den Drittschutz s.u. V.

3. *Störfallplanungsdosen*

Für die Auslegung der Anlage gegen Störfälle gilt § 28 Abs. 3 StrlSchV. Ein Störfall im Sinne der StrlSchV ist ein Ereignisablauf, bei dessen Eintreten der Betrieb der Anlage oder die Tätigkeit aus sicherheitstechnischen Gründen nicht fortgeführt werden kann und für den die Anlage ausgelegt ist oder für den bei der Tätigkeit vorsorglich Schutzvorkehrungen vorgesehen sind.
Diese Vorschrift bezieht sich nur auf die *Planung*, nicht auf den Betrieb der Anlage. Danach ist im Genehmigungsverfahren nachzuweisen, daß die Grenzwerte (»Störfallplanungsdosen«) des Abs. 3 i.V.m Anlage X Spalte 2 (5 rem Ganzkörperdosis, 15 rem für die Schilddrüse) für den ungünstigsten Störfall, gegen den die Anlage ausgelegt ist, nicht überschritten werden. Dies gilt *unbeschadet des Abs. 1 Nr. 2*, das heißt der Grundsatz des »so gering wie möglich« gilt auch für die Störfallauslegung. Hinsichtlich leichterer Auslegungsstörfälle ist daher nur eine entsprechend geringere Dosis zulässig.
§ 28 Abs. 3 macht keine Aussage darüber, gegen *welche* Gefahren eine Anlage auszulegen ist, sondern gibt nur für die sog. »auslegungsbestimmenden Störfälle« Planungshöchstwerte vor.
Die Störfälle, gegen die die Anlage ausgelegt sein muß (sog. »Auslegungsstörfälle«) sind in den vom BMI bekanntgemachten Störfall-Leitlinien abschließend aufgezählt.
Die Vorsorge gegen diese Störfälle gehört zur tatbestandlichen Schadensvorsorge und ist damit zwingende Genehmigungsvoraussetzung.
Gem. Ziff.4.1 Störfall-Leitlinie[319] i.V.m. Teil 2 Tabelle I sind jedoch nur für bestimmte, sog. *repräsentative radiologisch relevante* Störfälle die Einhaltung der Störfallplanungswerte durch Berechnung aufgrund der Störfallberechnungsgrundlagen gem. den Empfehlungen der RSK und SSK nachzuweisen. Dies sind insgesamt nur acht festgelegte Störfälle. Der ungünstigste Auslegungsstörfall, der hierbei berücksichtigt wird, ist ein Leck in der Hauptkühlmittelleitung. (Ziff.I.1.1 Störfall-Leitlinie)[320]. Für alle übrigen auslegungsbestimmenden Störfälle ist gem. Ziff. 4.10 Störfall-Leitlinie keine Berechnung der Strahlenexposition an die Umgebung erforderlich; insoweit genügt der Nachweis der Wirksamkeit der baulichen und sonstigen technischen Schutzmaßnahmen.
Nach Ziff. I.7 der Störfall-Leitlinien gehört aus der Störfallgruppe Erdbeben die Störfalldefinition *Erdbebenauswirkungen auf das Reaktorhilfsanlagengebäude*

---

319 Abgedruckt in Handbuch Reaktorsicherheit, Teil 3.33.
320 Hierbei handelt es sich um den sog. »größten anzunehmenden Unfall – GaU«, der nach der Definition ein Störfall ist. Häufig wird dieser Begriff jedoch für den nicht auslegungsbedürftigen Kernschmelzunfall verwandt, vgl. Bischof ET 1980, S. 600

zu den repräsentativen Auslegungsstörfällen, für die die Einhaltung der Planungsdosen des § 28 Abs. 3 StrlSchV nachzuweisen ist. Darüberhinaus sind für Erdbebenauswirkungen auf
– Reaktorgebäude
– Notspeisegebäude
– Schaltanlagengebäude
– Notstromdieselgebäude
– Nebenkühlwasserbauwerke
die Wirksamkeit der baulichen oder sonstigen technischen Schutzmaßnahmen nachzuweisen. Gültig ist insoweit die KTA Richtlinie 2201 aus dem Jahr 1975, sowie ergänzend die RSK-Leitlinie 18.1 aus dem Jahr 1979. Diese Maßnahmen gehören unstrittig zur erforderlichen Vorsorge gegen Schäden im Sinne von § 7 Abs. 2 Nr. 3 AtG. Für Anlagen, die nicht den Störfall-Leitlinien unterfallen, ist im Einzelfall die erforderliche Vorsorge zu konkretisieren.[321]
§ 28 Abs. 3 bezieht sich hingegen nicht auf Unfälle.[322] Der Ausschluß von Schadensereignissen mit hohem Schadensausmaß aber niedriger Eintrittswahrscheinlichkeit wird damit von der Vorschrift nicht erfaßt. Dementsprechend sind auch die Störfallplanungsdosen bei dem tatsächlichen Eintritt eines derartigen Eintritts nicht einschlägig. Auch bei Vorsorgemaßnahmen, die andere als die in den Störfall-Leitlinien festgelegten repräsentativen Auslegungsstörfälle betreffen, – also etwa Vorsorgemaßnahmen gegen Unfälle wie die »Druckentlastung« – sind die Planungswerte nicht beachtlich. Dies bedeutet allerdings nicht, daß gegen derartige Ereignisse keine Vorsorge zu treffen wäre.[323] Insoweit erscheint § 28 Abs. 3 S. 4 mit seiner Verweisung auf die Sicherheitskriterien für Kernkraftwerke und auf die Störfall-Leitlinien problematisch.[324] Anwendbar bleibt in jedem Fall das allgemeine Strahlenminimierungsgebot aus § 28 Abs. 1 Nr. 1 und 2 StrlSchV.

---

321 Zu dem Problem der Erdbebensicherheit aus geologischer Sicht (betr. Mülheim-Kärlich): Grimmel/Paluska, Die Gefahren des nuklear-geologischen Abenteuers am Mittelrhein, FR v. 25.10.1988, S. 11.
322 Kramer/Zerlett, § 28 Rn. 17.
323 Vgl. oben I 1.e), sowie unten IV.
324 Vgl. auch oben I 6.

IV. Vom Vorsorgegebot umfaßte Ereignisse und Maßnahmen

1. *Der Unfallbegriff der StrlSchV*

Als Unfall wird in Anhang I der StrlSchV ein Ereignisablauf definiert, der für eine oder mehrere Personen eine die Grenzwerte übersteigende Strahlenexposition oder Inkorporation radioaktiver Stoffe zur Folge haben kann, soweit er nicht zu den Störfällen zählt. Ein Unfall liegt also immer dann vor, wenn die *Möglichkeit* einer Grenzwertüberschreitung gegeben ist und *kein Störfall* vorliegt, weil entweder der Anlagenbetrieb oder die betreffende Tätigkeit aus sicherheitstechnischen Gründen fortgeführt werden kann (was praktisch kaum denkbar ist) oder die Anlage für den Ereignisablauf nicht ausgelegt ist. Ein Störfall kann also in einen Unfall übergehen, dann nämlich, wenn er nicht mehr beherrschbar ist und deshalb die Möglichkeit der Grenzwertüberschreitung besteht; andererseits kann auch die Ursache des Ereignisablaufs die Maximalauslegung von Anfang an überschreiten. Beide Begriffe sind von dem Vorliegen eines *Schadens* unabhängig, insoweit unterscheidet sich der hier in Rede stehende Unfallbegriff vom allgemeinen Sprachgebrauch. Der bereits erwähnte »Störfall« im Block A des Kernkraftwerks Biblis war daher entgegen der in der Öffentlichkeit benutzten Bezeichnung ein Unfall, denn gegen dieses Ereignis war die Anlage nicht ausgelegt, und die *Möglichkeit* einer Grenzwertüberschreitung war gegeben.

Grundsätzlich wurde bislang davon ausgegangen, daß Maßnahmen gegen Unfälle allein der Restrisikominimierung dienen und nicht im Rahmen der tatbestandlichen Schadensvorsorge zu beachten seien. Diese Auffassung erscheint nach der weiten Auslegung der Schadensvorsorge durch das Bundesverwaltungsgericht im Wyhl-Urteil[325] nicht mehr haltbar.

Insbesondere die folgenden Unfallereignisse seien hier beispielhaft untersucht:

2. *Flugzeugabsturz*

Es wurde bereits darauf hingewiesen, daß auch Ereignisse mit geringer Eintrittswahrscheinlichkeit aber erheblichem Schadensausmaß, entgegen der bisherigen Auffassung, vom Vorsorgegebot umfaßt sind.

---

325 Vgl. I 1.e).

In der Deutschen Risikostudie Kernkraftwerke A wurden für Flugzeugabstürze auf ein Kernkraftwerk unterschiedliche Wahrscheinlichkeiten berechnet, wobei die höchste Wahrscheinlichkeit für schnellfliegende Militärmaschinen errechnet wurde (10^{-6}).[326] Allerdings läßt sich für eine konkrete Anlage die Absturzwahrscheinlichkeit nicht generell bestimmen, sondern ist für den konkreten Einzelfall anhand der erforderlichen Parameter zu berechnen. Für neu zu genehmigende Kernkraftwerke gilt insoweit die RSK-Leitlinie 19.1 vom 14.10.1981, wonach die Anlage gegen Flugzeugabstürze auszulegen ist, wobei ein Vollschutz immer dann erforderlich ist, wenn sich hinter dem Bauteil sicherheitstechnisch notwendige Anlagenteile befinden. Die Auslegung gegen Flugzeugabstürze ist in das Einzelfehlerkonzept integriert. Entgegen der bisher herrschenden Auffassung in der Genehmigungspraxis gehören diese Sicherheitsmaßnahmen zur tatbestandlichen Schadensvorsorge und nicht zur »Restrisikominimierung«.[327] Unerheblich ist hier, daß früher derartige Sicherheitsvorkehrungen nicht verlangt wurden, denn zumindest heute sind diese Maßnahmen unstreitig Stand von Wissenschaft und Technik.

Anderes könnte sich nur dann ergeben, wenn aufgrund der Besonderheiten des Standortes – etwa aufgrund von Flugbeschränkungen oder Überflugverboten – die Absturzwahrscheinlichkeit praktisch zu vernachlässigen ist. Dies müßte dann allerdings für die gesamte voraussichtliche Betriebsdauer des Kraftwerks sichergestellt sein.[328] Umgekehrt kann eine Risikoerhöhung durch die Nähe der Anlage zu einem Flugplatz,[329] oder etwa von dem Standort in der Nähe von Flugkorridoren oder Tiefflugstrecken ausgehen.

Offenbleiben kann hier, inwieweit von derartigen Maßnahmen das Bevölkerungsrisiko oder das Individualrisiko betroffen ist. Dies mag – wenn man überhaupt diese Differenzierung akzeptiert[330] – je nach der konkreten Fallgestaltung unterschiedlich sein. Jedenfalls aber dienen diese Maßnahmen der Minderung des Bevölkerungsrisikos. Dies gehört zum Tatbestand des § 7 Abs. 2 Nr. 3 AtG.

---

326 Deutsche Risikostudie A, S. 131.
327 Ebenso: VG Düsseldorf, Urt. v. 12.4.1984 -3 K 3201/75- AU S. 85; Hansen-Dix, S. 162 f. Das BVerwG behandelt in seinem Urteil v. 11. 5. 1989 den Flugzeugabsturz als »Störfall« und geht offenbar ebenfalls von tatbestandlicher Schadensvorsorge aus, BVerwGE 82, 61, 73 f.
328 Hansen-Dix, S. 163 m.w.N.
329 Hansen-Dix, S. 163.
330 Vgl. unten V 2.

3. Anlageninterner Notfallschutz

Umstritten ist in jüngster Zeit, ob Maßnahmen des sog. »anlageninternen Notfallschutzes« – wie etwa die »Druckentlastung« – zum Vorsorgegebot gehören oder dem Versagungsermessen zuzurechnen sind.

Dabei wird die Auffassung vertreten, Maßnahmen, die die Folgen »im Falle eines Falles« eindämmen, seien nicht vom Vorsorgegebot umfaßt, denn Notfallschutzmaßnahmen dienten nicht dem Ausschluß der Kernschmelze, sondern seien Vorkehrungen für den Fall, daß der nach praktischer Vernunft ausgeschlossene hypothetische Fall gleichwohl eintrete. § 7 Abs. 2 AtG verlange jedoch nur den Ausschluß der Kernschmelze nach den Grundsätzen der praktischen Vernunft.[331] Diese Auffassung, die den anlageninternen Notfallschutz in die Nähe des Katastrophenschutzes rückt, verkennt jedoch Bedeutung und Zielrichtung dieser Maßnahmen, wie sie zumindest von deren Verfechter selbst charakterisiert werden.[332]

> »Da Schutzmaßnahmen möglichst weit ins Vorfeld der Schadensentstehung zu verlagern sind, ist es wichtig, Notfallmaßnahmen nicht erst als Teil des Katastrophenschutzes zu ergreifen, wenn Unfallauswirkungen außerhalb der Anlage zu befürchten sind, sondern bereits möglichst frühzeitig innerhalb der Anlage.«[333]

Notfallschutzmaßnahmen haben einerseits einen *präventiven* Charakter.[334] Insoweit ist ihre Funktion vergleichbar mit anderen Maßnahmen der Stör- und Unfallvorsorge. Erst bei einem Mißlingen dieser Maßnahmen sollen weitere *begrenzende*[335] Notfallmaßnahmen durchgeführt werden.[336] Die unter diesem Stichwort aus technischer Sicht diskutierten Maßnahmen beziehen sich »auf Zeitgewinn sowie den Schutz des Sicherheitsbehälters (...), der bei einem völligen Schmelzen des Kerns die letzte verbleibende Barriere gegen die Spaltproduktfreisetzung bildet.«[337] Aus rechtlicher Sicht sind beide Maßnahmetypen also darauf gerichtet, den Eintritt – von bis dahin noch nicht eingetretenen –

---

331 Rengeling, DVBl.1988, S. 258/259.
332 Im einzelnen wird über die Wirksamkeit derartiger Maßnahmen in der Wissenschaft heftig gestritten, vgl. etwa bezüglich des Einsatzes sog. »Zündkerzen« zur Beherrschung einer Wasserstoffexplosion: Fischer/Hahn/Sailer, S. 77 ff., insb. S. 83.
333 Birkhofer, 8. AtRS 1989, S. 53.
334 Ausführlich Birkhofer, 8. AtRS 1989, S. 53 ff.
335 Auf diese hebt offenbar in erster Linie Rengeling, a.a.O., ab.
336 Birkhofer, ebd., S. 54.
337 Birkhofer, ebd., S. 54.

Schäden zu verhindern.[338] Da auch die Vorsorge gegen auslegungsüberschreitende Ereignisse, auf die sich die Notfallschutzmaßnahmen beziehen,[339] vom Tatbestand des § 7 Abs. 2 Nr. 3 AtG erfaßt ist,[340] ergibt sich hieraus zwingend, daß die unter dem Stichwort anlageninterner Notfallschutz diskutierten Maßnahmen tatbestandliche Vorsorge und nicht etwa »Restrisikominimierung« darstellen.[341] Weitreichende Konsequenzen hat diese Einordnung, worauf *Lukes*[342] zu Recht hinweist, für den verwaltungsgerichtlichen Drittschutz[343] sowie für die Öffentlichkeitsbeteiligung bei derartigen Änderungsmaßnahmen.

Die Gegenauffassung von *Rengeling* verkennt, daß § 7 Abs. 2 Nr. 3 AtG eben nicht nur verlangt »die Kernschmelze« auszuschließen, sondern daß ausgehend von einem im Sinne des Wyhl-Urteils weiten Vorsorgebegriff *umfassende Vorsorge* gegen *Schäden* zu treffen ist. § 7 Abs. 2 Nr. 3 AtG verlangt gerade auch, daß gegen den Eintritt zwar unwahrscheinlicher aber nicht auszuschließender Ereignisketten, die »anhand bloß theoretischer Überlegungen und Berechnungen in Betracht gezogen werden müssen«, Vorsorge getroffen wird.

Wenn tatsächlich durch die Druckentlastung »denkbare, schwerwiegende Folgen in einem hypothetischen Fall verringert oder gar – mit Hilfe des Filters – vermieden werden«[344] können, so ist nicht ersichtlich, inwiefern diese Maßnahmen »von anderer Qualität« sind als solche Maßnahmen, »die eine Kernschmelze nach praktischer Vernunft ausschließen«,[345] denn diesem Ziel dient ja gerade auch die »Druckentlastung«.

Liegt das Ereignis, oder der Ereignisablauf, wogegen die Maßnahmen vorgesehen sind, nicht »jenseits der Grenze der wie auch immer verstandenen praktischen Vernunft«, so ist dagegen Vorsorge zu treffen.[346]

---

338 Vgl. auch Lukes, 8. AtRS 1989, S. 68: »Schutzziel der Maßnahmen ist demnach die Verhinderung oder zumindest Begrenzung einer langfristigen Kontamination der Umgebung.«
339 Vgl. Lukes, ebd., S. 69 f.
340 Ausführlich oben I 1.e).
341 Diese Konsequenz sieht auch Lukes, 8. AtRS 1989, S. 73; vgl. bereits Bender, DÖV 1980, S. 637, der sogar anlagenexterne Katastrophenschutzmaßnahmen als Teil des Schadensvorsorgegebotes auffaßt. A.A. jetzt das BVerfG, aber ohne Begründung U.v. 22. 5.1990 (»Kalkarweisung«), DVBl. 1990, 763, 769.
342 ebd.
343 Dazu unten V.
344 Rengeling, DVBl.1988, S. 258/259.
345 ebd.
346 Lukes, 8. AtRS 1989, S. 73.

Demgegenüber vermag auch die Auffassung des OVG Lüneburg, auf das sich *Rengeling* beruft, nicht zu überzeugen. Im Beschluß zum Kernkraftwerk Brokdorf vom 28.10.1986 hat das Gericht folgendes zu dieser Frage ausgeführt:

»Dieses Vorbringen [das Verlangen einer Druckbegrenzungseinrichtung für den Sicherheitsbehälter] ist indessen schon deswegen nicht geeignet, eine Klagebefugnis darzutun, weil es sich um eine Maßnahme im Bereich der Restrisikominimierung handelt. Drittbetroffene können nach Maßgabe des § 7 II Nr. 3 AtomG (nur) diejenige Vorsorge verlangen, die einen Kernschmelzunfall nach dem Maßstab praktischer Vernunft ausschließt. Ist diese Vorsorge getroffen, so hat es mit dem Drittschutz sein Bewenden, d.h. Drittbetroffene haben im Hinblick auf Maßnahmen, die der Begrenzung der Folgen von Kernschmelzunfällen und damit der Minimierung des Restrisikos dienen, keine einklagbaren Rechte ...«[347]

Das Gericht hat nicht begründet, weshalb es diese Schutzmaßnahme in den Bereich der Restrisikominimierung einordnet und nicht in den Bereich des Vorsorgegebots. Dies scheint mit der vom Bundesverwaltungsgericht vorgenommenen weiten Auslegung nur schwer vereinbar. Eine andere, hiervon zu trennende Frage ist, ob die sog. Druckentlastung auch dem Individualschutz dient, oder lediglich der Verminderung des »Bevölkerungsrisiko«.[348] Die Zuordnung dieser Maßnahme in den tatbestandlichen Vorsorgebereich des § 7 Abs. 2 Nr. 3 AtG bleibt hiervon jedoch unberührt.
Offenbar wurde die hier vertretene Auffassung zeitweise auch vom BMU geteilt.[349]

4. *»Coreaufheizunfall«*

Die Frage, ob Maßnahmen gegen den sog. Kernaufheizunfall beim THTR 300 zur Schadensvorsorge gehören, war Gegenstand eines Beschlusses des OVG Münster.[350] Das Gericht hat hierzu ausgeführt:

»§ 7 II Nr. 3 AtomG verpflichtet die Genehmigungsbehörde jedoch nicht zur Schadensvorsorge in allen bei der Errichtung und dem Betrieb einer Kernenergieanlage denkbaren Fällen. Er fordert die Vorsorge, die nach dem Stand von Wissenschaft und Technik den Schadenseintritt praktisch ausschließt. Jenseits dieser am Stand von Wissenschaft und Technik zu gewinnenden Erkenntnis liegende, bloß ›hypothetische‹ Ereignisabläufe sind vom Vorsorgegebot nicht mehr umfaßt; sie sind dem ›Restrisiko‹ zuzuordnen.«

347 OVG Lüneburg, NVwZ 1987, 75, 76.
348 Zu dieser unnötigen Differenzierung vgl. unten V 2.
349 So jedenfalls Rengeling, DVBl. 1988, S. 262.
350 Beschl. v. 27.2.1987, NVwZ 1988, 551, 554.

Diese Auffassung geht jedoch fehl. Denn es sind gerade »Schutzmaßnahmen auch anhand ›bloß theoretischer‹ Überlegungen und Berechnungen in Betracht« zu ziehen, »um Risiken aufgrund noch bestehender Unsicherheiten oder Wissenslücken hinreichend zuverlässig auszuschließen.«[351] Eben um solch theoretische Überlegungen handelt es sich aber bei den zum Kernaufheizunfall untersuchten Szenarien. Denn dieser Unfall »kann nach heutigem Kenntnisstand als abdeckendes Szenario in bezug auf Aktivitätsfreisetzung in die Umgebung der Anlage betrachtet werden. Im Rahmen des von der Reaktor-Sicherheitskommission aufgestellen Beratungsplanes werden (...) dafür umfassende Empfehlungen im Rahmen des anlageninternen Notfallschutzes diskutiert. EWI erachtet die dabei erörterten Maßnahmen als wirkungsvolles Instrument, die Wahrscheinlichkeit von Unfällen zu minimieren und mögliche Unfallfolgen zu mindern.«[352]

Es kann danach keineswegs davon ausgegangen werden, daß diese Maßnahmen, die aufgrund »theoretischer Überlegungen und Berechnungen« ergriffen werden, nicht dem Vorsorgegebot unterfallen. Der Ansatz des OVG Münster ist auch schon deshalb verfehlt, weil es hier nicht um Erkenntnisse geht, die jenseits des Standes von Wissenschaft und Technik liegen. Entgegen der Auffassung des OVG ist ein Außerbetrachtlassen dieses denkbaren Unfalls daher sehr wohl als mangelnde Risikoermittlung und -bewertung anzusehen.

V. Drittschutz

1. *Der drittschützende Charakter der erforderlichen Vorsorge*

Die im Anschluß an das Wyhl-Urteil des Bundesverwaltungsgerichts vorgenommene Auslegung des Begriffs der erforderlichen Schadensvorsorge hat zwangsläufig erhebliche Auswirkungen für die Frage des verwaltungsgerichtlichen Drittschutzes.[353]

---

351 Vgl. o. Fn. 108.
352 Überprüfung der kerntechnischen Anlagen in Nordrhein-Westfalen, EWI-Gutachten, Zusammenfassung des Gesamtgutachtens 1988, S. 90.
353 Gegen die Koppelung von Drittschutz und Öffentlichkeitsbeteiligung, wie sie der BayVGH in seinem Beschl. v. 30.3.1984, DÖV 1984, 1027 (KKW Isar II) vornimmt, vgl. die Anm. v. Jacob, ebd. S. 1031 u. Gerhardt/Jacob, DÖV 1986, S. 258 ff.

Als dessen zentrale Frage stellt sich nach der in Rechtsprechung und Literatur herrschenden Schutznormtheorie[354] die Existenz drittschützender Normen dar. Dabei ist auch anerkannt, daß sich der drittschützende Charakter einer Norm auf einzelne ihrer Bestandteile beschränken kann.[355] Nur wenn eine Genehmigung gegen insoweit drittschützende Normen verstößt, besitzt ein Dritter einen »Genehmigungsabwehranspruch«[356] und kann den Rechtsverstoß als Verletzung eigener Rechte im Sinne von §§ 42 Abs. 2, 113 Abs. 1 VwGO erfolgreich geltend machen. Andere Rechtsverstöße bleiben verwaltungsgerichtlich kontrollfrei.

Wann im einzelnen eine drittschützende Norm vorliegt, ist durch »eine Auslegung der Norm nach Sinn und Zweck«[357] zu ermitteln. Damit bekräftigt das Bundesverwaltungsgericht die Auffassung, wonach bei der Norminterpretation am Wortlaut anzuknüpfen sei, »Hinweise« auch der Entstehungsgeschichte zu entnehmen seien, es im wesentlichen aber auf den »objektivierten Normzweck«,[358] die ratio legis ankomme.

Dies führte die bislang h. M. beim Drittschutz gegenüber der atomrechtlichen Anlagengenehmigung zu folgendem Ergebnis.[359]

Von den Auffassungen, welche die tatbestandliche Schadensvorsorge als Oberbegriff der Gefahrenabwehr und der Risikovorsorge verstehen,[360] soll teilweise allein das Merkmal der Gefahrenabwehr Drittschutz begründen. Demgegenüber sei das tatbestandliche Gebot der Risikovorsorge nicht drittschützend, da nur die Gebote der Gefahrenabwehr in Erfüllung grundrechtlicher Schutzpflichten dem Individualrechtsanspruch dienten.[361] DDer Nachbar hat also nach dieser Ansicht einen Genehmigungsabwehranspruch nur bei Verletzung der nach § 7 Abs. 2 Nr. 3 AtG gebotenen Pflicht zur Gefahrenabwehr.

Zu demselben Ergebnis kommt die Auffassung der Praxis,[362] welche die Maßnahmen der Risikominimierung dem Versagungsermessen zuweist. Diese

---

354 Vgl. den umfassenden Überblick über den Streitstand bei Marburger, Individualschutz, S. C 19 f.
355 So wird bei § 34 Abs. 1 BauGB allein das Merkmal des »Sicheinfügens« als drittschützend angesehen (BVerwG, Urt. v. 19.6.1986, DÖV 1987, 296 ff.), während das etwa für das Tatbestandsmerkmal der gesicherten Erschließung nicht gilt.
356 Dazu Steinberg, NJW 1984, S. 461 f.
357 BVerwG, DÖV 1987, 297.
358 Marburger, Individualschutz, S. C 35 f. m.w.N.
359 Vgl. die umfassende Übersicht bei Haedrich, AtG, § 7 Rn. 83 ff.
360 Oben I 1.b).
361 So vor allem Breuer, WiVerw 1981, S. 225 m.w.N.; Steinberg, UPR 1984, S. 352 f.; Marburger, Individualschutz, S. C 77 f.; Kloepfer, S. 263; a.A.: Albers, Gerichtsentscheidungen, S. 98; Bender, NJW 1979, S. 1432; weitere Nachw. bei Haedrich, AtG, § 7 Rn. 108.
362 Vgl. oben I 1.a)cc).

beträfen allein das Bevölkerungsrisiko, das nicht mit der Summe der Individualrisiken gleichzusetzen sei.[363] Diese sich aus der Normkonstruktion der bislang herrschenden Meinung ergebende Konsequenz für den Drittschutz bedeutet, daß wesentliche, der Verbesserung der Anlagensicherheit dienende Maßnahmen des Unfallschutzes, z.B. gegen Flugzeugabsturz, gegen äußere Druckwellen aus chemischen Reaktionen oder gegen äußere Einwirkungen gefährlicher Stoffe, aber auch Maßnahmen des sogenannten Notfallschutzes[364], nicht dem drittschützenden Bereich der Gefahrenabwehr, sondern der nicht drittschützenden Risikovorsorge bzw. »Restrisikominimierung« zugewiesen wurden, obwohl seit langem in den Sicherheitskriterien des Bundesministers des Innern sowie in den entsprechenden Richtlinien und Leitlinien gegen solche Ereignisse Maßnahmen verlangt wurden.[365]

Diesen Meinungen ist durch die neue Rechtsprechung des Bundesverwaltungsgerichts seit dem Wyhl-Urteil der Boden entzogen worden. Wie beschrieben enthält § 7 Abs. 2 Nr. 3 AtG einen einheitlichen, umfassenden Begriff der atomrechtlichen Schadensvorsorge, der über die Gefahrenabwehr im polizeirechtlichen Sinne hinausgeht und den »Gefahrenverdacht« und das »Besorgnispotential« einschließt; schließlich müßten »Schutzmaßnahmen auch anhand ›bloß theoretischer‹ Überlegungen und Berechnungen in Betracht gezogen werden, um Risiken aufgrund noch bestehender Unsicherheiten oder Wissenslücken zuverlässig auszuschließen.«[366]

Damit ist eindeutig der Ausschluß von Maßnahmen der Risiko- (=Gefahren)minimierung aus dem Tatbestand und deren Verweisung in das Ermessen verworfen.[367] Aber auch der Versuch der Literatur, die tatbestandlichen Voraussetzungen des § 7 Abs. 2 Nr. 3 AtG in drittschützende und nicht-drittschützende Bereiche aufzuspalten, dürfte nicht länger haltbar sein.

Das Bundesverwaltungsgericht weist darauf hin, daß in § 7 Abs. 2 Nr. 3 AtG nicht die Rede von Gefahrenabwehr, sondern von »Vorsorge gegen Schäden« sei.[368] Dieser Begriff sei im Hinblick auf den in § 1 Nr. 2 AtG genannten

---

363 Haedrich, Vorb. § 3 Rn. 13 c, § 7 Rn. 84.
364 Oben IV 3.
365 Vgl. oben S. 75, für Flugzeugabstürze.
366 BVerwGE 72, 300, 315, dazu ausführlich oben I 3.
367 A.A.: OVG Lüneburg, B. v. 28.10.1986, NVwZ 1987, 75 f.
368 Zutreffend hat Lukes, 8. AtRS 1989, S. 67, auf die unglückliche Formulierung in LS 4 des Wyhl-Urteils hingewiesen, in dem von einer gefahrenunabhängigen Risikovorsorge als Bestandteil der »Vorsorge gegen Schäden« gesprochen wird; angesichts der gleichen Beurteilungskomponenten der Wahrscheinlichkeit und des Schadens könne eine Unabhängigkeit wohl nicht angenommen werden.

Schutzzweck des Gesetzes auszulegen. Daraus ergibt sich, daß die Genehmigungsvoraussetzung der »Vorsorge gegen Schäden« dem Zweck dient, »Leben, Gesundheit und Sachgüter«, d.h. Individualgüter, »vor den Gefahren der Kernenergie und der schädlichen Wirkung ionisierender Strahlen zu schützen.« Diese Auslegung des § 7 Abs. 2 Nr. 3 AtG anhand des objektivierten Normzwecks, die auch in dem Wortlaut deutlich ihren Niederschlag gefunden hat, ergibt dessen drittschützenden Charakter. Da die »Vorsorge gegen Schäden« in allen Dimensionen, die damit verbunden sind, auch dem Zweck des Individualrechtsgüterschutzes dient, kommt eine Aufspaltung in drittschützende und nicht-drittschützende Momente nicht in Frage. Die tatbestandtliche Voraussetzung der »Vorsorge gegen Schäden« begründet als einheitlicher Begriff Drittschutz.[369]
Dieses Ergebnis wird durch einen Blick auf den grundrechtlichen Hintergrund bestätigt. Das Bundesverwaltungsgericht begründet seine Auslegung des § 7 Abs. 2 Nr. 3 AtG mit dem vom Bundesverfassungsgericht postulierten Grundsatz der bestmöglichen Gefahrenabwehr und Risikovorsorge. Dieser war vom Bundesverfassungsgericht im Hinblick auf die sich aus Art. 2 Abs. 2 GG ergebenden grundrechtlichen Schutzpflichten des Gesetzgebers entwickelt worden.[370] Um des Schutzes der grundrechtlichen Schutzgüter Leben und körperliche Unversehrtheit vor den besonderen Gefahren der Kernenergie willen ergeben sich die besonderen Anforderungen der »bestmöglichen Gefahrenabwehr und Risikovorsorge«. Den Schutznormcharakter der – neben § 7 Abs. 2 Nr. 5 AtG – zentralen diesem Zweck dienenden Genehmigungsvorschrift des atomrechtlichen Anlagenrechts zu leugnen oder einzuschränken, wäre weder mit Art. 2 Abs. 2 GG noch mit Art. 19 Abs. 4 GG vereinbar. Wenn das Bundesverfassungsgericht aus Art. 2 Abs. 2 GG unabdingbar den drittschützenden Charakter von Vorschriften des atomrechtlichen Verfahrens ableitet,[371] so muß dies für die dem Rechtsgüterschutz Dritter dienenden materiell-rechtlichen Anlagennormen um so mehr gelten.
Die vorstehenden Ausführungen zum Drittschutz des gesamten Vorsorgetatbestandes des § 7 Abs. 2 Nr. 3 AtG gelten angesichts der Identität von Schutzzweck und Anforderungen (s.o.) auch für den nach § 7 Abs. 2 Nr. 5 AtG erforderlichen Schutz gegen Störmaßnahmen oder sonstige Einwirkungen Dritter.

369 So deutlich jetzt Sendler, NVwZ 1990, S. 234; vgl. auch Reich, a.a.O., S. 156; Hoppe/Beckmann, § 29 Rn. 31: »Anders als im Immissionsschutzrecht reicht damit der Drittschutz in den Vorsorgebereich hinein.«, die dann aber Maßnahmen zur Minderung des Kollektivrisikos (dazu unten 2) ausschließen wollen; ähnlich Sellner, NVwZ 1986, S. 618.
370 Vgl. BVerfGE 49, 89, 139; 53, 30, 57 ff.
371 BVerfGE 53, 30, 64 ff.

Damit besitzen Drittbetroffene einen Genehmigungsabwehranspruch gegen sämtliche Ereignisse, gegen die Schutzvorkehrungen geboten sind, ungeachtet deren Qualifizierung als Maßnahmen der Gefahrenabwehr oder Risikovorsorge, ob zur Gewährleistung des sicheren Betriebs, der Störfallvorsorge, der Minimierung des Unfallrisikos oder neuerdings des anlageninternen Notfallschutzes.[372] Der drittschützende Charakter der gesamten tatbestandlichen Voraussetzungen der §§ 7 Abs. 2 Nr. 3 und 5 AtG sagt selbstverständlich nichts darüber aus, ob und welche Maßnahmen im einzelnen erforderlich sind. Die Anfechtungsklage ist jedoch gegen die atomrechtliche Genehmigung in voller Breite mit der Behauptung zulässig, die nach § 7 Abs. 2 Nr. 3 oder 5 AtG gebotenen Vorkehrungen seien nicht getroffen; da diese Normen Rechte Dritter begründen, ist insoweit eine Verletzung eigener Recht i.S.v. § 42 Abs. 2 VwGO nicht ausgeschlossen. Der Kläger muß im übrigen auch tatsächlich in seinen Rechten betroffen sein können. Dies ist abhängig vom Einwirkungsbereich der Anlage, der je nach geltend gemachtem Risiko – Normalbetrieb, Störfall, Unfall – unterschiedlich bemessen sein kann.[373]
Die umfassende Abdeckung des gesamten Bereichs der Gefahrenabwehr und Risikovorsorge durch die Tatbestände der §§ 7 Abs. 2 Nr. 3 und 5 AtG läßt für risikobezogene Elemente bei der Ausübung des Ermessens keinen Raum.[374] Es erscheint deshalb konsequent, dem Versagungsermessen die drittschützende Wirkung abzusprechen.[375]

2. Kollektivrisiko – Individualrisiko

Auch wenn man der Einordnung der gesamten Vorsorgemaßnahme in den Tatbestand der §§ 7 Abs. 2 Nr. 3 und 5 AtG zustimmt, wird der Drittschutz teilweise mit der Begründung geleugnet, eine Maßnahme diene nicht dem – drittschutzvermittelnden – Individual-, sondern dem Kollektivschutz. Damit könnten Rechte Dritter nicht verletzt sein.
So wird zwischen den Dosisgrenzwerten der §§ 45 f. und der Störfallplanungsdosis des § 28 Abs. 3 StrlSchV, deren drittschützende Wirkung anerkannt ist, auf der einen Seite und dem in § 28 Abs. 1 Nr. 2 StrlSchV niedergelegten

---

372 Diese Konsequenz der Einordnung der Maßnahmen des anlageninternen Notfallschutzes in den tatbestandlichen Vorsorgebereich des § 7 Abs. 2 Nr. 3 AtG sieht auch Lukes, 8. AtRS, 1989, S. 73 f.; vgl. dazu auch oben IV 3.
373 Vgl. Steinberg, UPR 1984, S. 355; vgl. auch ders., Nachbarrecht, Kap. I Rn. 36 ff.
374 S. oben II.
375 BVerwGE 72, 300, 318; Marburger, Individualschutz, S. C 79; Sellner, NVwZ 1986, S. 618; Steinberg, UPR 1984, S. 354.

Strahlenminimierungsgebot unterschieden, das allein im Hinblick auf das Kollektivrisiko bestehe.[376]
Ähnlich wird bei der Unfall- und Störfallvorsorge, der von der Praxis sog. »Restrisikominimierung«,[377] argumentiert. Auch hierauf bestünde kein Anspruch Dritter, da derartige Maßnahmen allein im Hinblick auf das Kollektivrisiko erfolgten.[378]
Damit wird die »Schutznorm« des § 7 Abs. 2 Nr. 3 AtG in einen »objektiven« und einen »subjektiven« Gehalt zerlegt: Der Kläger ist nur insoweit klagebefugt, als er die Abwendung eines »Individualrisikos« geltend macht. Hingegen soll das »Kollektivrisiko« ausschließlich die Allgemeinheit betreffen.
Bereits im Stade-Urteil hatte das Bundesverwaltungsgericht zur Frage des Drittschutzes des Strahlenminimierungsgebotes ausgeführt,[379]

> »... daß die Problematik des fehlenden Schwellenwerts unter dem Aspekt des Individualrisikos durchaus anders beurteilt werden kann als unter dem Aspekt des Kollektivrisikos und daß die Funktion der Dosisgrenzwerte gerade darin besteht, das für die Einzeldosis höchstzulässige Maß der Strahlenexposition und damit die Grenze festzulegen, jenseits derer das für die *Einzelperson* (Hervh. v. Verf.) hinzunehmende Restrisiko beginnt.«

Ähnlich heißt es im Wyhl-Urteil:

> »Soweit die Genehmigungsbehörde im Rahmen ihrer Entscheidung die nach dem Stand von Wissenschaft und Technik *dem einzelnen* (Hervh. d.Verf.) gegenüber erforderliche Vorsorge gegen Schäden als getroffen ansehen darf, hat es auch mit dem Drittschutz sein Bewenden.«[380]

Das sog. Individualrisiko ist also das Risiko, welches der einzelne (gerichtlich) geltend machen kann. Nur insoweit vermittelt § 7 Abs. 2 Nr. 3 für ihn Drittschutz.[381] Aus der Sicht des einzelnen ist das denkbar größte Schadensausmaß begrenzt: *Sein* Leben kann er nur *einmal* verlieren.[382] Daß die große

---

376 Vgl. BVerwGE 61, 256, 263 ff.; zust. Marburger, Individualschutz, S. C 78 f.; Sellner, NVwZ 1986, S. 618.
377 S. oben S. 32.
378 Sellner, NVwZ 1986, S. 618; Haedrich, AtG, § 7 Rn. 84, der jedoch ebd. Rn. 98 auf die noch ausstehende Klärung der Rechtsprechung des Bundesverwaltungsgerichts zum Störfall- und Unfallbereich hinweist.
379 BVerwGE 61, 256, 267.
380 BVerwGE 72, 300, 318.
381 Zu dieser Besonderheit der Klagebefugnis im Atomrecht sowie zur Entwicklung der Rechtsprechung kritisch: Baumann, BayVBl.1982, S. 257, insb. S. 261, 265 f.; vgl. auch Hofmann, UPR 1984, S. 81; Winter, NJW 1979, S. 395; Hermes, S. 237; Albers, FS für Simon, S. 537 ff.
382 So ausdrücklich VGH BW, Urt. v. 30.3.1982, AU S. 13 ff.

Katastrophe ausgerechnet ihn trifft, ist darüberhinaus noch unwahrscheinlicher, als daß sie überhaupt eintritt. Schließlich ist auch die Wahrscheinlichkeit, daß gerade der Kläger zu den statistisch Betroffenen der radioaktiven Emissionen im Normalbetrieb gehört, nicht quantifizierbar. Dementsprechend ist die Schwelle, die das Risiko markiert, das der einzelne hinzunehmen hat, eine andere, als die Schwelle, die das Kollektivrisiko begrenzt.

Unter Kollektivrisiko ist das Risiko zu verstehen, welches für die gesamte Bevölkerung («Bevölkerungsrisiko«) besteht. Nur wenn man die Auswirkungen einer Reaktorkatastrophe für die gesamte Bevölkerung – und zwar in jeder Hinsicht – berücksichtigt, ergeben sich erst im Hinblick auf die«Produktformel« die erheblichen Schadensauswirkungen, die die Annahme rechtfertigen, daß es sich insoweit um eine beachtliche »Gefahr« handelt. Diese Tatsachen werden jedoch bei der individualrechtlichen Betrachtungsweise ausgeblendet.[383]

Diese Differenzierung überzeugt jedoch nicht; sie ergibt sich auch keineswegs zwingend aus der herrschenden Schutznormtheorie. Nach dieser kann sich ein Dritter immer dann auf eine Norm stützen, wenn diese »zumindest auch dem Schutz von Individualinteressen zu dienen bestimmt« ist.[384] Erforderlich – aber auch ausreichend – ist also, daß eine Norm *auch* den klägerischen Schutz im Auge hat. So liegt der Fall auch hier: Es kann nicht darauf ankommen, daß § 7 Abs. 2 Nr. 3 AtG neben individuellen auch Allgemeinwohlinteressen schützen will. Der Kläger hat vielmehr auf die Einhaltung der gesamten Norm ein subjektives Recht.[385] Die Aufspaltung in ein Individual- und ein Bevölkerungsrisiko führt im Ergebnis zu zwei verschiedenen Ebenen der Schadensvorsorge: Einer objektiven und einer subjektiven. Damit wird aber der einheitliche Schadensvorsorgetatbestand ohne Not in zwei Teile aufgespalten. Der Ablehnung des Drittschutzes beim Strahlenminimierungsgebot liegt darüberhinaus – wie ausgeführt[386] – ein nicht mehr angemessenes Verständnis der Strahlenwirkungen zugrunde. Sind auch bei Strahlendosen unterhalb der Dosisgrenzwerte stochastische Schäden nicht auszuschließen, so muß dem einzelnen auch das Recht auf solche Vorkehrungen des Strahlenminimierungsgebotes zugebilligt werden, die der Verhinderung oder Reduzierung derartiger Schäden dienen.

---

383 Kritisch Hermes, S. 237.
384 So die ständige Rechtsprechung, vgl. Kopp, VwGO, § 42 Rn. 48 m. umf. Nachweisen.
385 So auch Winter, NJW 1979, 395; Hofmann, UPR 1984, 81 f.; Zur Zulässigkeit bei objektiven Rechtsverstöße im übrigen: Kopp, VwGO, § 42 Rn. 46 ff.
386 S. oben III 2.

Bemerkenswert erscheint im übrigen, daß im Immissionsschutzrecht eine Tendenz zur Ausweitung des Drittschutzes auch im Bereich emissionsbegrenzender Anforderungen festzustellen ist,[387] denen herkömmlich als Bestandteil des Vorsorgegrundsatzes des § 5 Abs. 1 Nr. 2 BImSchG der drittschützende Charakter abgesprochen wurde.[388] So wird zunehmend anerkannt, daß bei krebserzeugenden Stoffen Emissionsgrenzwerte eine Schutzfunktion besitzen[389] mit der Folge ihrer drittschützenden Wirkung. Wird dies bei krebserzeugenden Stoffen im Immissionsschutzrecht anerkannt, so kann dieselbe Konsequenz bei Anforderungen zur Emissionsminimierung von ionisierenden Strahlen kaum geleugnet werden.

Ebensowenig läßt sich die gesetzlich gebotene Vorsorge gegen Stör- und Unfälle in drittschützende und nicht-drittschützende Bereiche scheiden. Hier erscheint schon zweifelhaft, nach welchen Kriterien die Grenze beider und damit die Rechte Dritter festgestellt werden sollen. Kaum vorstellbar erscheint es, den potentiell Drittbetroffenen erst auf das Gerichtsverfahren zu verweisen, in dem dann – quasi retrospektiv – ermittelt werden müßte, wo die Grenze des Drittschutzes verlaufe.[390]

Auch hier wirkt ein Blick auf die rechtlichen Regelungen zur Verhinderung von Störungen des bestimmungsgemäßen Betriebs und der Begrenzung von gleichwohl eingetretenen Störfällen im Immissionsschutzrecht erhellend. Diese Störungen können von betriebsbedingten Gefahrenquellen (§ 3 Abs. 2 Nr. 1 StörfallV), aber auch von umgebungsbedingten Gefahrenquellen wie Erdbeben- oder Hochwassergefahren (§ 3 Abs. 2 Nr. 2 StörfallV) sowie Eingriffen Dritter (§ 3 Abs. 2 Nr. 3 StörfallV) – z.B. durch Flugzeugabsturz oder Sabotage – ausgehen.[391] Gegen derartige Gefahrenquellen sind Vorkehrungen zu treffen, »es sei denn, daß diese Gefahrenquellen oder Eingriffe als Störfallursachen vernünftigerweise ausgeschlossen werden können« (§ 3 Abs. 2 a.E. StörfallV). Darüber hinaus sind Vorkehrungen (»Vorsorge«) zu treffen, »um die Auswirkungen von Störfällen so gering wie möglich zu halten« (§ 3 Abs. 3 StörfallV).

---

387 Vgl. Marburger, Individualschutz, S. C 62 f., 98; ders., Votum, in: Sitzungsbericht zum 56. DJT, 1986, S. L 250; BayVGH, Urt. v. 30.11.1988, AU S. 40 ff. (Müllverbrennungsanlage Coburg); weitergehend Rehbinder, Votum, 56. DJT, S. L 150 ff.
388 BVerwGE 65, 313, LS 3 und S. 318 f.
389 Sellner, Individualschutz, S. L 29; vgl. bereits OVG Lüneburg, Urt. v. 3.7.1979, GewArch 1980, 203, 205 f. zu Emissionen von Epichlorhydrin; Jarass, NJW 1983, S. 2847. – Zur Schutzfunktion von Emissionsgrenzwerten und dem Emissionsminimierungsgebot in Ziff. 2.3 und 3.1.7 der TA Luft bei krebserzeugenden Stoffen vgl. Landmann/Rohmer, TA Luft, Nr. 2.2.1.5 Rn. 3, Nr. 2.3 Rn. 7 und Nr. 3.1.7 Rn. 8.
390 Sellner, NVwZ 1986, S. 618.
391 Vgl. im einzelnen dens., Immissionsschutzrecht, S. 26.

Es ist völlig unstrittig, daß diese Anforderungen insgesamt drittschützenden Charakter besitzen,[392] ohne daß hier zwischen Maßnahmen zur Reduzierung des Individualrisikos und des Bevölkerungsrisikos unterschieden würde. Warum dies bei Stör- und Unfälle im atomrechtlichen Anlagenrecht anders sein soll, bleibt unerfindlich.
Wenn die Vorsorge des § 3 Abs. 3 StörfallV entgegen dessen Wortlaut nicht als Ausprägung des Vorsorgegebots gem. § 5 Abs. 1 Nr. 2 BImSchG, sondern als »redundante Gefahrenabwehr in zweiter Linie«[393] bezeichnet wird, so mag dies auf den ersten Blick als Beleg der reichen Begrifflichkeit im Sicherheitsrecht gelten, bestätigt jedoch vor allem die Annahme, daß es sich auch bei der Vorsorge des § 5 Abs. 1 Nr. 2 BImSchG jedenfalls sowohl im Falle des Gefahrenverdachts[394] als auch der Risikominimierung durch Reduzierung der Eintrittswahrscheinlichkeit oder Verminderung des Schadensausmaßes um »'vorsorgenden' Schutz«[395] handelt, der Drittschutz einräumt.[396]
Nichts anderes kann für die Verhinderung von Stör- und Unfällen im Atomrecht und der Begrenzung ihrer Auswirkungen gelten. [397]
Zu einer unzulässigen Popularklage führt die Aufgabe des Differenzierungskriteriums »Bevölkerungsrisiko« nicht. Der Kreis der Klagebefugten läßt sich ausreichend durch das Erfordernis der räumlichen Betroffenheit begrenzen. Der Kläger muß im Einwirkungsbereich der Anlage wohnen. Dieser Einwirkungsbereich steht allerdings nicht ein für allemal fest: Für Risiken aus dem sogenannten Normalbetrieb kann er etwa anhand des Beurteilungsgebiets nach § 45 StrlSchV bestimmt werden. Für den Bereich der Stör- und Unfälle hingegen ist auch ein weiter entfernt wohnender Kläger klagebefugt. Die Klagebefugnis kann nämlich nicht deshalb verneint werden, weil außer dem Kläger auch viele andere möglicherweise betroffen sind.[398] Es wäre widersinnig, gerade diesen Umstand, der allein in dem enormen Gefahrenpotential einer Kernenergieanlage

---

392 Vgl. ebd. S. 27 m.w.N.; L/R-Hansmann, § 3 12. BImSchV, Rn. 34; Feldhaus, WiVerw 1981, S. 191, 194.
393 OVG Lüneburg, DVBl. 1984, 890, 893.
394 So BVerwGE 69, 37, 43; jetzt auch BVerwG, Urt. v. 9. Nov. 1989, 7 C 35.87, Umdruck S. 13.
395 BVerwG, NVwZ 1989, 864, 866.
396 Durch die vom Bundesrat vorgeschlagene Änderung des Wortlauts des § 5 Abs. 1 Nr. 2 BImSchG bei der Novellierung des BImSchG wäre der drittschützende Charakter des Vorsorgegrundsatzes auch nach dem Wortlaut der Norm kaum mehr zweifelhaft gewesen. Vgl. BT/Drs. 11/4909, S. 27 und 41.
397 So auch Hofmann, UPR 1984, S. 82 unter Bezugnahme auf OVG Lüneburg, UPR 1983, 161, 163.
398 Baumann, BayVBl. 1982, S. 265; Steinberg, UPR 1984, S. 356.

begründet ist, als Argument für den Ausschluß der Klagebefugnis heranzuziehen. Auch die Tatsache, daß das Risiko eines schwerwiegenden Unfalls gering ist, kann entgegen der herrschenden Meinung jedenfalls dann nicht als Begründung für die Versagung des Rechtsschutzes dienen, wenn es sich um ein vom Gesetz nicht zugelassenes Risiko handelt,[399] weil die erforderliche Schadensvorsorge nicht getroffen ist – gleichviel, ob es sich dabei um ein »Individual«- oder ein »Kollektivrisiko« handelt.

Für die Genehmigungsbehörde ist diese Differenzierung jedenfalls insoweit unerheblich, als auch die Vorsorge gegen das Kollektivrisiko zu den zwingend zu beachtenden Genehmigungsvoraussetzungen gehört. Auch wenn eine Rechtskontrolle durch Dritte nicht bestünde, dürfte die Verwaltung die Genehmigungsvoraussetzungen nicht weniger ernst nehmen.[400]

VI. Rechtsfragen des »Restrisikos«

1. »Restrisiko« als Gefahrenrest

Die Genehmigungsvoraussetzungen des § 7 Abs. 2 Nr. 3 und 5 AtG verlangen nicht – wie ausgeführt – mit absoluter Sicherheit den Ausschluß von Rechtsgutgefährdungen. »§ 7 Abs. 1 und 2 AtomG läßt indes Genehmigungen auch dann zu, wenn es sich nicht völlig ausschließen läßt, daß künftig durch die Errichtung oder den Betrieb der Anlage ein Schaden auftreten wird. Die Vorschrift nimmt insoweit (...) ein Restrisiko in Kauf.«[401]

---

399 Zutreffend: OVG Lüneburg ET 1981, 460, 463; OVG Lüneburg UPR 1983, 161, 163.
400 Bedenklich insoweit die Einschätzung der NRW-Landesregierung: »Außerdem kann nicht gegen alle nach wissenschaftlichen Erkenntnissen vorstellbaren Unfallabläufe Vorsorge getroffen werden, sondern vorzugsweise wird nach den im Vergleich dazu auch technisch möglichen und wirtschaftlich noch vertretbaren Lösungen gesucht. Der getätigte Sicherheitsaufwand ist bislang immer das Ergebnis einer Abwägung gewesen. Es gibt daher auch prinzipiell keinen *absoluten* ›Vorrang der Sicherheit vor der Wirtschaftlichkeit‹.« AaO, S. 51. Derartige Erwägungen haben im Rahmen der nach § 7 Abs. 2 Nr. 3 zu treffenden kategorischen Vorsorge keinen Platz. Dies kann allenfalls für den Bereich des Ermessens gelten. Insoweit hat das Wyhl-Urteil klargestellt: Gegen »nach wissenschaftlichen Erkenntnissen vorstellbare Unfallabläufe« *ist* Vorsorge zu treffen.
401 BVerfGE 49, 89, 141 und darauf Bezug nehmend: BVerwGE 80, 207, 216.

Nachdem in früheren Abschnitten die Abgrenzung des »Restrisikos« von der erforderlichen Schadensvorsorge untersucht wurde, soll nunmehr in einigen abschließenden Überlegungen die rechtliche Relevanz des »Restrisikos« betrachtet werden. Dabei stellt sich insbesondere die Frage materieller und/oder prozeduraler Anforderungen, welche die Verfassung an die Zulassung von »Restrisiken« durch die Genehmigung von Kernkraftwerken stellt.

Der Charakter von »Restrisiken« als »Gefahrenresten«[402] wird deutlicher, wenn die möglichen schädigenden Ereignisse betrachtet werden, die auch bei Erfüllung der Genehmigungsvoraussetzungen nicht ausgeschlossen werden können.[403] Das sind zunächst »als Schattenseite begrenzter menschlicher Erkenntnisfähigkeit«[404] solche zu Schäden führende Vorkommnisse, mittels derer sich nicht erkannte Risiken realisieren. Zum zweiten kann es sich um erkannte Risiken handeln, die auch nach entsprechenden Maßnahmen der bestmöglichen Gefahrenabwehr und Risikovorsorge nicht gänzlich auszuschließen sind.

Die Gründe für diese Unfälle können mannigfach sein. Sie können beruhen auf nicht geplanten Eingriffen oder menschlichen Fehlhandlungen bei Betriebs- und Instandsetzungsmaßnahmen,[405] aber auch auf methodischen und sachlichen Fehlern der Sicherheits- oder Risikoanalysen.[406]

Gänzlich außerhalb der Risikobetrachtung bleiben nach h.M. die Folgen kriegerischer Auseinandersetzungen.[407]

Handelt es sich bei all diesen Stör- und Unfallsituationen um Ereignisse, deren Eintritt ungewiß ist, so stellen die anzunehmenden Strahlenwirkungen im Normalbetrieb[408] stochastische Schäden dar, bei denen allein ungewiß ist, wann sie bei wem und wievielen eintreten und bei denen die Kausaltiät im Einzelfall nicht nachzuweisen ist. Diese Schäden verleihen der »Restrisiko«-Problematik eine völlig neue Dimension.

Auf diese Umstände sollte bei der Verwendung des Begriffs »Restrisiko« Bedacht genommen werden. Es gilt hier die Mahnung des Sachverständigenrates für Umweltfragen, wonach dieser Begriff die Wissenschaft dem Verdacht

---

402 So Hofmann, Rechtsfragen, S. 344.
403 Hierzu ebd. S. 339 ff.; Lawrence, S. 62.
404 Trute, S. 53.
405 Zu den systematisch unaufhebbaren Fehlerquellen bei den Interaktionen von Mensch-Maschine vgl. insbes. den Organisationssoziologen Perrow, sowie den Computerwissenschaftler Weizenbaum, S. 305 ff.
406 Dazu oben I 3.c).
407 Vgl. Haedrich, Vor § 3 Rn. 17 e und § 7 Rn. 114; Hofmann, Rechtsfragen, S. 339 jew. m. umf. N. – Zu den praktischen Auswirkungen vgl. Afheldt, S. 127 ff.
408 S. oben III 2.

aussetze, zu verharmlosen; statt dessen treffe »nicht bestimmbares Risiko« die Sache besser als »Restrisiko«.[409]

2. Der Schutz vor Grundrechtsschäden

Fraglich ist, wie die genannten stochastischen Schäden verfassungsrechtlich zu bewerten sind.

Das Bundesverfassungsgericht hat in ständiger Rechtsprechung eine über die Funktion der Grundrechte als subjektive Abwehrrechte hinausgehende Schutzpflicht des Staates anerkannt.[410] Diese Rechtsprechung ist auch in der Literatur auf verbreitete Zustimmung gestoßen.[411] Danach sind die staatlichen Organe verpflichtet, den einzelnen vor Grundrechtsbeeinträchtigungen zu schützen. Dies gilt auch dann, wenn diese von Privaten ausgehen. Dabei kann hier dahinstehen, ob diese Schutzpflicht aus dem Charakter der Grundrechte als objektivrechtliche Wertentscheidungen abzuleiten ist[412] oder ob sich aus Art. 2 Abs. 2 S. 1 GG unmittelbar ein »Grundrecht auf Schutz von Leben und Gesundheit« ergibt.[413] Die staatlichen Organe haben sich insbesondere »schützend und fördernd vor die in Art. 2 II GG genannten Rechtsgüter zu stellen.«[414] Hiervon umfaßt ist auch eine auf Grundrechtsgefährdungen bezogene *Risikovorsorge*. Dies gilt in besonderem Maße dann,

> »wenn der Staat durch die Schaffung von Genehmigungsvoraussetzungen und durch die Erteilung von Genehmigungen eine eigene Mitverantwortung für etwaige Grundrechtsbeeinträchtigungen übernommen hat«[415].

Das Bundesverfassungsgericht hat in der Kalkar-Entscheidung unmißverständlich die Konsequenz gezogen, daß das Atomgesetz einen Restschaden aus der Errichtung und dem Betrieb der Anlage nicht in Kauf nimmt:

> »Wie auch immer die Begriffe der Vorsorge, des Schadens und – damit im Zusammenhang – der Gefahr oder des Restrisikos bei Auslegung dieser Vorschrift zu bestimmen sind, aus verfassungsrechtlicher Sicht schließt das Gesetz die Genehmigung dann aus, wenn die Errichtung oder der Betrieb der Anlage zu Schäden führt, die sich als

---

409 Umweltgutachten Dez. 1987, Teilziff. 1675 und 1970.
410 BVerfGE 39, 1, 44; 49, 89, 142; 56, 54, 73.
411 v. Mangoldt/Klein/Starck, GG, Art. 2 Abs. 2, Rn. 140 ff.; v. Münch, GG, Art. 2 Abs. 2, Rn. 12 ff., 29 ff.
412 BVerfGE 49, 89, 141 ff.
413 Hermes, S. 187 ff.
414 BVerfGE 56, 54, 73 (»Fluglärm«).
415 BVerfGE 53, 30, 58 (»Mülheim-Kärlich«); BVerfGE, 56, 54, 79 (»Fluglärm«).

Grundrechtsverletzungen darstellen. Das Gesetz nimmt insoweit jedenfalls keinen anlagespezifischen Rest- oder Mindestschaden irgendwelcher Art in Kauf, der im Lichte des Grundrechts des Art. 2 II 1 oder anderer Grundrechte als Grundrechtsverletzung anzusehen wäre.«[416]

Genehmigungen, die einen solchen Restschaden zuließen, wären demnach aus verfassungsrechtlicher Sicht unzulässig.
Wie bereits ausgeführt, ist für den Normalbetrieb der Anlage jedoch der Ausschluß von stochastischen Strahlenschäden durch die geltende Konkretisierung der erforderlichen Schadensvorsorge durch das Grenzwertkonzept der StrlSchV nicht gewährleistet. Dabei ist es für die verfassungsrechtliche Beurteilung unerheblich, inwieweit davon nachweisbar einzelne Personen betroffen sind. Entscheidend ist allein, daß Körperverletzungen und Todesfolgen auftreten werden. Dies stellt jedoch einen von Verfassungs wegen rechtfertigungsbedürftigen Eingriff dar.[417] Dem läßt sich nicht entgegenhalten, daß aus der Perspektive des einzelnen Bürgers die Wahrscheinlichkeit gering sein mag, daß es gerade ihn trifft. Die künstliche Aufspaltung zwischen dem sog.»Individualrisiko« und dem »Bevölkerungsrisiko«, welche die Rechtsprechung vornimmt, hat allein die Funktion im Rahmen von Nachbarklagen dem Kläger die subjektive Rechtsbetroffenheit abzusprechen.[418] Dies wird deutlich an der nachfolgenden Argumentation des VGH BW (Wyhl):

> »Betrachtet man das Problem der mit dem bestimmungsgemäßen Betrieb verbundenen Opfer aus dem Blickwinkel des individuellen Grundrechtsschutzes, so erscheint es gerechtfertigt, hierin ein Restrisiko und nicht einen Restschaden zu sehen und insofern die vom Bundesverfassungsgericht in der Kalkar-Entscheidung vom 8.8.1978 (aaO) für die technische Sicherheit entwickelten Grundsätze auch für die Beurteilung des bestimmungsgemäßen Betriebs zu übernehmen. Vom einzelnen her gesehen besteht nämlich insofern kein Unterschied zwischen denkbaren Einbußen, die ihm die Rechtsordnung im Hinblick auf praktisch ausgeschlossenen Reaktorkatastrophen zumutet, und den Einbußen, die ihn als Folge des bestimmungsgemäßen Betriebs treffen können. (...) Denn daß der mögliche Schadensfall des bestimmungsgemäßen Betriebs unter einer Vielzahl von Personen gerade ihn trifft, ist vergleichsweise ebenso unwahrscheinlich, wie eine Reaktorkatastrophe zu seinen Lebzeiten, deren Opfer er mit einer Vielzahl seiner Mitmenschen werden würde.«[419]

Der VGH geht hier selbst davon aus, daß es infolge des bestimmungsgemäßen Betriebs der Anlage zu »Opfern« kommt, meint dies aber mit der aus Sicht des

---

416 BVerfGE 49, 89, 140 f.
417 Zutreffend: Hofmann, Rechtsfragen, S. 74 ff.; a.A.: Sommer, W.-E., DÖV 1983, S. 754.
418 Vgl. oben V 2.
419 AU S. 142/143.

einzelnen geringen Wahrscheinlichkeit rechtfertigen zu können. Darauf kommt es jedoch im Hinblick auf die verfassungsrechtlichen Vorgaben nicht an. Denn die Erteilung einer Genehmigung darf eben nicht zu einem »Restschaden« führen, gleichviel ob vorhersehbar ist, daß es gerade diesen oder jenen trifft. Denn Art. 2 Abs. 2 GG ist eben nicht nur ein subjektives Recht des einzelnen, »sondern legt zugleich objektive Schranken für alle Aktivitäten des Staates fest«.[420] Die öffentliche Gewalt ist an die in den Grundrechten zum Ausdruck kommende objektiv-rechtliche Entscheidung gebunden, auch unabhängig von dem Vorliegen einzelner individueller Grundrechtspositionen.[421]

Jede Erteilung einer atomrechtlichen Genehmigung stellt damit zwangsläufig einen Eingriff in den Schutzbereich des Art. 2 Abs. 2 GG dar, der rechtfertigungsbedürftig ist.

3. Schutzpflicht des Staates gegen Grundrechtsgefährdungen

Grundsätzlich greift die staatliche Schutzpflicht auch dann schon ein, wenn ein Grundrecht nicht verletzt, aber gefährdet ist. Denn

> »Bei Regelungen dieser Art kann ein Verfassungsverstoß nicht schon mit dem Hinweis abgetan werden, das Risiko eines künftigen Schadens stelle nicht schon gegenwärtig einen Schaden und mithin keine Grundrechtsverletzung dar. Auch Regelungen, die im Laufe ihrer Vollziehung zu einer nicht unerheblichen Grundrechtsgefährdung führen, können selbst schon mit dem Grundgesetz in Widerspruch geraten.«[422]

Die staatliche Schutzpflicht trifft grundsätzlich auch die Exekutive.[423] Zum Schutz der Grundrechte kann sie daher gehalten sein, eine Anlagengenehmigung zu versagen, es sei denn, diese ist im konkreten Fall gerechtfertigt.

Allerdings ergeben sich die maßgeblichen Schutzpflichten für die Verwaltung zunächst aus den einfachen Gesetzen. Diese können im Einzelfall über die grundrechtlichen Schutzpflichten hinausgehen; bleiben sie jedoch hinter ihnen zurück, »so ist das Gesetz verfassungswidrig, sofern es nicht durch verfassungskonforme Interpretation den Erfordernissen der grundrechtlichen Schutzpflichten angepaßt werden kann.«[424] »Einbruchstellen« für eventuell notwendige

---

420 Hofmann, Grundrechte, S. 63.
421 Trute, S. 220.
422 BVerfGE 49, 89, 141; 56, 54, 77 f.
423 BVerfGE 77, 170, 214; Trute, S. 234, 236; v. Münch, GG, Art. 1, Rn. 28.
424 Murswiek, WiVerw 1986, S. 198.

Anpassungen können die Ausfüllung der in § 7 Abs. 2 AtG verwandten unbestimmten Rechtsbegriffe, aber auch die Ausübung des Versagungsermessens darstellen.

Dem kann nicht entgegengehalten werden, daß es allein Sache des Gesetzgebers sei, die von ihm mit dem Atomgesetz getroffenen Entscheidungen zu überprüfen und gegebenenfalls zu ändern.[425] Dies ist zwar im Grundsatz zutreffend, ändert jedoch nichts daran, daß eine »Nachbesserung« eines im Laufe der Zeit mit der Verfassung in Widerspruch getretenen Gesetzes auch durch eine verfassungskonforme Auslegung der Rechtsanwendungsorgane geschehen kann.[426] Nur bei einer grundsätzlichen neuen Risikolage bedarf es auch einer grundsätzlichen Neubewertung durch den Gesetzgeber. Dies trifft etwa zu für den kommerziellen Einsatz des Schnellen Brüters und der damit verbundenen großtechnischen Verwendung von Plutonium.[427] Ein Verstoß gegen den Gewaltenteilungsgrundsatz liegt hierin nicht.[428] Vielmehr ist die Anpassung durch Gesetzesanwendung aufgrund neuer Erkenntnisse oder Bewertungen eine Folge der Entwicklungsoffenheit des § 7 Abs. 2 AtG und dient einem »dynamischen Grundrechtsschutz«.[429]

Fraglich ist, ob trotz der hier vorgenommenen weiten Auslegung der atomrechtlichen Schadensvorsorge ein verfassungsrechtlich relevanter Risikorest verbleibt. Anders ausgedrückt, erschöpft sich die staatliche Schutzpflicht in den Regelungen des Atomgesetzes und ist darüberhinaus das »Restrisiko« nicht schutzpflichtig oder stellt der Betrieb von Kernkraftwerken trotz umfassender Vorsorgemaßnahmen eine schutzpflichtrelevante Grundrechtsgefährdung dar, deren Zulassung im Hinblick auf die Schutzpflichten rechtfertigungsbedürftig ist?

Im Kalkar-Beschluß hat das Bundesverfassungsgericht die grundsätzliche verfassungsrechtliche Zulässigkeit der Kernenergie bejaht. Eine absolute Risikofreiheit garantiere auch Art. 2 Abs. 2 S. 1 GG nicht, denn das

> »hieße die Grenzen menschlichen Erkenntnisvermögens verkennen und würde weithin jede staatliche Zulassung der Nutzung von Technik verbannen. Für die Gestaltung der Sozialordnung muß es insoweit bei Abschätzungen anhand praktischer Vernunft bewenden.«[430]

---

425 Lukes, BB 1986, S. 1308.
426 BVerfGE 59, 336, 355 ff.; Steinberg, Der Staat 1987, S. 168.
427 Steinberg, ebd.
428 So aber Lukes, BB 1986, S. 1308.
429 BVerfGE 49, 89, 133 ff., 137; Steinberg, Der Staat 1987, S. 168.
430 BVerfGE 49, 89, 143.

Zutreffend ist, daß es den absolut sicheren Ausschluß von Grundrechtsgefährdungen nicht geben kann. Fraglich ist aber auch, ob und »inwieweit der Staat hinter einem absoluten Schutz zurückbleiben darf, indem er Gefahren und Verletzungen von Leben und Gesundheit durch Dritte zuläßt oder in Kauf nimmt. Anders formuliert: Zu welchem Maß an Sicherheit ist die öffentliche Gewalt gem. Art. 2 II 1 GG verpflichtet und welche verfassungsrechtlichen Maßstäbe enthält das Grundgesetz zu dieser Frage?«[431]
Das Bundesverfassungsgericht ließ sich beim Kalkar-Beschluß offensichtlich von der Überzeugung leiten, daß durch § 7 Abs. 2 Nr. 3 AtG ein Standard normiert sei, der Grundrechtsgefährdungen im Laufe der Vollziehung der Regelung nicht befürchten ließe. Möglicherweise lag dem die Hoffnung zugrunde, daß der errichtete Maßstab der »bestmöglichen Gefahrenabwehr und Risikovorsorge« die sichere Beherrschbarkeit der Kerntechnik gewährleiste. Auch die Richter des Bundesverfassungsgericht haben wohl »das Restrisiko in ihren Gedanken gleich Null gesetzt«.[432]
Die tatsächlichen Entwicklungen seit dem Kalkar-Urteil vom 8.8.1978, insbesondere der Unfall im Kernkraftwerk Three Mile Island im Jahre 1979 sowie die Reaktorkatastrophe von Tschernobyl 1986 zeigten jedoch, daß Kernschmelzunfälle keine hypothetischen Ereignisse sind, sondern real stattfinden können. Auch der Unfall im Kernkraftwerk Biblis im Dezember 1987 hat deutlich gemacht, daß entgegen andersartigen Verlautbarungen auch in bundesdeutschen Reaktoren – trotz »bestmöglicher Gefahrenabwehr und Risikovorsorge« – ein Kernschmelzunfall nicht praktisch ausgeschlossen ist und auch nicht ausgeschlossen werden kann.[433] Insoweit kann die apodiktische Auffassung nicht geteilt werden, daß »der Reaktorunfall (..Tschernobyl) die Aussagen der höchstrichterlichen Rechtsprechung zum Atomrecht nicht in Frage (stellt)«.[434]
Zutreffend bemerkt Hermes, daß »bestmögliche« Gefahrenabwehr auch bei entfernter Eintrittswahrscheinlichkeit konsequenterweise das völlige Verbot der Schadensursache wäre.[435] Da dies jedoch nicht gemeint ist, verbleibt auch bei umfassender Schadensvorsorge ein *nicht unerheblicher Risikorest*. Hierbei ist zum einen zu berücksichtigen, daß der »Risikofaktor Mensch« weder praktisch auszuschließen ist, noch insoweit eine zuverlässige Prognose über die Wahrscheinlichkeit menschlichen Fehlverhaltens getroffen werden kann. Vielmehr ist

---

431 Hermes, S. 241.
432 So der Physiker v. Ehrenstein in bezug auf die Fachleute, zit. nach Lamprecht, FS für Simon, S. 506.
433 Zutreffend Hofmann, Rechtsfragen, S. 328 ff.
434 OVG Lüneburg, NVwZ 1987, 76.
435 Hermes, S. 239.

das menschliche Versagen in hochkomplexen technischen Systemen gleichsam eingebaut, nicht vorhersehbar und nicht steuerbar.[436]

Zum andern kann es aus verfassungsrechtlicher Sicht nicht allein auf die Betrachtung des von der einzelnen Anlage ausgehenden Risikos ankommen; vielmehr ist das Risikopotential der Kernenergieanlagen insgesamt zu berücksichtigen. Danach ergibt sich jedoch für die Eintrittswahrscheinlichkeit eines schwerwiegenden Unfalls – etwa durch Kernschmelze – ein anderes Bild: Bei einer Gesamtkernschmelzhäufigkeit von etwa 3×10^{-5} pro Reaktorbetriebsjahr[437], ergibt sich bei 20 betriebenen Kernkraftwerken eine Wahrscheinlichkeit von einem schweren Unfall von etwa 1 % innerhalb der nächsten 20 Jahre. Diese Risiken sind weder grundrechtlich irrelevant noch daher rechtlich zu vernachlässigen.[438]

Sie stellen sich verfassungsrechtlich vielmehr als Grundrechtsgefährdungen dar, die sich auch durch die bestmögliche Gefahrenabwehr und Risikovorsorge nicht vollständig beseitigen lassen. Damit liegt jedoch in der weiteren Zulassung von Kernenergieanlagen eine Risikoerhöhung, die grundsätzlich rechtfertigungsbedürftig ist. Dabei ist es letztlich unerheblich, ob man dies als direkten staatlichen Eingriff wertet, was dann der Fall wäre, wenn man die Erteilung der Genehmigung (als Freigabe des gefährlichen Tuns) als Eingriff dem Staat zurechnete[439] oder die staatliche Verantwortung direkt an das Gefährdungspotential anknüpft.[440]

Das Maß der Schutzpflicht und ihre Grenzen, vor allem aber die Rechtfertigung des Eingriffs, ergibt sich aus der Verfassung. Diese bietet den Maßstab, wieweit der einzelne geschützt werden muß und welches Risiko ihm als »sozialadäquat« auferlegt werden darf, möglicherweise auch aufgrund vorrangiger anderer Rechtsgüter auferlegt werden muß.

436 Vgl. auch oben Fn. 132; Dies hat auch der Unfall in Biblis A gezeigt, vgl. hierzu etwa Traube in der Spiegel Nr. 50, 1988, S. 92.
437 So die Ergebnisse der Risikostudie B, vgl. oben Fn. 139.
438 Ebenso kritisch Hofmann, S. 337; Hermes, S. 239 f.; vgl. auch H. Sommer, DÖV 1981, S. 654 ff., 660.
439 Zum Diskussionsstand: Hermes, S. 85 und Trute, S. 222 ff.
440 Hermes, S. 87. Dahinstehen kann hier, ob nicht deshalb das Atomgesetz dem Zitiergebot des Art. 19 Abs. 1 Nr. 2 GG entsprechen müßte. Teilweise wird dies in der Literatur angenommen – vgl. Hofmann, Rechtsfragen. S. 87 f.; Baumann, JZ 1982, S. 754. Ob dies auch dann gilt, wenn die Beeinträchtigung von Dritten ausgeht, erscheint eher zweifelhaft. In der Rechtsprechung des Bundesverfassungsgerichts kommt dem Zitiergebot im übrigen keine überragende Bedeutung zu, es ist weithin mit Einschränkungen und Ausnahmen versehen – zutreffend Hermes, S. 260, Fn. 403 m.w.N.. Allerdings dürfte die Begründung des Bundesverfassungsgerichts für die Unanwendbarkeit von Art. 19 Abs. 1 S. 2 GG angesichts der Existenz stochastischer Schäden kaum mehr haltbar sein, vgl. BVerfGE 49, 89, 141.

4. *Grenze der Schutzpflicht*

a) *Risikovergleiche mit anderen »Lebensrisiken«*

Teilweise wird behauptet, daß nicht jegliches technische Risiko einen Eingriff in den grundrechtlichen Schutzbereich bedeute, da die Grundrechtsgarantie nur innerhalb einer bestehenden, technisch-zivilisatorischen Risikosituation wirksam werden könne. Insoweit sei es zulässig, von »Situationsbedingtheit des Grundrechts« zu sprechen.[441] Diese Auslegung von Art. 2 Abs. 2 GG, die sich in der Tat an eigentumsrechtliche Vorbilder anlehnt[442], ist indes verfehlt.

Würde man diesem Ansatz folgen, so stünde das Grundrecht des Art. 2 Abs. 2 S. 1 unter einem ungeschriebenen Vorbehalt »sozialadäquater zivilisatorischer Risiken«.[443] Dies würde bedeuten, daß sich die Grundrechtsschranken mit dem technisch-zivilisatorischen Fortschritt ändern. Führt dieser zu einer allgemeinen Erhöhung des Lebensrisikos und damit zu einer anderen »grundrechtlichen Situationsprägung«, »so liegt allein in der Gestaltung dieser Situation selbst keine Beeinträchtigung individueller Grundrechtspositionen.«[444]

Zum einen wird damit dem einzelnen in letzter Konsequenz jegliche Rechtsschutzmöglichkeit genommen, denn letztendlich läßt sich jede technische Entwicklung als »grundrechtliche Situationsprägung« definieren.[445] Dies würde auf eine Verkehrung des »dynamischen Grundrechtsschutzes« in sein Gegenteil hinauslaufen.[446]

Vor allem aber dürfen sich die staatlichen Organe nicht ihrer objektiv-rechtlichen Schutzpflicht entziehen. Darauf läuft aber die Anerkennung eines derartigen Vorbehalts hinaus. Insoweit ist auch der Vergleich mit anderen bereits bestehenden Risiken völlig verfehlt: Entscheidend ist nämlich die Frage warum der einzelne einem zusätzlichen Risiko ausgesetzt werden darf. Wenn und soweit die staatliche Zulassung von Kernenergieanlagen eine Erhöhung des Risikos und damit verbunden eine Gefährdung von Grundrechten darstellt, so ist dieser Eingriff prinzipiell rechtfertigungsbedürftig. Dies gilt in besonderem

---

441 Degenhart, Kernenergierecht, S. 144 ff.; ders.: DVBl. 1983, S. 934.
442 Hermes, S. 241
443 So Degenhart, Kernenergierecht, S. 148 f.; kritisch: Hofmann, BayVBl. 1983, S. 33 ff.; Baumann, JZ 1982, S. 749; Ossenbühl, Die Bewertung von Risiken, S. 47; Trute, S. 227 f.
444 Degenhart, S. 155; ders.: DVBl. 1983, S. 934 ff.
445 Damit wäre dem »radioaktiven Zerfall der Grundrechte« in der Tat Tür und Tor geöffnet, vgl. hierzu etwa Roßnagel, Plutonium und der Wandel der Grundrechte, ZRP 1985, S. 81.
446 Überzeugend: Hermes, S. 242 f.

Maße für die Erhöhung des Gesundheitsrisikos. Eine verfassungsrechtliche Rechtfertigung dieser Risikoerhöhung ist nur gegeben, soweit eine Abwägung mit anderen Rechtsgütern von Verfassungsrang ihre Notwendigkeit ergibt. Erst an dieser Stelle, nämlich als Abwägungsmaßstab, kann auch ein Vergleich mit anderen Risiken herangezogen werden.[447]
Auch der Vergleich mit anderen Lebensrisiken vermag die Schutzpflicht des Staates nicht zu begrenzen.
So wird etwa bezüglich der mit dem Normalbetrieb der Anlage verbundenen Strahlenexposition argumentiert, daß diese nur etwa 1 % der natürlichen Strahlenbelastung ausmache und daher »gewissermaßen in diesem allgemeinen natürlichen Lebensrisiko der natürlichen Strahlenbelastung völlig untergeht«.[448] Damit ist aber nicht die Frage beantwortet, ob aus verfassungsrechtlicher Sicht eine wie auch immer geartete Aufbürdung eines Risikos gerechtfertigt werden kann.[449]
Bezüglich des Risikos eines Großunfalls mit unabsehbarem Schadensausmaß wird ebenfalls die vergleichende Betrachtung mit anderen Lebenrisiken herangezogen. Besonders drastisch – um nicht zu sagen zynisch – formuliert das VG Karlsruhe:

> »Vom Standpunkt des einzelnen aus betrachtet stellt sich nämlich das Ausmaß seiner Gefährdung häufig nicht wesentlich unterschiedlich dar je nachdem, ob dieselbe ausgeht von einem unter hohen Sicherheitsvorkehrungen arbeitenden Kernkraftwerk oder von der Verkehrszulassung eines Kraftfahrzeugs in der Nachbarschaft. (...) Wer unter allen Umständen einen Tod durch Verkehrsunfall dem Tode durch einen Reaktorunfall vorzieht, hat nach den Gesetzen der statistischen Wahrscheinlichkeit eine größere Chance, die seinem persönlichen Geschmack am besten entsprechende Todesart zu erleiden.«[450]

Auf die Tatsache der staatlichen Mitverantwortung für die mit der Nutzung der Kernenergie verbundenen Risiken wurde bereits hingewiesen. Darüberhinaus ist der beliebte Vergleich mit den Risiken des Straßenverkehrs aber auch insofern unzulässig, als er verkennt, daß zum einen die Gefahren des Straßenverkehrs für den einzelnen in weit höherem Maße überschaubar und beherrschbar sind. Zum andern ist es ein erheblicher qualitativer Unterschied zwischen den katastrophalen Schadensfolgen einer Ursache und der Summe einzelner, nach Zeit,

---

447 So auch Renneberg, ZRP 1986, S. 163.
448 Wagner, DÖV 1980, S. 275.
449 So auch Ossenbühl, Bewertung von Risiken, S. 47.
450 VG Karlsruhe, DVBl. 1978, 856.

Ort und Ursache unterschiedlicher Beeinträchtigungen.[451] Schließlich geht das Schadensausmaß bei einer atomaren Katastrophe im Hinblick auf ökonomische, ökologische und soziale Folgewirkungen sowohl in örtlicher als auch zeitlicher Dimension bei weitem über die hier herangezogenen vergleichenden Risiken hinaus.
Damit bleibt es bei einer rechtfertigungsbedürftigen Grundrechtsgefährdung.

b) *Die Kompetenzvorschrift Art. 74 Nr. 11a GG*

Nach verbreiteter Auffassung ergibt sich die Rechtfertigung des »Restrisikos« aus Art. 74 Nr. 11a GG.[452] Hiergegen bestehen jedoch erhebliche Bedenken. Zunächst läßt sich eine Rechtfertigung aus Art. 74 Nr. 11a GG nicht dadurch begründen, daß der Gesetzgeber zur Nutzung der Kernenergie verpflichtet sei, denn einen solchen Verfassungsauftrag enthält die Vorschrift nach ganz überwiegender Ansicht nicht.[453]
Aber auch darüberhinaus stellt Art. 74 Nr. 11a GG keine das »Restrisiko« legitimierende Kompetenznorm dar. Entgegen der Auffassung des Bundesverfassungsgerichts[454] ist es nicht zulässig, aus den Kompetenzvorschriften der Verfassung eine über ihren kompetenzrechtlichen Regelungsgehalt hinausgehende materielle Aussage abzuleiten.[455] Kompetenzvorschriften haben den Sinn, die Handlungsbereiche von Bund und Ländern gegeneinander abzugrenzen. Die konkurrierende Gesetzgebungsbefugnis des Art. 74 Nr. 11a GG eröffnet damit für den Bereich der Kernenergie dem Bund die Handlungsmöglichkeit, d.h. das Handeln des Bundes in Form der Gesetzgebung ist in diesem Bereich grundsätzlich zulässig. Damit ist aber weder etwas über die Art und Weise ausgesagt, wie diese Handlungsmöglichkeit genutzt werden darf,[456] noch kann sich daraus die Rechtfertigung eines Risikos ergeben, welches sich aus dem in der Kompetenznorm geregelten Gegenstand ergibt. Grundsätzlich können

---

451 Hofmann, Rechtsfragen, S. 350 f.; Hermes, S. 243; zutreffend weist Hansen-Dix darauf hin, daß sich aus diesem Vergleich ebensogut die Forderung nach mehr Sicherheit im Straßenverkehr ableiten ließe, a.a.O., S. 158.
452 So die herrschende Meinung, vgl. Haedrich, AtG § 1 Rn. 2 m.umf.N.
453 Lawrence, S. 122 m.w.N.
454 BVerfGE 48, 127, 159 (»verfassungsrechtliche Grundentscheidung für militärische Landesverteidigung aus Art. 73 Nr. 1 GG"); BVerfG NJW 1985, 1519 (1520 l.Sp.); BVerfGE 53, 30, 56 (»Mülheim-Kärlich«).
455 Überzeugend: Sondervotum der Richter Mahrenholz und Böckenförde zum Urteil v. 24.4.1985 (KDV-Neuregelung), NJW 1985, S. 1528; Menzel, DÖV 1983, S. 807; Hofmann, Rechtsfragen, S. 83 f., 101 f.
456 Murswiek, S. 272.

Kompetenzvorschriften auch dergestalt ausgeübt werden, daß der darin angesprochene Bereich durch Gesetz ganz oder teilweise verboten wird.[457]
Vor allem aber können Kompetenzvorschriften nicht zur Einschränkung von Grundrechten herangezogen werden. Selbst wenn man – wie das Bundesverfassungsgericht – davon ausgeht, daß die Verfassung »›die Nutzung der Kernenergie zu friedlichen Zwecken‹ durch die Kompetenzvorschrift des Art. 74 Nr. 11a GG im Grundsatz als zulässig gebilligt hat«[458], so gilt dies eben nur im Grundsatz. Damit ist jedoch keine quasi automatische Rechtfertigung für Grundrechtsbeeinträchtigungen Dritter gegeben oder etwas über das Maß hinzunehmender Gefahren ausgesagt.[459] Keinesfalls besagt die Einräumung der Gesetzgebungsbefugnis für den Gegenstand der Kernenergie, »daß selbst wenn bei den strengsten, nach dem bisherigen Stand der Technik möglichen Sicherheitsanforderungen noch eine Lebensgefahr für die Nachbarn bestehen sollte, das Grundgesetz die Errichtung von Kernreaktoren gestattet«.[460] Damit würde die Geltung der Grundrechte durch eine Kompetenzvorschrift der Verfassung praktisch außer Kraft gesetzt. Daß dies nicht sein kann, liegt auf der Hand.[461] Auch vermag die Auffassung nicht zu überzeugen, daß sich eine Rechtfertigung des »Restrisikos« aus der einer Kompetenzvorschrift innewohnenden »Sekundärfunktion« ergibt, die darin zu erblicken sei, »daß die Kompetenznormen jedenfalls auch die verfassungsrechtliche Möglichkeit enthalten, die durch die Primärfunktion zugewiesene Zuständigkeit überhaupt wahrnehmen zu können.«[462] Über die Hinnahme eines Risikos ist damit nämlich nichts ausgesagt. An der Wahrnehmung dieser Zuständigkeit ist der Gesetzgeber auch gar nicht gehindert, denn er kann den durch Art. 74 Nr. 11a GG umrissenen Gegenstand regeln. Er hat jedoch dabei, seinem verfassungsrechtlichen Schutzauftrag entsprechend, Leben und Gesundheit der Bevölkerung zu schützen. Ist dies nicht gewährleistet, so kann die Gesetzgebungsbefugnis unter Umständen – soweit keine anderen Rechtsgüter von Verfassungs Rang dies rechtfertigen – auch im Sinne einer Untersagung[463] oder dergestalt ausgeübt werden, daß nur

---

457 Hermes, S. 250.
458 BVerfGE 53, 30, 56.
459 Hermes, S. 250, mit dem zutreffenden Beispiel, daß Art. 74 Nr. 4a auch keine Aussage über hinzunehmende Gefahren beim Umgang mit Waffen oder Sprengstoff enthält; Murswiek, S. 272; im Ergebnis auch Degenhart, DVBl. 1983, S. 928.
460 So Bleckmann, DÖV 1983, S. 130.
461 Zutreffend Menzel, DÖV 1983, S. 807; ausführlich Murswiek, S. 274.
462 Lawrence, S. 128 f.
463 Insofern besteht jedenfalls kein »grundrechtsfestes Minimum« der Kernenergienutzung, denn ansonsten wäre der Gesetzgeber gerade doch zur Nutzung der Kernenergie verpflichtet, so aber Lawrence, ebd.

bestimmte, in ihrem Schadenspotential begrenzte Anlagen zugelassen werden, die ein »Restrisiko« mit dem hier in Rede stehenden Schadensausmaß nicht aufweisen.

Daß die Vorschrift des Art. 74 Nr. 11a GG die Hinnahme eines Restrisikos nicht zu begründen vermag, bedeutet keineswegs, daß die Kernenergienutzung insgesamt verfassungswidrig und deshalb die Norm obsolet ist.[464] Vielmehr ist zu fragen, welche übrigen, materiellen Rechtspositionen eine solche Rechtfertigung liefern können.

c) *Die Grundrechte der Betreiber aus Art. 14 Abs. 1, 12 Abs. 1 GG*

Als Begrenzung der Schutzpflicht kommen Grundrechte anderer in Betracht. Diese bilden die »äußerste Grenze der Schutzpflicht oder anders ausgedrückt: sie markieren ihren maximalen Umfang: Wozu der Staat gegenüber dem Dritten nicht befugt ist, dazu kann er gegenüber dem Schutz Begehrenden nicht verpflichtet sein.«[465]

Als Grundrecht anderer kommen hier etwa Eigentum und Berufsfreiheit der Betreiber in Betracht. Dabei wird man auch für die hier in Rede stehende Grundrechtskollision nicht von vorneherein behaupten können, daß die Verursacher der Beeinträchtigung insoweit keinen grundrechtlichen Schutz genießen können, als eine Verletzung oder Gefährdung anderer nicht vom Normbereich umfaßt sei.[466] Auch insoweit läßt sich eine Lösung wohl erst auf der Abwägungsebene finden, wobei freilich den Rechtsgütern Leben und Gesundheit besondere Bedeutung zukommt.[467]

Fraglich ist allerdings, ob die Betreiber von Kernkraftwerken grundrechtsfähig sind und mithin überhaupt eine verfassungsrechtliche Konfliktlage besteht. Dies kann nicht abschließend beantwortet werden, Zweifel hieran sind jedoch angebracht. So ist eine Berufung auf Art. 14 Abs. 1 bzw. Art. 12 Abs. 2 GG jedenfalls insoweit unzulässig, als die Anteile der privatrechtlich organisierten

---

464 So aber Lawrence, S. 130.
465 Hermes, S. 248.
466 So Roßnagel, Grundrechte und Kernkraftwerke, S. 42.
467 Ossenbühl, Bewertung von Risiken, S. 48, spricht davon, daß eine »eindeutige Dominanz des Grundrechts auf Leben evident sei«.

Betreiberfirmen ausschließlich oder überwiegend der öffentlichen Hand gehören.[468] Dies ist teilweise der Fall.[469]
Soweit dies nicht der Fall ist, und die Betreiber grundrechtlichen Schutz genießen, kommt deren Rechtsposition als »äußerste Grenze der Schutzpflicht«[470] gegenüber Maßnahmen zum Schutze vor Gesundheits- und Lebensgefährdungen grundsätzlich in Betracht.
Insoweit ist jedoch auch die Inanspruchnahme eines Betreibers zur risikobezogenen Vorsorge – etwa bei »Ungewißheit der Handlungsgrundlage« – angesichts des sich aus Art. 2 Abs. 2 GG ergebenden Schutzauftrags verfassungsrechtlich nicht zu beanstanden.[471] Auch ergibt sich im Rahmen eines Genehmigungsverfahrens kein Anspruch aus Art. 14 GG auf Genehmigungserteilung; diese steht vielmehr unter dem Vorbehalt des behördlichen Versagungsermessens.[472] Da im Rahmen von § 7 Abs. 2 Nr. 3 AtG für neu zu errichtende Anlagen auch keine Bestandsschutzargumente ins Feld geführt werden können, erscheint kaum denkbar, daß sich aus Art. 14 GG eine Rechtfertigung für einen Eingriff in Art. 2 Abs. 2 S. 1 GG herleiten läßt.
Im übrigen kann nicht unberücksichtigt bleiben, daß die aus Art. 14 GG fließende Eigentumsgarantie um so stärker ist, als sie eine individuelle freiheitssichernde Bedeutung hat. Umgekehrt ist sie um so schwächer, je weniger sie einen personalen Bezug aufweist und der Verwirklichung einer freien selbstverantwortlichen Lebensgestaltung dient.[473] Das Bundesverfassungsgericht hat wiederholt die Energieversorgung als öffentliche Aufgabe bezeichnet,[474] so daß der personale Bezug des Eigentums an Energieversorgungsanlagen gering ist und insoweit nur eine grundrechtlich äußerst schwache Position des Anlagenbetreibers besteht.

---

468 BVerfGE 45, 63, 80 (für vollständiges Halten der Anteile durch die öffentliche Hand); Hermes, S. 247 m.w.N.; vgl. auch Degenhart, S. 186; Ossenbühl, Die Bewertung von Risiken, S. 47; Hofmann, Privatwirtschaft, S. 32; noch weitergehend jetzt: BVerfG, JZ 1990, 335.
469 Vgl. zu den Anteilsverhältnissen: Richter, S. 59 f. und Hofmann, Privatwirtschaft, S. 28 ff.
470 Hermes, S. 248.
471 Ausführlich Trute, S. 251 ff., 266 ff.
472 Dazu oben II.
473 BVerfGE 50, 290, 338.
474 BVerfGE 30, 292, 323 f.; 66, 248, 258.

5. Die Sozialadäquanz des »Restrisikos«

a) Maßstäbe der Sozialadäquanz

Auch das Bundesverfassungsgericht scheint von der Notwendigkeit einer Rechtfertigung von »Restrisiken« auszugehen, wenn es diese als »sozial-adäquate Lasten«[475] bezeichnet oder das in einem Kernkraftwerk verkörperte »außerordentliche Gefährdungspotential« »im Allgemeininteresse« hinnimmt.[476]
Daß die Feststellung der Sozialadäquanz nichts anderes bedeutet als das Vorliegen der Verhältnismäßigkeit im engeren Sinne, erhellt die Bemerkung Josef Essers:

> »Sozial-adäquat ist das rechtlich Gebilligte, sei es im Hinblick auf seine Zielsetzung, sei es im Hinblick auf seine Unvermeidbarkeit im modernen Leben. Stets aber bedarf dieses Urteil einer Rechtswertung: Die Zweck-Mittel-Relation muß unserer Gesamtrechtsordnung entsprechen.«[477]

Ein auf diese Weise ranghöher gesetzter Zweck rechtfertige solche Gefährdung indessen nur, wenn das Verhältnis von Zweck und Mittel angemessen sei. Damit könnten »auch intensive, bestimmte, ja gemeingefährliche Gefährdungshandlungen oder -anlagen, die wegen der Unkontrollierbarkeit und Unentrinnbarkeit der Gefahr ›sozial inadäquat‹ seien, vom Gesetzgeber wegen ihrer Bedeutung für die Gesamtwirtschaft legalisiert werden.«[478]
Diese Bemerkungen Essers rufen in Erinnerung, daß es sich beim Konzept der Sozialadäquanz bzw. der Verhältnismäßigkeit des »Restrisikos« um eine alte Vorstellung der Rechtsordnung im Umgang mit Gefährdungen handelt. So weist bereits A. von Tuhr 1918 darauf hin, daß eine Handlung nicht immer deswegen verboten sei, weil sie mit einer Gefährdung, d.h. einer voraussehbaren Gefahr für andere verboten sei. »Sonst wäre die menschliche Gesellschaft in unerträglichem Maße beengt. Die Grenze ergibt sich aus einer Abwägung der Größe der Gefahr und des Zweckes, dem die Handlung dient, insbesondere auch ihrer Bedeutung für die Allgemeinheit.«[479] Ganz ähnlich hatte bereits 1919 Scholz formuliert:

> »Neben dem Grade der Wahrscheinlichkeit eines Schadens und neben dem größeren oder geringeren Werte des drohenden Gutes ist vergleichsweise auf die Interessen

---

475 BVerfGE 49, 89, 143.
476 BVerfGE 53, 30, 58.
477 Esser, Schuldrecht, S. 190.
478 Ebd.
479 v. Tuhr, S. 476 Fn. 141 unter Hinweis auf Traeger, Kausalbegriff, 1904, S. 196.

zu sehen, welche durch die Vermeidung oder Verhinderung der als gefährlich zu erachtenden Sachlage beeinträchtigt werden würden. (...) Es bedarf hiernach einer Abwägung einerseits des Interesses an Verhinderung der den Schaden ermöglichenden Sachlage im Hinblick auf den Wert des Gutes und den Grad der Wahrscheinlichkeit seiner Verletzung und andererseits der Interessen, die durch Verhinderung dieser Sachlage beeinträchtigt werden würden. Nur beim Überwiegen des ersteren Interesses über die letzteren ist eine Gefahr im Sinne des Polizeirechts gegeben und zwar eine größere oder geringere – dringendere oder minder dringende – nach der Art des Übergewichts.«[480]

Die Auffassung von Tuhrs greift Ernst von Caemmerer auf, der ebenfalls auf die Notwendigkeit »der Interessenabwägung zwischen der Größe des Risikos und den Zwecken, denen die Handlung dient, insbesondere auch ihrer Bedeutung für die Allgemeinheit«[481] aufmerksam macht. Für diese Abwägung nennt von Caemmerer dann auch Kriterien: »Die sich wandelnden Anschauungen darüber, ob z.B. die hohen Kosten für die an sich mögliche Entgiftung des Leuchtgases aufgebracht werden müssen, die sich wandelnde Bewertung der Risiken und des Nutzens bestimmt das Urteil, welche Handlungen erlaubt sind, welche Vorsichtsmaßnahmen gefordert werden müssen und welche nicht, und welche Risiken verständigerweise hinzunehmen sind.«
Im Anschluß an Untersuchungen von Welzel und Nipperdey weist er daraufhin, »daß der Gesamtinhalt unserer rechtlichen und sozialen Anschauungen darüber entscheidet, welche Gefährdungen als mit dem modernen Leben gegeben akzeptiert werden und damit erlaubt sind.«[482]
Die beschriebenen Auffassungen sind zur Rechtswidrigkeit bestimmter Handlungen im Deliktsrecht und Strafrecht entwickelt worden. Das Konzept der Sozialadäquanz ist im Zivilrecht durch das Verkehrspflichten-Konzept präzisiert und fortentwickelt worden, ohne daß sich Grundsätzliches verändert hat.[483]
Für die rechtliche Bewertung der Gefährdung grundrechtlich geschützter Rechtsgüter durch die gesetzliche Zulassung technischer Risiken und für die Entscheidungen der Verwaltung aufgrund solcher Gesetze kann nichts anderes gelten. In den referierten grundlegenden Stellungnahmen sind vier bedeutsame Gesichtspunkte der Sozialadäquanz von Gefährdungen, d.h. des sog. Restrisikos, genannt worden:
– die zentrale Rolle der Gemeinwohlerfordernisse;
– die Rolle der Kosten;

---

480 VerwArch. 27 (1919), S. 27, 28. – ebenso Plischka, S. 108 ff.; Saladin, S. 297; Kramer, NJW 1981, S. 260; Degenhart, S. 169.
481 V. Caemmerer, S. 49 ff., 78 m.w.N.
482 Ebd.
483 Vgl. dazu Mertens, in: MünchKomm., § 823 Rn. 5, 177 ff.; Esser/Schmidt, S. 360 ff.

- die Maßgeblichkeit des Gesamtinhalts der rechtlichen und sozialen Anschauungen, mit anderen Worten die Akzeptanz des Risikos durch die Gesellschaft;
- die wandelnde Bewertung als Ergebnis der sich wandelnden Anschauungen.

Hervorzuheben ist die Anerkennung von Fragen der Wirtschaftlichkeit, der »volkswirtschaftlichen Angemessenheit«[484] oder der »Bedeutung für die Gesamtwirtschaft« (Esser) für die Feststellung der Sozialadäquanz. Der volkswirtschaftliche Nutzen einer bestimmten Technologie vermag durchaus die Zulassung von Gefährdungen zu rechtfertigen; diese muß jedoch auch umgekehrt beendet werden, wenn sich angenommene wirtschaftliche Vorteile als hinfällig oder irrig erweisen.

Von besonderer Relevanz gerade für die verfassungsrechtliche Beurteilung von »Restrisiken« im Bereich der Kernenergienutzung erscheint der Hinweis auf die »rechtlichen und sozialen Anschauungen«. Damit ist ein Kriterium für die Beurteilung der Sozialadäquanz eines Risikos dessen Akzeptanz. Es ist deshalb der Auffassung zuzustimmen, wonach gerade im Hinblick auf die entsprechende Wendung im Kalkar-Beschluß des Bundesverfassungsgerichts als sozialadäquat »alle Zustände und Handlungen« zu verstehen seien, »die sich weitgehend übereinstimmend von der Gesellschaft akzeptiert im Rahmen der sozialen Ordnung bewegen und deren Aufrechterhaltung unerläßlich sind.«[485]

Von überragender Bedeutung für die Sozialadäquanz der Zulassung des »Restrisikos« einer technischen Nutzung ist jedoch deren »Bedeutung für die Allgemeinheit« (von Tuhr, von Caemmerer). Sicherlich lassen sich die durch die wirtschaftliche Nutzung der Kernenergie hervorgerufenen (Rest-)Gefahren nicht als unvermeidbar (Esser) oder für die Aufrechterhaltung der Sozialordnung unerläßlich (Hohlefelder) bezeichnen; sie müssen deshalb durch »ranghöhere Zwecke« gerechtfertigt werden.

Das bedeutet in der Terminologie des Verhältnismäßigkeitsgrundsatzes: Angesichts des Umfangs des potentiell nicht ausschließbaren Schadens für Leben und körperliche Unversehrtheit der Bürger wie auch für fundamentale Gemeinschaftsgüter, schließlich für zukünftige Generationen, müssen derartige Risiken durch ein überragend wichtiges Gemeinschaftsgut gerechtfertigt sein.[486]

---

484 So Mertens, a.a.O., § 823, Rn. 22.
485 Hohlefelder, ET 1983, S. 394. Daß auch die Festlegung von Grenzwerten im Umweltschutz wesentlich von der Risikoakzeptanz abhängt, betont Levi, atw 1989, S. 28 f.
486 So auch Hofmann, Rechtsfragen, S. 278, 290 f.; zust. Saladin, S. 127; ähnlich auch Murswiek, »Restrisiko«, in: HdUR Bd. II, 1988 Sp. 270; ähnlich bereits VG Freiburg, NJW 1977, 1645, 1647; zust. Albers, DVBl. 1978, S. 22, 24 f. und Marburger, Schadensvorsorge, S. 103 – Für eine Abwägung nach Maßgabe des Verhältnismäßig-

Im Atomrecht wird dieses Ergebnis durch die Auffassung des Bundesverfassungsgerichts bestätigt, wonach bei der verfassungsrechtlichen Beurteilung der Vorschriften über die Genehmigung von Kernkraftwerken wegen des in diesen »verkörperten außerordentlichen Gefährdungspotentials« nicht weniger strenge Maßstäbe anzulegen seien als bei der Prüfung staatlicher Eingriffsgesetze.[487] Der zentrale Prüfungsmaßstab für diese stellt jedoch der Grundsatz der Verhältnismäßigkeit dar.[488]

b) *Die Verhältnismäßigkeitsprüfung*

Damit erweist sich die Zulassung von »Restrisiken« mit der Genehmigung kerntechnischer Anlagen nach Maßgabe des Verhältnismäßigkeitsgrundsatzes als rechtfertigungsbedürftig.

Dies bedeutet die verhältnismäßige Zuordnung der verschiedenen durch die Zulassung des »Restrisikos« berührten Grundrechtspositionen, aber auch öffentlicher Belange. Die kollidierenden Grundrechtsbelange sind oben dargestellt worden. Bei dieser Abwägung ist auf der einen Seite zu berücksichtigen, daß dem Schutz des Lebens als »Voraussetzung aller anderen Grundrechte« besonderes Gewicht zukommt. Andererseits wird trotz der schwachen grundrechtlichen Position der Anlagenbetreiber der Grad der Gefährdung des Art. 2 Abs. 2 GG und mithin der verwirklichte Sicherheitsstandard nicht unberücksichtigt bleiben können. Durch die Zulassung atomarer »Restrisiken« können aber auch öffentliche Interessen positiv wie negativ beeinflußt werden. So sind die Umweltverträglichkeit sowie die Sozialverträglichkeit[489] dieser Technologie zu berücksichtigen. Als rechtfertigendes Allgemeininteresse hat das Bundesverfassungsgericht die Energieversorgung[490] genannt, die es auch sonst als »Gemeinschaftsinteresse höchsten Ranges« und als »öffentliche Aufgabe von größter Bedeutung«[491] bezeichnet.

Die Vielzahl der in eine Abwägung einzubeziehenden Faktoren macht deutlich, daß hierfür eine umfassende Analyse und Bewertung nicht nur technischer

---

keitsgrundsatzes auch ders., Bewertung von Risiken, S. 27 ff.; ebenso Klein, NJW 1989, S. 1633; Hermes, S. 253 ff. Auch das Bundesverfassungsgericht nimmt in BVerfGE 77, 170, 225 f. eine Verhältnismäßigkeitsprüfung im »Restrisiko«-bereich vor.
487 BVerfGE 53, 30, 58.
488 Dazu Hesse, Grundzüge, Rdz. 317 ff.; Herzog, »Verhältnismäßigkeitsgrundsatz«, HdUR Bd. II, 1989, Sp. 1022 ff.
489 Dazu Meyer-Abich/Schefold, S. 16, 22 f.; Renn u.a., S. 55 ff.
490 BVerfGE 53, 30, 58.
491 BVerfGE 66, 248, 258.

Risiken, sondern auch sozialer und ökologischer Sachverhalte erforderlich ist. Hierzu gehört auch die Prüfung, ob die Errichtung weiterer und der Weiterbetrieb bestehender Kernkraftwerke zur Sicherung der Energieversorgung nötig ist, welche Reaktortypen im Hinblick auf eine Minderung von Unfallhäufigkeit und Schadensausmaß zu wählen sind, aber auch im Hinblick auf ihre Sozialverträglichkeit, ob und wieviel Energie einzusparen der Bevölkerung zugemutet werden kann und inwieweit unter Berücksichtigung der globalen Auswirkungen andere, weniger beeinträchtigende Energiegewinnungsmöglichkeiten zur Verfügung stehen. Auf dieser Ebene kommt der vergleichenden Risikobetrachtung eine hohe Bedeutung zu.[492]

Eine derartige umfassende Abwägung ist einmal geboten bei der gesetzlichen Zulassung der energiewirtschaftlichen Nutzung der Kernenergie oder einzelner ihrer Zweige. Hier sind deren Nutzen und Risiken abzuwägen und mit anderen energiepolitischen Strategien, wozu nicht nur andere Energiequellen, sondern auch Einsparmöglichkeiten gehören, umfassend zu vergleichen.[493]

Durch diese Entscheidung kann jedoch nur der Rahmen abgesteckt werden, der durch die Einzelgenehmigung ausgefüllt werden muß. Dabei muß die Struktur der atomrechtlichen Genehmigung einer derartigen umfassenden Abwägung auch grundsätzlich offenstehen. Daran bestehen für § 7 Abs. 2 AtG de lege lata erhebliche Zweifel.[494]

Mit der Notwendigkeit einer Abwägung durch die staatlichen Organe einschließlich der Genehmigungsbehörden unvereinbar ist es, die Entscheidung über die Errichtung und den Betrieb einer atomaren Anlage und damit über das Ausmaß der Gefährdung Dritter und der Allgemeinheit im »Restrisikobereich« allein dem Anlagenbetreiber zu überlassen. Diese Situation wird vom seinerzeit für die Reaktorsicherheit und den Strahlenschutz zuständigen Bundesinnenministerium präzise beschrieben:

> »Bei der Entscheidung des Gesetzgebers über die friedliche Nutzung der Kernenergie in der Bundesrepublik Deutschland hat es keinerlei Einschränkungen zu Art und Umfang gegeben. Es ist daher eine freie marktwirtschaftliche Entscheidung der Hersteller und Betreiber von Kernkraftwerken, ob und in welchem Umfang Strom in Leichtwasserreaktoren, Hochtemperaturreaktoren oder Schnellen Brütern erzeugt wird, solange nur gegenüber den Genehmigungsbehörden der Nachweis geführt wird, daß die zentrale Forderung des Atomgesetzes erfüllt ist, nämlich die nach dem Stand von Wissenschaft und Technik erforderliche Vorsorge gegen Schäden aus der Errichtung und dem Betrieb der Anlagen.«[495]

---

492 Dazu jüngst Breuer, NVWZ 1990, S. 214 f., 221 ff.
493 Ähnlich Marburger, Schadensvorsorge, S. 103.
494 S. oben S. 66.
495 Vgl. Entsorgung der Kernkraftwerke, in: Umwelt Nr. 2/1986, S. 220.

Demgegenüber setzt der Eingriffs- und Zuteilungscharakter der atomrechtlichen Genehmigung voraus, daß der Gesetzgeber die denkbaren Rechtfertigungsgründe selber benennt und der Verwaltung die Möglichkeit zur Abwägung zwischen diesen gesetzlichen Zielen der Nutzung der Kernenergie und den denkbaren Gefährdungen Dritter und der Allgemeinheit im konkreten Genehmigungsfalle gibt. Die atomrechtliche Genehmigung muß deshalb unter ein Rechtfertigungs- und Abwägungsgebot gestellt werden.

Bemerkenswert erscheint eine Gesetzesänderung des Schweizerischen Atomgesetzes vom 6.10.1978, in das anstelle der ursprünglich gebundenen Erlaubnis eine Bedürfnisklausel eingefügt wurde. Die neuerdings erforderliche Rahmenbewilligung ist gem. Art. 3 u.a. zu verweigern, wenn

»an der Anlage oder an der Energie, die in der Anlage erzeugt werden soll, im Inland voraussichtlich kein hinreichender Bedarf bestehen wird; bei der Ermittlung des Bedarfs ist möglichen Energiesparmaßnahmen, dem Ersatz von Erdöl und der Entwicklung anderer Energieformen Rechnung zu tragen.«[496]

Überzeugend wird die Einfügung einer Bedarfsklausel in das Atomanlagenrecht vom Schweizerischen Bundesrat begründet:

»Zu Recht mehren sich die Stimmen, wonach der Entschluß, ob ein Kernkraftwerk gebaut werden soll, nicht allein vom Belieben des Erstellers abhängen darf. Ob ein Kernkraftwerk gebaut werden soll, ist in der Tat eine nicht bloß unternehmerische Frage von Investition und Rendite. Mit der Nutzung der Kernenergie sind zwangsläufig Risiken für Mensch und Umwelt verbunden.

Werden Kernkraftwerke in rascherer Folge gebaut als durch einen sinnvollen Energiebedarf gerechtfertigt ist, besteht die Gefahr, daß der Stromabsatz künstlich, d.h. entgegen den Zielen der Energiepolitik und des Umweltschutzes gefördert wird. Es könnten Bedürfnisse geweckt werden, die letzten Endes zu einer weiteren Energieverschleuderung, einer vermehrten Umweltbelastung und zu einem vorzeitigen Verbrauch der Ressourcen führen würden.«[497]

---

[496] Vgl. auch Art. 2 Abs. 2 der Verordnung über das Rahmenbewilligungsverfahren für Atomanlagen mit Standortbewilligung vom 11.7.1979: »Der Gesuchsteller hat darzulegen, daß und weshalb an der Energie, die in der beantragten Anlage erzeugt werden soll, voraussichtlich ein hinreichender Bedarf besteht. Sein Gesuch hat insbesondere Ausführungen über den voraussichtlichen Gesamtbedarf an elektrischer Energie für mindestens die nächsten zehn Jahre zu enthalten. Dabei sind die Möglichkeiten von Energiesparmaßnahmen, der Ersatz von Erdöl durch elektrische Energie und die Entwicklung anderer Energieformen zu berücksichtigen.«
[497] BBl. 1977, S. 303; vgl. auch Saladin, S. 299.

Allerdings wäre die Genehmigungsbehörde auch hier hoffnungslos überfordert, wenn sie die notwendige umfassende Abwägung allein im Genehmigungsverfahren vornehmen müßte. Ihr fehlten nicht nur die Maßstäbe, sondern auch die Sachkunde, Fähigkeiten und Fertigkeiten für eine derart globale Betrachtung.[498] Daher bedarf es auch hier – wie bei den Sicherheitsstandards des Vorsorgekonzepts – der Vermittlung durch Versorgungskonzepte, mittels derer umfassend die energiepolitischen und technologischen Analysen und Bewertungen vorzunehmen wären. Auf dieser Ebene müßte anlagenübergreifend das hinzunehmende »Gesamtrestrisiko« etwa durch die Festlegung der Reaktortypen, Leistungsgrenzen und Gesamtzahl bestimmt werden.

Zum Ausgleich der schwachen parlamentarischen Steuerung dieses Bereichs sollten Mitwirkungsrechte des Parlaments in Form von Zustimmungsvorbehalten nach Art von § 3 Abs. 1 UVPG oder Veto-Rechte nach Art von § 2O Abs. 5 StabG vorgesehen werden. Da das übliche Muster der Trennung von parlamentarischer Normsetzung und exekutiver Konkretisierung durch Rechtsverordnung und Einzelentscheidung im Bereich der Umweltvorsorge in Schieflage geraten ist, müßten zur Wiederherstellung einer gewaltenteiligen Machtbalance iterative Prozesse der parlamentarischen Mitwirkung auch an den verschiedenen Formen exekutiver Konkretisierungen bis hin zur Einzelfallentscheidung von weitreichender Bedeutung – wie bei der Genehmigung eines Kernkraftwerks[499] – initiiert werden. Die Gefährdung des Grundsatzes der Gewaltenteilung durch neue technische Entwicklungen kann jedoch ggf. auch nur durch neue Formen ihrer rechtlichen Bewältigung ausgeglichen werden. Auch hier erweist sich die schweizerische Lösung als pragmatisch, derzufolge gem. Art. 8 des Bundesbeschlusses zum Atomgesetz vom 6.1O.1978 die neu geschaffene Rahmenbewilligung für eine kerntechnische Anlage nach der Entscheidung durch den Bundesrat der Bundesversammlung zur Genehmigung zu unterbreiten ist.[500]

Eine derartige multidimensionale Aufgabe müßte von einer Energieplanung bewältigt werden, für die sich im Energiewirtschaftsgesetz vom 13.12.1935

---

498 So zutr. Ossenbühl, Bewertung von Risiken, S. 48; weitergehend Marburger, Schadensvorsorge, S. 103 f.

499 Dies dürfte durch die h.L. für unzulässig gehalten werden, vgl. Maurer, VVDStRL 43 (1985), S. 159.

500 Gewählt wurde diese Lösung trotz erkannter Bedenken unter den Gesichtspunkten der Bedeutung der atomrechtlichen Genehmigung für die Wirtschaft des Landes und der politischen Tragweite der Entscheide, »dem Begehren nach einem erweiterten Mitspracherecht des Volkes« und der Möglichkeit, »daß Befürworter und Gegner im Rahmen des Bewilligungsverfahrens öffentlich ihre Argumente vortragen könnten.« So Botschaft des Bundesrats über die Ergänzung des Atomgesetzes vom 24.8.1977, BBl. 1977, S. 323.

keine hinreichenden Grundlagen finden lassen.[501] Mit dieser Aufgabe verweist das kerntechnische Anlagenrecht partiell auf ein Energieplanungsrecht, das es noch zu entwickeln gilt.

---

501 Vgl. auch Breuer, NVwZ 1990, S. 221. – Erste Ansätze lassen sich in den Energieberichten der Bundesregierung ausmachen, die jedoch dem Typ der »indikativen Planung« zuzurechnen und damit ohne normative Durchsetzungskraft sind.

Zusammenfassung

1. § 7 Abs. 2 Nr. 3 AtG ist weder anhand eines vorgeformten polizeirechtlichen Gefahrenbegriffs auszulegen, noch läßt sich die Vorschrift in einen Gefahrenabwehrbereich und einen Risikovorsorgebereich aufspalten, für die jeweils unterschiedliche Anforderungen gelten. Vielmehr verlangt § 7 Abs. 2 Nr. 3 AtG insgesamt zwingend bestmögliche Gefahrenabwehr und Risikovorsorge.

2. Die tatbestandliche Schadensvorsorge verlangt damit einerseits die Berücksichtigung solcher Schadensmöglichkeiten, die lediglich auf einem Gefahrenverdacht oder einem Besorgnispotential beruhen. Darüberhinaus ist aber auch die Vorsorge gegen solche Ereignisse erfaßt, deren Eintrittswahrscheinlichkeit zwar gering ist, die aber zu einem besonders hohen Schadensausmaß führen würden. Dagegen gerichtete Vorsorge ist nicht lediglich eine in das Ermessen der Genehmigungsbehörde gestellte »Restrisikominimierung«. Dies gilt auch für Maßnahmen gegen Flugzeugabstürze und Vorsorgemaßnahmen gegen Kernschmelzunfälle wie etwa den anlageninternen Notfallschutz.

3. Der für § 7 Abs. 2 Nr. 3 AtG aufgestellte Sicherheitsmaßstab gilt in gleicher Weise auch für den nach § 7 Abs. 2 Nr. 5 AtG erforderlichen Schutz gegen Störmaßnahmen oder sonstige Einwirkungen Dritter.

4. § 7 Abs. 2 Nr. 3 AtG ist ein Prognosetatbestand, der zur Voraussetzung einer atomrechtlichen Genehmigung die Ermittlung des von der zu genehmigenden Anlage ausgehenden Risikos hat. Die Verantwortung für die Risikoermittlung und -bewertung hat die Exekutive.

Dabei reicht es im Rahmen der für § 7 Abs. 2 Nr. 3 erforderlichen Risikoprognose nicht aus, die für die Sicherheit einer Anlage zentralen Aussagen schlicht auf der Grundlage »gesunden Ingenieurverstandes« zu determinieren. Vielmehr setzt die zu treffende Risikoprognose die Ermittlung und Bewertung der Wahrscheinlichkeit voraus, mit der sich die Gefahr oder das Risiko verwirklichen werden.

5. Deshalb sind probabilistische Untersuchungen ergänzend für eine umfassende Risikoermittlung notwendig. Dies gilt vor allem im Bereich der auslegungsüberschreitenden Ereignisse, die von der deterministischen Sicherheitsphilosophie ausgeblendet werden. Darüberhinaus vermögen probabilistische Methoden Schwachstellen in der sicherheitstechnischen Auslegung aufzudecken. Soweit die Probabilistik die Möglichkeit zusätzlicher Erkenntnisse schafft, erscheint sie daher für die Risikoermittlung unentbehrlich.

Allerdings können probabilistische Risikostudien keine Auskunft darüber geben, ob eine Risiko hingenommen werden darf oder nicht. Sie bieten nur Erkenntnis- und Entscheidungshilfen für die Ermittlung eines Risikos. Die

Bewertung des Risikos als rechtlich relevant oder irrelevant bleibt hingegen der Exekutive vorbehalten.

6. Grundlage für die von der Behörde durchzuführende Risikoermittlung und -bewertung ist der Stand von Wissenschaft und Technik. Die Genehmigungsbehörde hat in wertender Entscheidung den jeweiligen Erkenntnisstand für den einzelnen Genehmigungsfall zu konkretisieren. Dabei sind alle vertretbaren wissenschaftlichen Erkenntnisse zu berücksichtigen. Soweit unterschiedliche Auffassungen der Fachleute einander entgegenstehen, kann nicht ohne weiteres auf eine »herrschende« Auffassung abgestellt werden. Vielmehr ist die Bandbreite der wissenschaftlichen Meinungen zu berücksichtigen. Verfehlt wäre es insbesondere, bloß auf die »führenden« Naturwissenschaftler abzustellen. Auch die zur Beratung des Bundesumweltministers bestehenden Gremien repräsentieren nicht allein den Stand der Wissenschaft. Ihren Aussagen kann deshalb nur indizielle Wirkung zukommen.

7. Die rechtliche Grenze zwischen der erforderlichen Schadensvorsorge und dem hinzunehmenden Risiko zu finden, ist trotz zahlreicher Versuche der juristischen Dogmatik letztlich nicht gelungen und kann wohl auch nicht gelingen. Das Bundesverwaltungsgericht hat hieraus die Konsequenz gezogen und festgestellt, daß es sich bei der Risikobewertung letztlich um eine Wertungsfrage in politischer Verantwortung handele, die sich nicht allein in Anwendung rechtlicher Maßstäbe beantworten lasse. Die Rechtsprechung hat allerdings einen gewissen Ausgleich dadurch geschaffen, indem sie an die Risikoermittlungspflicht umfassende Anforderungen stellt.

8. Für die Risikoermittlung und -bewertung sind anlagenübergreifende Vorsorgestandards unentbehrlich. Die im Atomrecht in Form von außerrechtlichen Regelwerken eingeführten Sicherheitsstandards genügen den organisatorischen, verfahrensmäßigen und inhaltlichen Anforderungen, die eine Einschränkung verwaltungsgerichtlicher Kontrolle rechtfertigen könnten, nicht.

9. Im Rahmen des Versagungsermessens bleibt bei dem hier vertretenen umfassenden tatbestandlichen Vorsorgeverständnis für Sicherheitsfragen kein Raum mehr. Zu berücksichtigen sind Gesichtspunkte einer gesicherten Entsorgung, die Beachtung internationaler Verpflichtungen sowie Erwägungen der äußeren Sicherheit und möglicherweise energiewirtschaftliche Fragen. Das Versagungsermessen könnte darüberhinaus geeignet sein, als Einfallstor für die dem Staat von Verfassungs wegen auferlegten Schutzpflichten gegenüber seinen Bürgern zu dienen. Dies würde zu der Berücksichtigung des Gesamtrisikos der Kernenergienutzung im Rahmen des Versagungsermessens führen.

10. Die erforderliche Schadensvorsorge wird durch die Strahlenschutzverordnung konkretisiert. Wichtigster Grundsatz ist dabei das Strahlenminimierungsgebot, welches von der Genehmigungsbehörde als zwingende Genehmi-

gungsvoraussetzung zu beachten ist. Danach sind diejenigen Maßnahmen zu ergreifen, die nach dem Stand von Wissenschaft und Technik eine Reduzierung der Strahlenbelastung so weit wie möglich gewährleisten.
Für den bestimmungsgemäßen Betrieb der Anlage gilt im übrigen § 45 StrlSchV. Die Vorschrift bezieht sich sowohl auf die Planung als auch auf den Betrieb. Die Dosisgrenzwerte dürfen auch dann nicht überschritten werden, wenn an einem Standort erhöhte Ableitungen, etwa infolge eines Störfalles, auftreten. Können aufgrund bestehender Vorbelastungen die Dosisgrenzwerte nicht eingehalten werden, ist die Anlagengenehmigung zu versagen. Auch nachträglich neu hinzukommende Ableitungen sind grundsätzlich zu berücksichtigen.
Ob das dieser Vorschrift zugrundeliegende Konzept einer starren Grenze von 30-mrem noch eine zureichende Konkretisierung der erforderlichen Schadensvorsorge darstellt, erscheint nach neueren wissenschaftlichen Erkenntnissen zweifelhaft. Die Dosisgrenzwerte sind – entgegen der Auffassung des Bundesverwaltungsgerichts – nicht als Grenze zwischen Sicherheit und Gefahr zu verstehen, sondern lediglich als Orientierungswerte, die nach Möglichkeit im Einzelfall zu unterschreiten sind. Denn auch insoweit gilt das oberste Strahlenschutzprinzip des »so gering wie möglich«.
11. Für die Auslegung der Anlage gegen Störfälle gilt § 28 Abs. 3 StrlSchV. Diese Vorschrift bezieht sich nur auf die Planung, nicht auf den Betrieb der Anlage. Danach ist im Genehmigungsverfahren nachzuweisen, daß die Grenzwerte (»Störfallplanungsdosen«) des Abs. 3 für den ungünstigsten Störfall gegen den die Anlage ausgelegt ist nicht überschritten werden.
Die Vorsorge gegen diese Störfälle gehört zur tatbestandlichen Schadensvorsorge und ist damit zwingende Genehmigungsvoraussetzung.
§ 28 Abs. 3 bezieht sich hingegen nicht auf Unfälle. Schadensereignisse mit hohem Schadensausmaß aber niedriger Eintrittswahrscheinlichkeit werden damit von der Vorschrift nicht erfaßt. Dies bedeutet jedoch nicht, daß gegen derartige Ereignisse keine Vorsorge zu treffen wäre. Anwendbar bleibt das allgemeine Strahlenminimierungsgebot aus § 28 Abs. 1 Nr. 1 und 2 StrlSchV.
12. Schadensvorsorge ist auch gegen Unfälle (»auslegungsüberschreitende Ereignisse«) zu treffen. Dies gilt etwa für Maßnahmen gegen Flugzeugabstürze. Soweit anlageninterner Notfallschutz geeignet ist, Schäden durch eine Kernschmelze zu verhüten oder zu mindern, gehören derartige Maßnahmen ebenfalls zur tatbestandlichen Schadensvorsorge und nicht zu einer in das Ermessen der Behörde gestellten »Restrisiko«-minimierung.
13. Das oben dargelegte Verständnis der tatbestandlichen Schadensvorsorge hat Auswirkungen auf die verwaltungsgerichtliche Kontrolle. § 7 Abs. 2 Nr. 3 AtG vermittelt als einheitlicher Tatbestand umfassenden Drittschutz. Die Dif-

ferenzierung zwischen Gefahrenabwehr und Risikovorsorge sowie zwischen Individualrisiko und Bevölkerungsrisiko ist demgegenüber nicht überzeugend. Letztere ergibt sich weder aus der »Schutznormtheorie« noch findet sich eine derartige Differenzierung in anderen Umweltvorsorgegesetzen. Ein Drittbetroffener kann daher die Einhaltung der Genehmigungsvoraussetzung des § 7 Abs. 2 Nr. 3 AtG in vollem Umfang verlangen.

14. Auch bei umfassender Schadensvorsorge verbleibt beim Betrieb eines Kernkraftwerkes ein beachtlicher Gefahrenrest.

Dies gilt einmal für den Normalbetrieb, der zu stochastischen Schäden führt.

Das BVerfG hat in der Kalkarentscheidung unmißverständlich ausgeführt, daß das Atomgesetz einen Restschaden aus der Errichtung und dem Betrieb der Anlage nicht in Kauf nimmt.

Die durch den Normalbetrieb eines Kernkraftwerkes verursachten stochastischen Schäden – bei denen allein unklar bleibt, wann sie bei welchen und wievielen Personen eintreten werden – stellen Schäden im Sinne von Art. 2 Abs. 2 GG dar, denn die öffentliche Gewalt ist an die in den Grundrechten zum Ausdruck kommende objektiv-rechtliche Entscheidung gebunden, auch unabhängig von dem Vorliegen einzelner individueller Grundrechtspositionen. Jede Erteilung einer atomrechtlichen Genehmigung stellt damit zwangsläufig einen Eingriff in den Schutzbereich des Art. 2 Abs. 2 GG dar, der rechtfertigungsbedürftig ist.

15. Das »Restrisiko« ist im übrigen die nicht auszuschließende Möglichkeit des Eintritts von Unfällen mit großem Schadensausmaß. Derartige Restgefahren stellen Grundrechtsgefährdungen dar, die nach dem Schutzpflichtenkonzept von der Exekutive in Bedacht zu nehmen sind. Aus verfassungsrechtlicher Sicht kann es dabei nicht allein auf das Risiko, welches von der einzelnen Anlage ausgeht, ankommen. Vielmehr ist das Risikopotential der Kernenergieanlagen insgesamt zu berücksichtigen. Dieses Risiko ist jedoch verfassungsrechtlich beachtlich. Damit liegt in jeder weiteren Zulassung von Kernenergieanlagen eine Risikoerhöhung, die grundsätzlich rechtfertigungsbedürftig ist.

16. Eine solche Rechtfertigung ergibt sich nicht aus einem Vergleich mit anderen »Lebensrisiken«. Auch die Kompetenzvorschrift des Art. 74 Nr. 11a GG vermag die Aufbürdung eines »Restrisikos« nicht zu rechtfertigen. In Betracht kommen, soweit Anlagenbetreiber grundrechtsfähig sind, deren Grundrechtspositionen aus Art. 12, 14 GG, wobei zu berücksichtigen ist, daß der Eigentumsschutz insoweit nur eine äußerst schwache Position einräumt, da der personale Bezug des Eigentums an Energieversorgungsunternehmen gering ist und die Energieversorgung eine öffentliche Aufgabe darstellt.

17. Ein wesentlicher vom Bundesverfassungsgericht aufgestellter Maßstab für die Rechtfertigung von Grundrechtseinschränkungen bietet die »Sozialadä-

quanz«. Die für die Ausfüllung dieses Begriffs aus dem Straf- und Zivilrecht ursprünglich entwickelten Grundsätze, können für die rechtliche Bewertung der Gefährdung geschützter Grundrechtsgüter herangezogen werden. Danach erfordert die Entscheidung über die Sozialadäquanz eines Risikos eine Interessenabwägung zwischen der Größe des Risikos und den Zwecken, denen die entsprechenden Handlung dient.

18. Die kollidierenden Grundrechtspositionen und öffentlichen Belange sind nach Maßgabe des Verhältnismäßigkeitsgrundsatzes im Wege verhältnismäßiger Zuordnung zum Ausgleich zu bringen. Erforderlich ist somit eine umfassende Analyse und Bewertung nicht nur technischer Risiken, sondern auch sozialer und ökologischer Auswirkungen, für die die Entwicklung von Versorgungskonzepten erforderlich ist. Auf dieser Ebene kommt auch der vergleichenden Risikobetrachtung Bedeutung zu.

Die Verantwortung des Staates für den sicheren Betrieb kerntechnischer Anlagen

von Universitätsprofessor Dr. *Hans-Peter Schneider*

Inhaltsverzeichnis

Einleitung 117

A. *Aufgaben und Grenzen staatlicher Schadensvorsorge beim Betrieb kerntechnischer Anlagen* 119

I. Schadensvorsorge als Aufsichtsproblem 123
 1. Gefahrenabwehr und Risikovorsorge in der Aufsichtsphase 124
 2. Die Unterscheidung zwischen Genehmigungs- und Aufsichtsbehörden 127
 3. Schadensvorsorge in den Grenzen »praktischer Vernunft« 129
 4. «Restrisiko« und »Restrisikominderung« 135
 5. Einzel- oder Gesamtrisiko? 138
 6. Die Pflicht zur »dynamischen Schadensvorsorge« 141
 7. Eigenart und Umfang des Aufsichtsermessens 144

II. Nachrüstung als Gegenstand von Aufsichtsmaßnahmen 145
 1. Formen und Verfahren der Kernenergieaufsicht 146
 2. Systematik der Aufsichtsmittel 148
 3. Typische Nachrüstungsfälle 150
  a) Meinungsstand 150
  b) Verursacherprinzip 152
  c) Umgebungsänderung 153
  d) Erkenntnisfortschritt 154
  e) Wandel der Sicherheitskonzeption 155

III. Bestandsschutz und Entschädigung 158
 1. Eigenart und Grenzen des Bestandsschutzes 159
 2. Die Entschädigungsregelung des § 18 AtG 163

B. Rechtliche Möglichkeiten und Voraussetzungen staatlicher Aufsichtsmaßnahmen nach dem Atomgesetz   169

I. Aufhebung und Änderung atomrechtlicher Genehmigungen   170
     1. Obligatorischer Widerruf der Genehmigung (§ 17 Abs. 5 AtG)   170
     2. Fakultativer Widerruf der Genehmigung (§ 17 Abs. 3 AtG)   176
     3. Rücknahme der Genehmigung (§ 17 Abs. 2 AtG)   179
     4. Änderung der Genehmigung (§ 7 Abs. 2 AtG)   179

II. Nachträgliche Auflagen und Ordnungsverfügungen   180
     1. Nachträgliche Auflagen (§ 17 Abs. 1 Satz 3 AtG)   181
     2. Ordnungsverfügungen (§ 19 Abs. 3 AtG)   183
     3. Befugniskonkurrenzen in der Aufsichtsphase   187

Zusammenfassende Thesen   188

Einleitung

Nach der Katastrophe von Tschernobyl hat die Landesregierung von Nordrhein-Westfalen eine Sicherheitsüberprüfung aller im Lande befindlichen kerntechnischen Anlagen durchführen lassen. Das Ergebnis ist in einem umfangreichen Gutachten der Elektrowatt Ingenieurunternehmung GmbH (EWI), Mannheim, niedergelegt, dessen Empfehlungen bei den einzelnen Anlagen von mehr oder weniger bedeutsamen Reparaturen über Verbesserungen und konkrete Nachrüstungsmaßnahmen bis hin zu einer völligen Neubewertung bestimmter Sicherheitskonzepte reichen.

Für die Umsetzung dieser Empfehlungen und alle weiteren aus dem Gutachten zu ziehenden Konsequenzen steht, sofern sie von den Betreibern nicht freiwillig akzeptiert werden, den Genehmigungs- und Aufsichtsbehörden eine Reihe von rechtlichen Mitteln und Befugnissen zu Gebote, die sich vor allem aus den §§ 17 bis 19 des Atomgesetzes (AtG) ergeben. Gerade über die damit zusammenhängenden Fragen nach den gesetzlichen Grundlagen und Grenzen staatlicher Verantwortung für die Sicherheit in Betrieb befindlicher Kernreaktoren besteht jedoch erhebliche Unsicherheit. Insbesondere hat die Rechtsprechung hier noch nicht so klare Konturen gewonnen wie bei der Genehmigung nach § 7 Abs. 2 AtG. Auch das einschlägige Schrifttum äußert sich zwar hin und wieder bei abstrakten Themen, etwa im Zusammenhang mit Möglichkeit eines »Ausstiegs aus der Kernenergie«, zugleich über die Aufsichtsbefugnisse, schweigt sich hier jedoch über viele Probleme aus, die von großer Bedeutung für die Verwaltungspraxis sind.

Die vorliegende Abhandlung bemüht sich, diese Fragen – namentlich im Hinblick auf die Realisierung der Erkenntnisse aus dem EWI-Gutachten – unter Einbeziehung auch der verfassungsrechtlichen Aspekte (Grundrechtssicherung, staatliche Schutzpflichten etc.) möglichst praxisbezogen zu klären. Dabei standen nicht nur das Interesse an einer näheren Erläuterung von Begriffen wie Gefahr, Gefährdung, erhebliche Gefährdung, Gefahrenabwehr, Risikovorsorge, Schadensvorsorge, Restrisiko, (Rest-)Risikominderung und Besorgnispotential im Vordergrund, sondern vor allem die spezielle Frage,

»ob mögliche Schadensereignisse bei Altanlagen, gegen die nach dem Stand von Wissenschaft und Technik im Zeitpunkt ihrer Genehmigung keine Schadensvorsorge im Sinne von § 7 Abs. 2 Nr. 3 AtG zu treffen war und gegen die auch keine hierfür spezifischen anderen Vorkehrungen getroffen wurden, für die aber nach heutigem Sicherheitsstandard Maßnahmen der Schadensvorsorge im Sinne des § 7 Abs. 2 Nr. 3 AtG bzw. sonstige Maßnahmen zur Risikominderung getroffen werden, einen Tatbestand der ›erheblichen Gefährdung‹ im Sinne des § 17 Abs. 5 AtG darstellen«.

Im Laufe der Vorarbeiten zu dieser Untersuchung zeigte sich jedoch, daß jenes Sonderproblem einerseits nicht ohne eine gründliche Untersuchung der spezifischen Anforderungen an das Verwaltungshandeln im atomrechtlichen Genehmigungsverfahren (»Genehmigungsphase«) zu erörtern war und andererseits eine umfassende Analyse aller Entscheidungsmodalitäten der Genehmigungs- und Aufsichtsbehörden nach Inbetriebnahme einer kerntechnischen Anlage (»Aufsichtsphase«) einschließlich der Bestandsschutz-, Nachrüstungs- und Entschädigungsprobleme verlangte.

Zum ersten Problemkreis äußert sich Rudolf *Steinberg* in der vorstehenden, unter Mitwirkung von Gerhard Roller erarbeiteten Studie über »Atomrechtliche Schadensvorsorge und ›Restrisiko‹«, die in enger Abstimmung mit dem Autor dieses Beitrags entstanden ist und auf die für die Genehmigungsvoraussetzungen nach § 7 Abs. 2 AtG im wesentlichen Bezug genommen werden kann. Der zweite Komplex ist unter der Überschrift »Die Verwantwortung des Staates für den sicheren Betrieb kerntechnischer Anlagen« Gegenstand der nachfolgenden Ausführungen.

Dabei sind zunächst in einem allgemeinen Teil A Aufgaben und Grenzen staatlicher Schadensvorsorge beim Betrieb kerntechnischer Anlagen vor allem daraufhin zu untersuchen, welche verfassungsrechtlichen Maßstäbe in der Aufsichtsphase Beachtung verlangen, bevor im besonderen Teil B die einzelnen behördlichen Maßnahmen analysiert und zueinander in Beziehung gesetzt werden können.

Bei der Ausarbeitung hat sich gezeigt, daß in vieler Hinsicht Neuland betreten werden mußte, weil das Hauptaugenmerk der bisherigen Untersuchungen im Bereich des Atomrechts vorwiegend auf die Genehmigung kerntechnischer Anlagen gerichtet war, während die staatliche Aufsicht über im Betrieb befindliche Einrichtungen eher im Hintergrund des wissenschaftlichen Interesses stand. Es war daher auch nicht möglich, bestimmte Einzelfragen schon jetzt abschließend so zu klären, daß die Ergebnisse als in jeder Hinsicht unanfechtbar angesehen werden können. Dennoch ist die vorliegende Studie von dem Bemühen getragen, in jenem gerade hier durch mancherlei Erkenntnisinteressen verstellten »Labyrinth« von Meinungen und Gegenmeinungen Wege und Lösungen zu finden, die letztlich auch einer gerichtlichen Überprüfung entsprechender Behördenentscheidungen standhalten werden. Insofern soll die nachfolgende Abhandlung nicht nur den atomrechtlichen Aufsichtsbehörden Hilfestellung leisten, sondern auch der forensischen Praxis Orientierungsmöglichkeiten bieten.

A. Aufgaben und Grenzen staatlicher Schadensvorsorge beim Betrieb kerntechnischer Anlagen

Von dem Zeitpunkt an, in dem bei kerntechnischen Anlagen die erforderliche Betriebsgenehmigung nicht nur erteilt, sondern auch bestandskräftig geworden ist und die Anlage selbst in Betrieb genommen wird, üben staatliche Behörden die *Aufsicht* darüber aus, daß die Zwecke des Atomgesetzes vom 23. Dezember 1959 (BGBl. I S. 814) in der Fassung vom 15. Juli 1985 (BGBl. I S. 1565) – AtG – insbesondere nach § 1 Nr. 2 und 3 AtG gerade während des Dauerbetriebs erreicht werden. Aufgabe der Behörden in dieser »*Aufsichtsphase*« ist es daher, »Leben, Gesundheit und Sachgüter vor den Gefahren der Kernenergie und der schädlichen Wirkung ionisierender Strahlen zu schützen« sowie »zu verhindern, daß durch Anwendung oder Freiwerden der Kernenergie die innere oder äußere Sicherheit der Bundesrepublik Deutschland gefährdet wird«.
Diese Aufgabe wird gemeinhin als »Schadensvorsorge« (im weitesten Sinne) bezeichnet, die den Behörden gemäß § 7 Abs. 2 Nr. 3 AtG freilich auch schon in der »*Genehmigungsphase*« obliegt, wenn ein Antrag nach § 7 Abs. 1 AtG daraufhin geprüft wird, ob er die Genehmigungsvoraussetzungen des § 7 Abs. 2 AtG erfüllt. Allerdings scheint in bezug auf die »Prüfungsmaßstäbe« der Behörden zwischen der Genehmigungsphase einerseits und der Aufsichtsphase andererseits auf den ersten Blick ein wesentlicher Unterschied darin zu liegen, daß vor Erteilung einer Genehmigung potentielle Betreiber keinerlei Vertrauensschutz genießen, weil sie ja jederzeit auch mit einer Ablehnung ihres Antrags rechnen müssen, während bei einer genehmigten Anlage nicht nur die Genehmigung selbst irgendwann unanfechtbar wird und damit in »Bestandskraft« erwächst, sondern der Inhalt der Genehmigung ja gerade darin besteht, daß die betreffende Anlage *in der genehmigten Form auf Dauer* (das Atomgesetz kennt bei Genehmigungen nach § 7 keine Befristung; vgl. § 17 Abs. 1 Satz 4 AtG) betrieben werden darf.
Das Hauptproblem der gesamten Staatsaufsicht im Kernenergiebereich besteht deshalb darin, dem »Schutzzweck« des Atomgesetzes auch unter Bedingungen noch gerecht werden zu müssen, die Eingriffe in den genehmigten Betrieb einer kerntechnischen Anlage eigentlich nicht mehr erlaubten, wenn man der *Bestandskraft* der Genehmigung und dem *Bestandsschutz* der Anlage absoluten Vorrang einräumen würde. Bereits das Atomgesetz selbst ist jedoch einen anderen Weg gegangen: Es läßt nicht nur Modifikationen oder Ergänzungen der Genehmigung durch sog. »nachträgliche Auflagen« zu (§ 17 Abs. 1 Satz 3 AtG), sondern unter bestimmten Bedingungen auch die Rücknahme oder den

Widerruf der Genehmigung insgesamt (vgl. § 17 Abs. 2 bis 5 AtG). Darüber hinaus erlaubt es den Aufsichtsbehörden, »Anordnungen« (Ordnungsverfügungen) zu erlassen, um bei einer kerntechnischen Anlage rechtswidrige oder gefahrgeneigte Zustände zu beseitigen (vgl. § 19 Abs. 3 AtG). In den ersten drei Fällen tritt, wenn die tatbestandlichen Voraussetzungen jener Bestimmungen vorliegen, das Vertrauen auf den Bestand der Genehmigung selbst, im letzteren Fall nur in den unveränderten Weiterbetrieb der genehmigten Anlage hinter den Erfordernissen der Schadensvorsorge nach Maßgabe des atomgesetzlichen Schutzzwecks zurück.

Auf dem Boden dieser an sich recht klaren und unumstößlichen Rechtslage wird jedoch ein heftiger Streit darüber geführt, ob und wie bei der Auslegung jener Vorschriften einerseits dem Aspekt des Bestandsschutzes, dessen Durchbrechung sie gerade vorsehen, wiederum verstärkt Rechnung getragen werden kann, muß oder darf, und inwieweit andererseits der Lebens-, Gesundheits- und Sachgüterschutz, dem die Aufsicht in erster Linie zu dienen hat, dabei um des Bestandsschutzes willen im Interesse der Betreiber eher vernachlässigt werden soll. Ein Teil der Autoren behandelt die damit zusammenhängenden Fragen direkt unter dem Titel »*Bestandsschutz*«[1]. Andere wenden sich dieser Thematik mehr aus grundsätzlichen Erwägungen eines eventuellen »*Ausstiegs aus der Kernenergie*« von Fall zu Fall über die aufsichtsbehördlichen Befugnisse (namentlich durch Widerruf oder Rücknahme der Betriebsgenehmigung) zu[2]. Eine dritte Gruppe schließlich erörtert die gleichen Probleme eher unter verwaltungspraktischen Gesichtspunkten der Zulässigkeit und aufsichtsbehördlichen Durchsetzbarkeit erforderlicher »*Nachrüstungsmaßnahmen*« bei sog. Altanlagen[3]. Für alle drei Ansätze geht es in diesem Zusammenhang naturgemäß – erklärtermaßen oder unausgesprochen – bei Eingriffen in den Bestand

---

1 Vgl. *J. Backherms/G. Butze/B. Kuckuck*, Bestandsschutz und wesentliche Änderungen, in: Sechstes Deutsches Atomrechts-Symposium, Köln 1980, S. 173 ff., 197 ff., 205 ff.; *Roßnagel*, JZ 1986, S. 716 ff.; *F. J. Schmitt*, Bestandsschutz für Kernenergieanlagen, in: Achtes Deutsches Atomrechts-Symposium, München 1989 (noch unveröfffentl. Vortrag).

2 Vgl. *K. Lange*, Rechtliche Aspekte eines »Ausstiegs aus der Kernenergie«, in: NJW 1986, S. 2459 ff.; *R. Lukes*, Rechtsfragen eines Verzichts auf die friedliche Nutzung der Kernenergie, in: BB 1986, S. 1305 ff.; *H. Wagner*, Ausstieg aus der Kernenergie durch Verwaltungsakt?, in: DÖV 1987, S. 524 ff.; *B. Bender*, Abschied vom Atomstrom? in: DÖV 1988, S. 813 ff.; dazu auch *Roßnagel*, JZ 1986, S. 716 ff.

3 Vgl. *H. Scharnhoop/K. Hansmann/D. Kuhnt*, Nachträgliche Berücksichtigung der Änderungen von Wissenschaft und Technik oder der Umgebung bei einer genehmigten Kernkraftanlage einschließlich Entschädigungsfragen, in: Erstes Deutsches Atomrechts-Symposium, Köln 1973, S. 131 ff., 151 ff., 157 ff.; *B. Richter*, Nachrüstung von Kernkraftwerken, Köln 1985.

der Genehmigung immer zugleich auch um Fragen der »*Entschädigung*«, die den wirtschaftlichen Bestandsschutz nach der klassischen Formel des »Dulde und liquidiere!« zu realisieren erlaubt (vgl. § 18 AtG)[4].

Versucht man, sich in jenem fast undurchdringlichen Dickicht der Meinungen einen Gesamtüberblick zu verschaffen und die verschiedenen Positionen danach zu ordnen, auf welcher Ebene der Argumentation sie den Aspekt des Bestandsschutzes ansetzen, so ergibt sich folgendes Bild: Einige sind der Auffassung, daß schon auf der »*Tatbestandsstufe*« der behördliche Prüfungsauftrag in der Aufsichtsphase aus Gründen des Bestandsschutzes weniger weit reicht als in der Genehmigungsphase. Sie wollen entsprechende Maßnahmen daher nur zur Abwehr von Gefahren, nicht aber zur Risikovorsorge und erst recht nicht zur Minderung des sog. Restrisikos zulassen. Diese Ansicht wird trotz des »Wyhl-Urteils« des Bundesverwaltungsgerichts, das bei der »Schadensvorsorge« nicht mehr zwischen Gefahrenabwehr und Risikovorsorge trennt, sondern ein *Kontinuum* von der Gefahr bis zum Restrisiko sich allmählich abschwächender »Besorgnispotentiale« annimmt[5], zumindest im Schrifttum nach wie vor mehrheitlich nicht nur für diejenigen Aufsichtstatbestände vertreten, in denen der Begriff »Gefahr« oder »Gefährdung« (anders als bei § 7 Abs. 2 Nr. 3 AtG) ausdrücklich vorkommt, sondern auch für »nachträgliche Auflagen«, die in § 17 Abs. 1 Satz 3 AtG außer der allgemeinen Bezugnahme auf die Schutzzwecke des Atomgesetzes nach § 1 Nr. 2 und 3 an keinerlei weitere Voraussetzungen geknüpft sind[6].

Andere Autoren siedeln den Bestandsschutz erst auf der »*Ermessensstufe*« an und bestreiten überall da, wo das Gesetz den Aufsichtsbehörden einen

---

4 Vgl. außer den oben Genannten auch *H. Scharnhoop*, Zur Revision des § 18 Atomgesetz. Eine Bestandsaufnahme zum Problem der nachträglichen Belastung begünstigender Verwaltungsakte im industriellen Sicherheitsrecht, in: DVBl. 1975, S. 157 ff., sowie *H. Fischerhof*, Zur Revision des § 18 Atomgesetz. Eine Erwiderung auf den Aufsatz von Scharnhoop, in: DVBl. 1975, S. 330 ff.
5 BVerwGE 72, 300, 315 f. = NVwZ 1986, 208; Näheres dazu unten A I, 3.
6 So vor allem *Richter*, a.a.O., S. 66: »Eine Übertragung der für die Gefahrenabwehr entwickelten Schrankenregelungen, Art. 14 Abs. 1 Satz 2 GG, auf den Bereich der Risikovorsorge ist daher nicht möglich, so daß die Zulässigkeit nachträglicher Auflagen in diesem Bereich durch das Eigentumsgrundrecht der Genehmigungsinhaber geprägt wird«. Ähnlich auch *Rengeling*, DVBl. 1988, S. 257 ff., 260: »Allerdings kann der Zusammenhalt der Regelungen der §§ 1, 7 und 17 AtG nicht dazu führen, die Formulierung ›zur Erreichung der in § 1 Nrn. 2 und 3 AtG bezeichneten Zwecke« mit der Formulierung ›nach dem Stand von Wissenschaft und Technik erforderlichen Vorsorge‹ gemäß § 7 Abs. 2 Nr. 3 AtG zu identifizieren; dabei bliebe fälschlicherweise der Bestandsschutz außer Betracht«. Vgl. schließlich *Backherms*, in: 6. AtRS 1979, S. 178.

entsprechenden Handlungs- und Entscheidungsspielraum zugesteht (wie bei § 17 Abs. 1 Satz 3, Abs. 2 und 3 sowie bei § 19 Abs. 1 Satz 3 AtG) insoweit, bezogen auf den konkreten Fall, schon das »Ob« von Eingriffen in den genehmigten Bestand der kerntechnischen Anlage. Damit wird den Behörden in der Aufsichtsphase letztlich eine erhöhte Begründungslast aufgebürdet[7].

Wieder andere bringen den Bestandsschutzaspekt erst auf der *»Abwägungsstufe«* zur Geltung, indem sie bei der Verhältnismäßigkeitsprüfung die Zumutbarkeit einer bestimmten Maßnahme in Zweifel ziehen und so das »Wie« der Behördenentscheidung im Rahmen der Mittel-Zweck-Relation (Verhältnismäßigkeit im engeren Sinne) einer Rechtsprüfung unterwerfen. Dabei werden etwa für Nachrüstungsmaßnahmen in bezug auf die verschiedenen Instrumente, die das Atomgesetz den Aufsichtsbehörden zur Verfügung stellt, nicht selten Differenzierungen nach den einzelnen Ursachen vorgenommen und bestimmte Fallgruppen gebildet (Umgebungsänderung, fortschreitender Stand von Wissenschaft und Technik, Erhöhung der Sicherheitsstandards), für die je nach Interessenlage unterschiedliche Kriterien maßgebend sein sollen[8].

Vielfach werden diese drei Argumentationsebenen jedoch auch kombiniert, ja sogar dergestalt miteinander vermischt, daß der *Bestandsschutz* letzten Endes zum *entscheidenden Auslegungsprinzip* aller Aufsichtsbefugnisse avanciert und dadurch der behördliche Handlungsspielraum gerade bei der Verfolgung des Schutzzwecks nach § 1 Nr. 2 AtG erhebliche Einbußen erleidet. Bevor dieser Problematik weiter nachgegangen werden kann, soll zunächst auf der Tatbestandsstufe die Frage untersucht werden, wie weit die Aufgabe der »Schadensvorsorge« in der Aufsichtsphase eigentlich reicht und ob sie insbesondere über eine bloße Gefahrenabwehr hinausgeht (I). Sodann wird unter Ermessensaspekten das Spektrum der verschiedenen aufsichtsbehördlichen Handlungsalternativen in den Blick genommen und auf die einzelnen Nachrüstungsfälle bezogen (II). Erst auf dieser Grundlage kann schließlich geklärt werden, welche konkrete Bedeutung dem Bestandsschutzargument in der Aufsichtsphase zukommt und wann bzw. wofür bei aufsichtsbehördlichen Maßnahmen Entschädigung zu leisten ist (III).

---

7 In diesem Sinne wohl vor allem *Wagner*, DÖV 1987, S. 527 f., der den fakultativen Widerruf einer Genehmigung bereits für neue wissenschaftliche Erkenntnisse ausschließen möchte, erst recht aber für eine »allgemeine Neubewertung der Gefahrenlage«.

8 So statt anderer *Haedrich*, a.a.O., 1986, Anm. 7 d, aa) zu § 17; ähnlich auch *Kuckuck*, 6. AtRS 1979, S. 211 ff.

I. Schadensvorsorge als Aufsichtsproblem

Der Schutzzweck des Atomgesetzes, wie er sich aus § 1 Nrn. 2 und 3 AtG ergibt, erstreckt sich vor allem auf »*Gefahren der Kernenergie*« für »Leben, Gesundheit und Sachgüter«, die sich aus dem *Betrieb* kerntechnischer Anlagen ergeben können. Daher liegt die Hauptlast dauerhafter Verwirklichung dieses Schutzzwecks weniger bei den Genehmigungsinstanzen als vielmehr bei den Aufsichtsbehörden. Schon aus diesem Grunde wäre es fast paradox, wenn die Verteilung der staatlichen Verantwortung für die Sicherheit kerntechnischer Anlagen allein aus Gründen des Bestandsschutzes nach dem Atomgesetz so vorgenommen werden müßte, daß im Genehmigungsverfahren nach § 7 Abs. 2 AtG höhere und weitergehende Anforderungen maßgeblich wären als in der nachfolgenden Aufsichtsphase, mit deren Beginn die vom Schutzzweck her zu bekämpfenden Gefahren durch die Inbetriebnahme der Anlage eigentlich überhaupt erst entstehen können.

Schon diese Vorüberlegung zeigt, daß viel dafür spricht, die Begriffe der atomrechtlichen Gefahr, Gefährdung und Gefahrenabwehr sowie der Risikovorsorge, des Restrisikos und der (Rest-)Risikominderung, wie sie für das Genehmigungsverfahren im Rahmen von § 7 Abs. 2 Nr. 3 AtG entwickelt worden sind, grundsätzlich auch für das Verwaltungshandeln in der Aufsichtsphase zu übernehmen, sofern sich aus den Einzeltatbeständen der §§ 17 bis 19 AtG nichts anderes ergibt. Ob und inwieweit eine solche »analoge« Übertragung möglich ist, muß freilich noch eingehender untersucht werden (1.). Damit stellt sich aber zugleich dasselbe Problem in formeller und verfahrensmäßiger Hinsicht, nämlich mit welcher Begründung in der Aufsichtsphase eigentlich zwischen Genehmigungsbehörden einerseits, denen all jene Aufgaben obliegen sollen, die mit der Genehmigung und ihrem Inhalt selbst direkt zusammenhängen (Rücknahme, Widerruf und nachträgliche Auflagen), und Aufsichtsinstanzen andererseits, die »nur« ordnungsbehördliche Funktionen wahrnehmen (Anordnung nach § 19 Abs. 3 AtG), noch sinnvoll unterschieden werden kann (2.).

Für eine Neuorientierung der gesamten überkommenen Begrifflichkeit zur atomrechtlichen Schadensvorsorge, vor allem für eine Revision der bisherigen Unterscheidung zwischen Gefahrenabwehr und Risikovorsorge bei § 7 Abs. 2 Nr. 3 AtG scheint auch das »Wyhl-Urteil« des Bundesverwaltungsgerichts zu sprechen (3.). Auf seiner Grundlage ist dann weiter zu prüfen, wo der Bereich des sog. »Restrisikos« beginnt und welche Bedeutung für dessen Abgrenzung gegenüber der Schadensvorsorge Probabilitätsgesichtspunkte haben (4.). Ein zusätzliches Problem liegt darin, daß in der Genehmigungsphase bei § 7 Abs. 2 AtG nur ein sog. Versagungsermessen im Bereich der Risikovorsorge und

Restrisikominderung besteht, während die Aufsichtsbefugnisse überwiegend auf »Kann«-Vorschriften beruhen und sich von daher die Frage nach einem generellen Aufsichtsermessen in bezug auf das »Ob« des Einschreitens stellt, worin dann ein erheblicher Unterschied zu den sehr viel engeren Handlungsspielräumen in der Genehmigungsphase läge (5.).

Außerdem ist zu untersuchen, ob Aufsichtsmaßnahmen im Einzelfall an konkreten Einzelrisiken einer kerntechnischen Anlage ausgerichtet sein müssen und welche Bedeutung dabei dem »Gesamtrisiko« des Betriebes zukommt (6.). Für Art und Umfang der aufsichtsbehördlichen Schadensvorsorge ist nicht zuletzt auch noch jene verfassungsrechtliche Dimension einzubeziehen und auszuleuchten, die sich aus dem Gebot des »dynamischen Grundrechtsschutzes« und den damit zusammenhängenden staatlichen Schutzpflichten ergibt (7.).

1. *Gefahrenabwehr und Risikovorsorge in der Aufsichtsphase*

a) Bei der Genehmigung kerntechnischer Anlagen obliegt den zuständigen Verwaltungsbehörden gemäß § 7 Abs. 2 Nr. 3 AtG die Aufgabe der »*bestmöglichen Gefahrenabwehr und Risikovorsorge*« gegen potentielle Schäden, die sich aus der Errichtung, dem Betrieb oder der Stillegung einer Anlage ergeben können[9].

Wenn auch über Inhalt und Tragweite dieser Formel im einzelnen hier und dort noch Unklarheiten bestehen mögen, so ist man sich doch darin einig, daß sie den gesamten Bereich der erforderlichen Schadensvorsorge im Sinne von § 7 Abs. 2 Nr. 3 AtG abdeckt, der von »konkreten Gefahren« im polizeirechtlichen Sinn über »abstrakte Gefährdungslagen« bis hin zur sog. »Risikovorsorge« reicht (unter Ausschluß lediglich eines unentrinnbar hinzunehmenden »Restrisikos«)[10].

Zu prüfen ist nunmehr, ob diese Pflicht zur Schadensvorsorge in gleichem Umfang die Behörden auch nach Erteilung der Betriebsgenehmigung und nach Inbetriebnahme der Anlage trifft oder ob davon – etwa im Hinblick auf den Bestandsschutz der Genehmigung – schon auf der Tatbestandsebene Abstriche vorzunehmen sind.

---

9 So die klassische Formulierung im »Kalkar-Urteil« des Bundesverfassungsgerichts von 1978 (BVerfGE 49, 89, 138 f.: »Insbesondere mit der Anknüpfung an den jeweiligen Stand von Wissenschaft und Technik legt das Gesetz damit die Exekutive normativ auf den Grundsatz der bestmöglichen Gefahrenabwehr und Risikovorsorge fest«.

10 So bereits *Breuer*, DVBl. 1978, S. 829 ff.; seither ihm folgend die ganz überwiegende Meinung in Rechtsprechung und Literatur. Vgl. dazu insbes. auch *Steinberg*, Schadensvorsorge, oben, Kap. I, 1 b und 2 (m.w.Nachw.).

b) Da § 7 Abs. 2 Nr. 3 AtG als Genehmigungsnorm für die Aufsichtsphase nicht direkt gilt, stellt sich die Frage, ob eine *analoge Anwendung* möglich, ja unter Umständen sogar *zwingend geboten* ist. Sowohl § 7 Abs. 2 Nr. 3 AtG einerseits als auch die §§ 17 bis 19 AtG andererseits stehen keineswegs isoliert und unverbunden nebeneinander, sondern konkretisieren gleichermaßen die Schutzzwecke aus § 1 Nr. 2 und 3 AtG und befinden sich damit in einem *Systemzusammenhang*, der es nahelegt, das aufsichtsbehördliche Handeln an denselben »Grundsätzen« auszurichten, die bereits für das Genehmigungsverfahren maßgebend waren[11].

Das leuchtet für die *nachträgliche Auflage* gemäß § 17 Abs. 1 Satz 3 AtG unmittelbar ein, der direkt auf die Schutzzwecke des § 1 Nr. 2 und 3 AtG verweist und demzufolge im Lichte dieser Schutzzwecke »parallel« zu § 7 Abs. 2 Nr. 3 AtG gesehen werden muß[12]. Die dort verlangte »erforderliche Vorsorge gegen Schäden« entspricht also im wesentlichen der »Erforderlichkeit« von nachträglichen Auflagen nach § 17 Abs. 1 Satz 3 AtG zur Verwirklichung der Schutzzwecke des § 1 Nr. 2 und 3 AtG.

Bei der *Rücknahme* (§ 17 Abs. 2 AtG) ebenso wie beim *fakultativen* Widerruf (§ 17 Abs. 3 Nr. 2 AtG) nimmt das Gesetz direkt auf die »Genehmigungsvoraussetzungen« und damit auch auf § 7 Abs. 2 Nr. 3 AtG Bezug. Erstere ist zulässig, wenn sich nach Erteilung der Genehmigung herausstellt, daß »eine ihrer Voraussetzungen« von Anfang an fehlte (ursprüngliche Rechtswidrigkeit). Ein fakultativer Widerruf kommt dagegen in Betracht, »wenn eine ihrer Voraussetzungen später weggefallen ist und nicht in angemessener Zeit Abhilfe geschaffen wird« (nachträgliche Rechtswidrigkeit). In beiden Fällen reicht also eine *ungenügende Schadensvorsorge* entsprechend § 7 Abs. 2 Nr. 3 AtG aus, um in der Aufsichtsphase behördlicherseits tätig werden und die jeweils vorgesehenen Maßnahmen ergreifen zu können.

Nichts anderes gilt auch für *Ordnungsverfügungen* bzw. Anordnungen nach § 19 Abs. 3 AtG, wo mit den Worten »Gefahren für Leben, Gesundheit und Sachgüter« nahezu die gleiche Formulierung benutzt wird wie bei § 1 Nr. 2 AtG, in dessen Dienst auch das Vorsorgegebot des § 7 Abs. 2 Nr. 3 AtG steht.

---

11 *Kuckuck*, 6. AtRS 1979, S. 211 ff., spricht sogar von einem »Wirkungszusammenspiel der §§ 7, 1 und 17 AtG«.
12 So vor allem *Richter*, a.a.O., S. 20: »Die Stellung des § 17 Abs. 1 Satz 3 AtG innerhalb des Atomgesetzes wird durch seine Aufgabe bestimmt. Sie besteht – wie die Verweisung auf die Schutzzwecke des § 1 Ziff. 2 und 3 AtG zeigt – in dem Schutz vor den Gefahren und Risiken, die von der Anlage ausgehen können. Damit dient § 17 Abs. 1 Satz 3 AtG den gleichen Zwecken wie § 7 Abs. 2, insbesondere § 7 Abs. 2 Ziff. 3 AtG«. Ähnlich auch *Schmitt*, 8. AtRS 1989, S. 17 (Manuskript).

In beiden Fällen ist nach einhelliger Ansicht nicht der enge polizeirechtliche, sondern der weite atomrechtliche Gefahrenbegriff gemeint, der das gesamte Spektrum der erforderlichen Schadensvorsorge umfaßt[13].

Selbst wenn schließlich der *obligatorische Widerruf* gemäß § 17 Abs. 5 AtG wegen des dort verwendeten Tatbestandsmerkmals der »erheblichen Gefährdung« an wesentlich engere Voraussetzungen geknüpft sein sollte als die übrigen Maßnahmen in der Aufsichtsphase[14], läßt sich nicht leugnen, daß auch dieses »schärfste Schwert« der Behörden dem Ziel der erforderlichen Schadensvorsorge im Sinne der Schutzzwecke des Atomgesetzes zuzuordnen ist, womit freilich noch nichts über dessen Einsatzmöglichkeit im konkreten Fall ausgesagt sein soll, die selbstverständlich von weiteren Voraussetzungen (etwa einer »Erheblichkeit« der Gefährdung) abhängen kann (vgl. dazu auch unten Teil B I).

c) Insgesamt ist daher festzustellen, daß sich die nicht nur aus § 7 Abs. 2 Nr. 3 AtG folgende, sondern bereits aus den Schutzzwecken des § 1 Nr. 2 und 3 AtG abzuleitende, allgemeine Pflicht der Verwaltungsbehörden zur »bestmöglichen Gefahrenabwehr und Risikovorsorge« jedenfalls tatbestandlich gleichermaßen auf die Genehmigungs- wie auf die Aufsichtsphase erstreckt. Die Behörden haben eine kerntechnische Anlage nicht nur im Stadium der Errichtung, sondern erst recht und verstärkt nach Inbetriebnahme ständig daraufhin zu überwachen, ob die *erforderliche Schadensvorsorge* (noch) gewährleistet ist, und gegebenenfalls grundsätzlich nach denselben Maßstäben wie im Genehmigungsverfahren die notwendigen Vorkehrungen für ihre Sicherheit zu treffen.

Dem kann und darf nicht schon auf der »Tatbestandsebene« das Prinzip des Bestandsschutzes entgegengehalten werden[15]. Denn sonst würden die Eingriffsbefugnisse der Überwachungsbehörden bereits durch eine restriktive, am Bestandsschutz orientierte Auslegung der Tatbestandsvoraussetzungen verkürzt,

---

13 Vgl. statt anderer *Lukes*, BB 1986, S. 1309, zu § 19 Abs. 3 Satz 1: »Die Gefahren ionisierender Strahlen, die sich aus der jeweiligen Anlage ergeben, sind durch die genehmigte Beschaffenheit der Anlage bis hin zur Grenze des vom Gesetzgeber zulässigerweise vorgesehenen sog. ›Restrisikos‹ abgedeckt«.
14 So jedenfalls die bisherige Rechtsprechung: vgl. zuletzt OVG Münster, Urteil vom 19.12.1988 (- 21 AK 8/88 -), Umdruck S. 9 f.; VGH Kassel, Urteil vom 28.06.1989 (- 8 Q 2809/88 -), Umdruck S. 22 ff.
15 So aber wohl *Rengeling*, DVBl. 1988, S. 260, unter Hinweis auf eine offenbar mißverstandene Passage bei *Richter*, a.a.O., S. 20, der die »Besonderheiten des § 17 AtG«, namentlich Umfang und Grenzen des Bestandsschutzes, lediglich *neben* den tatbestandlichen Voraussetzungen, also zusätzlich, berücksichtigt wissen will; dagegen ist nichts einzuwenden.

während ihre Ausübung im Einzelfall – schon mit Rücksicht auf das Verhältnismäßigkeitsprinzip – zunächst einmal für sich genommen geeignet und erforderlich sein muß, um einen möglichen Schaden zu verhüten[16].
Die Erteilung einer Anlagengenehmigung nach § 7 Abs. 1 AtG verschafft also nur eine *relative* Rechtsposition, nämlich die Berechtigung, eine kerntechnische Anlage im Rahmen der jeweils erforderlichen Schadensvorsorge zu betreiben. Ihr konkreter Inhalt ergibt sich erst aus dem Zusammenspiel der verschiedenen Anforderungen des § 1 Nr. 2 und 3 AtG an § 7 Abs. 2 AtG einerseits und an §§ 17 bis 19 AtG andererseits. In diesem prinzipiellen *Vorrang* der erforderlichen Schadensvorsorge zumindest vor dem rechtlichen, bis zu einem gewissen Grade aber auch vor dem wirtschaftlichen Bestandsschutz liegt nicht zuletzt auch der Sinn des Gedankens der »Betreiberverantwortung«, wie sie den Befugnissen der Genehmigungs- und Aufsichtsbehörden vor- und zugeordnet ist.

2. *Die Unterscheidung zwischen Genehmigungs- und Aufsichtsbehörden in der »Aufsichtsphase«*

a) Im Hinblick auf die sowohl systematisch, als auch teleologisch begründete Parallelität von Genehmigungsvoraussetzungen im Sinne des § 7 Abs. 2 Nr. 3 AtG und den Tatbestandsvoraussetzungen der §§ 17 bis 19 AtG sowie angesichts der damit wesentlich auf das gleiche Ziel: nämlich auf die Gewährleistung einer »bestmöglichen Gefahrenabwehr und Risikovorsorge« hin ausgerichteten Verwaltungstätigkeit stellt sich die Frage, ob zwischen Genehmigungs- und Aufsichtsbehörden bei kerntechnischen Anlagen überhaupt noch sinnvoll unterschieden werden kann oder sollte. Betrachtet man dabei im übrigen nur die Aufsichtsphase allein, dann spitzt sich das Problem dadurch noch weiter zu, daß hier nicht nur die Entscheidungsgrundlagen, sondern auch die konkreten staatlichen Kontrollbefugnisse in vielerlei Hinsicht aufeinander bezogen und miteinander verschränkt sind.

b) Als Eingriffe in den Bestand der Genehmigung gelten vor allem deren Rücknahme und Widerruf. Aber auch die nachträgliche Auflage modifiziert den ursprünglichen Genehmigungsinhalt und fällt daher – ebenso wie Rücknahme und Widerruf – zusammen mit der förmlichen Änderungsgenehmigung in den Zuständigkeitsbereich der Genehmigungsbehörden. Andererseits besitzen aber

---

16 So auch *Kuckuck*, 6. AtRS 1979, S. 211: »Die Rechtsposition aus dem Atomgesetz folgt dessen Vorsorgeschutzzweck«.

auch die Aufsichtsbehörden (im engeren Sinn) nach § 19 Abs. 3 AtG Kontrollbefugnisse, die sich auf die Genehmigung beziehen und sie ermächtigen, einen rechts- und/oder genehmigungswidrigen Zustand festzustellen und dessen Beseitigung anzuordnen. Rechtswidrig ist aber der Zustand einer kerntechnischen Anlage auch dann, wenn etwa eine Genehmigungsvoraussetzung nachträglich entfallen ist und nicht in angemessener Zeit Abhilfe geschaffen wird. Damit liegen dann aber gleichzeitig die Tatbestandsvoraussetzungen eines fakultativen Widerrufs nach § 17 Abs. 3 Nr. 2 AtG vor, für den nicht die Aufsichts-, sondern die Genehmigungsbehörde zuständig ist. Beide müssen sich also eng miteinander darüber abstimmen, wer, wann, wie in welcher Form und mit welchem Ziel handeln soll.

Noch schwerer voneinander zu trennen sind Ordnungsverfügungen nach § 19 Abs. 3 AtG und nachträgliche Auflagen gemäß § 17 Abs. 1 Satz 3 AtG. Jedenfalls dann, wenn die Voraussetzungen für eine Anordnung von Schutzmaßnahmen nach § 19 Abs. 3 Nr. 1 AtG durch die Aufsichtsbehörde vorliegen, könnte der jeweilige rechtswidrige oder gefahrenträchtige Zustand auch durch eine nachträgliche Auflage der Genehmigungsbehörde beseitigt werden. Welche der beiden Maßnahmen ergriffen wird oder ergriffen werden darf, kann vielfach nur aufgrund umfangreicher Sachverhaltsermittlungen und komplexer Interessenabwägungen entschieden werden, die eigentlich in einer Hand liegen müßten. All diese Beispiele zeigen, daß für die Aufsichtsphase nicht nur im Hinblick auf die Pflicht des Staates, die »erforderliche Schadensvorsorge« zu gewährleisten, die gleichen materiell-rechtlichen Grundsätze gelten wie für die Genehmigungsphase, sondern daß auch aus *verfahrensrechtlicher* Perspektive in der Aufsichtsphase selbst zwischen den Zuständigkeiten der Genehmigungsbehörden einerseits und denen der Aufsichtsbehörden andererseits mannigfache Handlungszusammenhänge und Kompetenzüberschneidungen existieren.

c) Somit kann in der Aufsichtsphase zwar vielleicht noch institutionell und organisatorisch, nicht aber mehr funktionell zwischen Genehmigungs- und Aufsichtsbehörden unterschieden werden. Im Hinblick auf die gemeinsame Aufgabe beider, nach Inbetriebnahme einer kerntechnischen Anlage bei ihr nun sogar verstärkt die »erforderliche Schadensvorsorge« sicherzustellen, müssen auch Eingriffe in den Bestand der Genehmigung (etwa durch Rücknahme oder Widerruf) oder nachträgliche Inhaltsänderungen (etwa durch Auflagen oder durch behördlicherseits »angeregte« Änderungsgenehmigungen) zu den *Aufsichtsmitteln* (im weitesten Sinne) gerechnet werden, die vergleichbare Wirkungen entfalten, sich wechselseitig ergänzen und daher – weil bis zu einem gewissen Grade austauschbar – eng aufeinander bezogen sind.

3. *Schadensvorsorge in den Grenzen »praktischer Vernunft«*

a) Der Funktionszusammenhang von materiell-rechtlichen Handlungszwecken und verfahrensrechtlichen Handlungsinstrumenten nicht nur zwischen der Genehmigungs- und Aufsichtsphase an sich, sondern innerhalb der letzteren auch zwischen Genehmigungs- und Aufsichtsbehörden findet seine sachliche Rechtfertigung vor allem darin, daß sich die staatliche Verpflichtung, beim Betrieb kerntechnischer Anlagen *jederzeit* die erforderliche Schadensvorsorge zu gewährleisten, gleichermaßen auf den Bereich der Gefahrenabwehr ebenso wie der Risikovorsorge erstreckt. Nachdem lange Zeit erhebliche Unklarheit darüber herrschte, wie der Begriff der »Gefahr« im atomrechtlichen Sinne zu bestimmen sei, und man sich letztlich zu der Unterscheidung zwischen »Gefahrenabwehr« bei drohenden Rechtsgutsverletzungen und bloßer »Risikovorsorge« bei nur hypothetisch denkbaren Stör- oder Unfällen mit bisher nicht erkannter Gefahrenqualität durchgerungen hatte[17], ist inzwischen mit dem »*Wyhl-Urteil*« des Bundesverwaltungsgerichts insofern eine Wende eingetreten, als darin die klassische Formel des »Kalkar-Urteils« von der »bestmöglichen Gefahrenabwehr *und* Risikovorsorge«[18] beim Wort genommen und in prinzipieller *Gleichsetzung* beider Aufgabenbereiche kein qualitativer Unterschied mehr zwischen ihnen für das Verwaltungshandeln behauptet wird. »Gefahren *und* Risiken müssen«, so heißt es dort mit Bezug auf § 7 Abs. 2 Nr. 3 AtG, »praktisch ausgeschlossen sein; das insoweit erforderliche Urteil hat sich am ›Stand von Wissenschaft und Technik‹ zu orientieren. Unsicherheiten bei der Risikoermittlung und Risikobewertung ist nach Maßgabe des sich daraus ergebenden *Besorgnispotentials* durch hinreichend konservative Annahmen Rechnung zu tragen«[19].

Das Bundesverwaltungsgericht *erweitert* damit ausdrücklich den herkömmlichen Gefahrenbegriff in Richtung auf den Bereich, der bislang – davon getrennt und vom Merkmal der »Erforderlichkeit« her mit geringerem Eingriffsbedarf und höheren Eingriffsschwellen bedacht – abschwächend als bloße »Risikovorsorge« bezeichnet worden ist:

> »Vielmehr müssen auch solche Schadensmöglichkeiten in Betracht gezogen werden, die sich nur deshalb nicht ausschließen lassen, weil nach dem derzeitigen Wissensstand bestimmte Ursachenzusammenhänge weder bejaht noch verneint werden können und daher insoweit noch keine Gefahr, sondern nur ein Gefahrenverdacht oder ein ›Besorgnispotential‹ besteht. Vorsorge bedeutet des weiteren, daß bei der Beurteilung

---

17 Grundlegend dazu *Breuer*, DVBl. 1978, S. 832 ff.; ihm folgend BVerfGE 49, 89, 134 ff.
18 So BVerfGE 49, 89, 143; 53, 30, 58 f.
19 BVerwGE 72, 300, 316 (Herv.d.Verf.).

von Schadenswahrscheinlichkeiten nicht allein auf das vorhandene ingenieurmäßige Erfahrungswissen zurückgegriffen werden darf, sondern Schutzmaßnahmen auch anhand ›bloß theoretischer‹ Überlegungen und Berechnungen in Betracht gezogen werden müssen, um Risiken aufgrund noch bestehender Unsicherheiten oder Wissenslücken hinreichend zuverlässig auszuschließen« (ebenda, S. 315).

Mit dieser Ausdehnung des atomrechtlichen Gefahrenbegriffs auch auf den Bereich der »Risikovorsorge« ist das Bundesverwaltungsgericht praktisch zu einem *einheitlichen Vorsorgebegriff* gelangt, der den gesamten Bereich der »erforderlichen Schadensvorsorge« nicht nur im Sinne von § 7 Abs. 2 Nr. 3 AtG, sondern – wie bereits dargelegt – auch für Maßnahmen in der Aufsichtsphase nach §§ 17 bis 19 AtG abdeckt.

Damit ist freilich nicht gesagt, daß der bisherigen Unterscheidung zwischen »Gefahrenabwehr« und »Risikovorsorge« im Atomrecht überhaupt keine Bedeutung mehr zukommt. Sie hat lediglich als *systematisches* Differenzierungskriterium ausgedient, nach dem bestimmte Sicherheitsvorkehrungen oder Aufsichtsmaßnahmen von vornherein für unzulässig gehalten wurden, wenn sie nicht der Gefahrenabwehr, sondern »nur« der Risikovorsorge galten. Als *analytische* Kategorie bleibt sie selbstverständlich zumindest für alle Abwägungsprozesse nach dem Verhältnismäßigkeitsgrundsatz auch in der Aufsichtsphase weiterhin maßgebend. Sogar im Bereich der Risikovorsorge ist daher keine Maßnahme schon ihrer Natur nach von vornherein ausgeschlossen, sondern lediglich im Einzelfall aus Gründen der Verhältnismäßigkeit entweder schon gar nicht erforderlich oder aufgrund einer Mittel/Zweck-Relation dem Betreiber nicht zumutbar.

b) Geht man bei den weiteren Überlegungen von diesem im »Wyhl-Urteil« bereits angelegten einheitlichen Begriff der »erforderlichen Schadensvorsorge« auch für die Aufsichtsphase aus, so stellt sich nunmehr die Frage, wie weit in dieser Hinsicht die staatliche Verantwortung reicht, d.h. gegen welche Gefahren oder Risiken *zwingend* Vorsorge zu treffen ist. Auch hierzu finden sich bereits erste Andeutungen im »Kalkar-Urteil«: Unter erneutem Hinweis auf den bereits mehrfach zitierten Aufsatz von *Breuer* verlangt das Bundesverfassungsgericht im Sinne der »bestmöglichen Gefahrenabwehr und Risikovorsorge« Vorkehrungen gegen eventuelle Schäden bis an die Schwelle der *»praktischen Vernunft«*, die ausdrücklich gleichgesetzt wird mit den *»Grenzen des menschlichen Erkenntnisvermögens«*[20]. In derselben Richtung sogar noch einen Schritt weiter

---

20 Vgl. BVerfGE 49, 89, 143: »Was die Schäden an Leben, Gesundheit und Sachgütern anbetrifft, so hat der Gesetzgeber durch die in § 1 Nr. 2 und in § 7 Abs. 2 AtomG niedergelegten Grundsätze der bestmöglichen Gefahrenabwehr und Risikovorsorge

geht das »Wyhl-Urteil« des Bundesverwaltungsgerichts, wenn es Vorsorge auch für solche Schadensmöglichkeiten für geboten hält, »die sich nur deshalb nicht ausschließen lassen, weil nach dem derzeitigen Wissensstand bestimmte Ursachenzusammenhänge weder bejaht noch verneint werden können und daher insoweit noch keine Gefahr, sondern nur ein Gefahrenverdacht oder ein ›Besorgnispotential' besteht«[21]. Im Klartext heißt dies, daß selbst über die Grenzen menschlichen Erkenntnisvermögens hinausreichende *Zweifel* am Eintritt oder Nichteintritt bestimmter Schadensverläufe noch zu Maßnahmen im Rahmen der »erforderlichen Schadensvorsorge« verpflichten.

Ähnlich geäußert hat sich schließlich das Verwaltungsgericht Düsseldorf in seinem Urteil vom 10. April 1984 (- 3 K 3201/ 75 -) und dabei mit geradezu beispielhafter Präzision den Verwaltungsbehörden für die Operationalisierung des Maßstabs der »praktischen Vernunft« sogar eine Art Prüfungsanleitung an die Hand gegeben:

»Die Anwendung des Maßstabs praktischer Vernunft bei der Erfüllung des Vorsorgegebots des § 7 Abs. 2 Nr. 3 AtG macht es erforderlich, unter Ausschöpfung der menschlichen Vernunft
a) alle Ereignisse zu ermitteln, bei denen ein Schaden nicht schon von vornherein ausgeschlossen ist,
b) festzustellen, durch welche technischen Maßnahmen Schäden verhindert werden können, die durch diese Ereignisse entstehen können, und
c) aus den möglichen Maßnahmen diejenigen auszuwählen und zu treffen, durch die in ihrer Gesamtheit Schäden praktisch ausgeschlossen sind«[22].

Nach Ansicht des VG Düsseldorf wird also das Vorsorgegebot des Atomgesetzes »nur erfüllt, wenn kein Ereignis von vornherein unberücksichtigt bleibt, das geeignet ist, einen Schaden herbeizuführen«[23]. Denn das Atomgesetz nimmt jenseits der Grenzen menschlicher Erkenntnis zwar ein Restrisiko, keinesfalls

---

einen Maßstab aufgerichtet, der Genehmigungen nur dann zuläßt, wenn es nach dem Stand von Wissenschaft und Technik *praktisch* ausgeschlossen erscheint, daß solche Schadensereignisse eintreten werden (vgl. dazu *Breuer*, DVBl. 1978, S. 829 ff.; 835 f.). Ungewißheiten jenseits dieser Schwelle praktischer Vernunft haben ihre Ursache in den Grenzen des menschlichen Erkenntnisvermögens; sie sind unentrinnbar und insofern als sozialadäquate Lasten von allen Bürgern zu tragen« (Herv.i.Original).

21 BVerwGE 72, 300, 315.
22 VG Düsseldorf, UPR 1985, 71 f. (Leitsatz 15); vgl. auch den Originalumdruck, S. 82 ff. (88).
23 Ebenda, S. 72 (Leitsatz 13); Originalumdruck, S. 85.

aber einen *Restschaden* hin[24]. Die Aufgabe der Schadensvorsorge verlangt also auch in der Aufsichtsphase Vorkehrungen gegen alle Schäden, die »*nach menschlichem Ermessen*«, d.h. soweit das wissenschaftliche und technische Erkenntnisvermögen reicht, durch den Betrieb oder aufgrund des Betriebes einer kerntechnischen Anlage eintreten können.

c)   Dazu gehören nicht nur Risiken mit (noch) nicht erkannter Gefahrenqualität[25], sondern auch Schadensereignisse mit extrem geringer Eintrittswahrscheinlichkeit, die gemeinhin dem sog. »Restrisiko«-Bereich (vgl. A I, 4) zugeordnet werden. Denn gerade sie haben häufig ein unvorstellbar großes *Schadensausmaß* zur Folge, weil es dabei in aller Regel zu unkontrollierter Freisetzung von Kernenergie kommen wird. Gedacht ist hier vor allem an äußere Einwirkungen (Unfälle) wie Flugzeugabstürze auf ein Reaktorgebäude oder Erdbeben, aber auch an schwer beherrschbare Störfälle (z.B. überpromptkritische Leistungsexkursionen) und anlageninterne Notfälle, die zum Bersten des Druckbehälters führen können. Alle diese Schadenssituationen überfordern keineswegs das menschliche Erkenntnisvermögen; sie sind vielmehr unter ganz bestimmten extremen Bedingungen vorstellbar und müssen daher in die Überlegungen, welche Vorsorgemaßnahmen erforderlich sind, einbezogen werden[26].
Auch insoweit verfügen allerdings die Genehmigungs- und Aufsichtsbehörden bei der *Risikoermittlung* und *Risikobewertung* von *konkreten* Anlagen über einen gerichtlich nur begrenzt nachprüfbaren Beurteilungsspielraum[27]. Ebenso gilt hier das *Verhältnismäßigkeitsprinzip* mit der Folge, daß sich bei Altanlagen entsprechende Nachrüstungsmaßnahmen in den Grenzen des Zumutbaren bewegen müssen, wenn sie nicht die Frage der Entschädigungspflicht nach § 18 Abs. 3 AtG aufwerfen sollen. Abgesehen von diesen Einschränkungen besteht jedoch kein Anlaß, bestimmte Vorsorgemaßnahmen gegen erkennbare Schadensereignisse nur deshalb außer Betracht zu lassen, weil die Wahrscheinlichkeit ihres Eintretens für »vernachlässigbar« gering gehalten wird. Denn – wie noch zu zeigen sein wird – ist gerade die Probabilistik im Rahmen der von der Rechtsprechung entwickelten »Je/desto-Formel« für die juristische Beurteilung solcher hypothetischen »Katastrophen« nur sehr begrenzt aussagekräftig (vgl. dazu unten A I, 4).

---

24 BVerfGE 49, 89, 137.
25 Vgl. *Bender*, NJW 1979, 1425 ff. (1426); dazu neuerdings *Chr. Lawrence*, Grundrechtsschutz, technischer Wandel und Generationenverantwortung. Verfassungsrechtliche Determinanten des »Restrisikos« der Atomkraft, Berlin 1989, S. 64 ff.
26 So auch VG Düsseldorf, UPR 1985, S. 72; Originalumdruck, S. 86 f.
27 BVerwGE 72, 300, 316 f.

Nimmt man etwa das Beispiel des *Flugzeugabsturzes*, so wird ein derartiges Ereignis zwar auf der einen Seite wegen seines bei einer vermuteten Eintrittswahrscheinlichkeit von einmal 10^{-7}/a liegenden geringen Risikos nicht als »Auslegungsstörfall« betrachtet[28]. Auf der anderen Seite werden gegen dieses Ereignis jedoch Vorkehrungen, die der Risikominimierung und damit zugleich dem Schutz der Allgemeinheit dienen, bei der Genehmigung von Neuanlagen inzwischen zwingend verlangt[29].
Diese Diskrepanz zwischen herabgesetzten Standards bei den sog. »Auslegungsstörfällen« und der gegenwärtig für erforderlich gehaltenen »Schadensvorsorge« bei Neuanlagen hat zu erheblicher Verwirrung und Rechtsunsicherheit geführt. Vor allem ist heftig umstritten, ob Altanlagen insoweit nachgerüstet werden müssen. Während einige hierin ein »Bestandsschutzproblem« sehen und im Hinblick darauf, daß die Wahrscheinlichkeit eines Flugzeugabsturzes in Größenordnungen liege, die bei anlageninternen Störfällen dem Restrisiko zugerechnet würden[30], ein aufsichtsbehördliches Eingreifen nicht für notwendig erachten, halten andere dies für einen Fall der »erforderlichen Schadensvorsorge« aufgrund geänderter Sicherheitsphilosophie und deshalb – vorbehaltlich der Entschädigungsfrage – Nachrüstungsmaßnahmen für erforderlich[31], wobei wiederum streitig ist, ob dies nur im Wege nachträglicher Auflagen (§ 17 Abs. 1 Satz 3 AtG) oder auch aufgrund von Ordnungsverfügungen (§ 19 Abs. 3 AtG) verlangt werden kann (dazu unten A II, 3 c).
Immerhin herrscht in der Rechtsprechung wenigstens darüber weitgehend Einigkeit, daß bei einem Kernkraftwerk der fehlende oder mangelhafte Schutz gegen Flugzeugabstürze bzw. Erdbeben allein noch keine »erhebliche Ge-

---

28 Vgl. dazu die »Leitlinien zur Beurteilung der Auslegung von Kernkraftwerken mit Druckwasserreaktoren gegen Störfälle im Sinne des § 28 Abs. 3 StrlSchV« vom 18.10.1983 – Störfall-Leitlinien – Beilage zum Bundesanzeiger 59/83, Vorwort.
29 Vgl. RSK-Leitlinien für Druckwasserreaktoren, 3. Ausgabe vom 14.10.1981, Tz. 19.1.; ähnlich bereits die Sicherheitskriterien für Kernkraftwerke vom 21.10.1977 (BAnz. Nr. 206 vom 03.11.1977), Tz. 2.6. Kerntechnische Anlagen, die den dort vorgesehenen Anforderungen nicht genügen, werden heute nicht mehr genehmigt.
30 So offenbar der Länderausschuß für Atomenergie auf seiner Sitzung am 7. September 1982 (vgl. das Ergebnisprotokoll, S. 6).
31 So insbes. *J. Benecke*, Kritik der Sicherheitseinrichtungen und des Sicherheitskonzepts des Kernkraftwerks Würgassen, März 1988 (EWI-Teilgutachten A 2.6). Vgl. auch das *EWI-Gutachten* zur »Überprüfung der kerntechnischen Anlagen in Nordrhein-Westfalen«, Bd. 1 (Zusammenfassung des Gesamtgutachtens), Oktober 1988, S. 68: »Zur Minimierung des verbleibenden Risikos werden deshalb Maßnahmen im Rahmen der Risikovorsorge empfohlen«.

fährdung« im Sinne des § 17 Abs. 5 AtG darstellt, die den obligatorischen Widerruf der Genehmigung zur Folge haben müßte[32], einem solchen Risiko aber wenigstens durch »nachträgliche Auflagen« abgeholfen werden sollte[33]. All dies spricht aber letztlich nicht gegen die hier vertretene Auffassung, daß es sich auch bei derart »unwahrscheinlichen« Ereignissen um *erkennbare* Risiken handelt, die nach menschlichem Ermessen eintreten *können* und gegen die deshalb selbst bei Altanlagen im Rahmen der erforderlichen Schadensvorsorge grundsätzlich Sicherheitsmaßnahmen geboten erscheinen. Aspekte des Bestandsschutzes müssen dagegen für die Frage des »Ob« solcher Maßnahmen hinter der *erforderlichen* Schadensvorsorge zurücktreten und sind nur auf der Abwägungsebene im Rahmen des Verhältnismäßigkeitsprinzips und vielleicht noch unter Entschädigungsgesichtspunkten rechtlich von Belang.

Ähnlich zu beurteilen ist auch der sog. *anlageninterne Notfallschutz*, der in kritischen Situationen (vor allem bei bestimmten Störfällen) durch gezielte Eingriffe in den Anlagenbetrieb eine unkontrollierte Freisetzung von Radioaktivität verhindern soll. Zu diesen Notfallmaßnahmen gehören insbesondere eine rasche »Druckentlastung« und die sog. »Inertisierung« (Verhinderung von explosiven Gasreaktionen im Reaktordruckbehälter)[34]. Solche Notfallmaßnahmen werden ebenfalls verschiedentlich zum Bereich des »Restrisikos« gezählt, weil dadurch nicht Vorsorge mit dem Ziel getroffen werde, eine Kernschmelze zu verhindern, sondern lediglich sekundäre, aus jenem an sich schon unwahrscheinlichen »größten anzunehmenden Unfall« möglicherweise nachträglich resultierende, katastrophale Folgen (z.B. ein Bersten des Druckbehälters) abzuwenden[35].

Dieser Betrachtungsweise ist jedoch entgegenzuhalten, daß der *Schutzzweck* des § 1 Nr. 2 AtG (und mit ihm auch das Vorsorgegebot des § 7 Abs. 2 Nr. 3 AtG sowie die sich daraus ergebenden Aufsichtspflichten nach §§ 17 bis 19 AtG) nicht nur darin besteht, einer Kernschmelze vorzubeugen, sondern *umfassend* formuliert und auf das generelle Ziel hin ausgerichtet ist, Leben, Gesundheit und Sachgüter vor den Gefahren der Kernenergie und der schädlichen Wirkung ionisierender Strahlen zu schützen. Damit ist selbstverständlich auch gemeint, daß Vorsorge gegen jede unkontrollierte Freisetzung von Kernenergie getroffen werden muß, ganz gleich auf welchen Ursachen sie beruht. Wenn die Kernschmelze selbst ein erkennbares (und in den Fällen von Harrisburg

---

32 Vgl. VGH Kassel, Urteil vom 28.06.1989 (- 8 Q 2809/ 88 -), Umdruck S. 35 f.
33 Vgl. BVerwG, Beschluß vom 05.04.1989 (- 7 B 47.89 -), Originalumdruck, S. 4.
34 Vgl. dazu neuerdings die »Deutsche Risikostudie Kernkraftwerke, Phase B« der GRS vom Juni 1989 (Zusammenfassung, S. 50 ff.).
35 So jedenfalls *Rengeling*, DVBl. 1988, S. 258 f.; ähnlich auch die RSK auf ihrer Sitzung am 24.05.1989, Ergebnisprotokoll (Anlage 1), S. A 1-3.

und Tschernobyl sogar schon realisiertes) Risiko darstellt, dann gehören auch alle Sicherheitsmaßnahmen, die darauf gerichtet sind, ebenfalls erkannte (d.h. im Bereich des Möglichen liegende) katastrophale Wirkungen eines solchen Unfalls auf die Außenwelt zu verhüten oder wenigstens abzuschwächen, naturgemäß gleichfalls zur erforderlichen *Schadensvorsorge* im Sinne des Atomgesetzes und fallen nicht unter die Kategorie des »Restrisikos«, auf deren Problematik nunmehr noch näher einzugehen ist.

4. *»Restrisiko« und »Risikominderung«*

a) Das Atomgesetz dient nicht nur dem Schutz vor den Gefahren kerntechnischer Anlagen (vgl. § 1 Nr. 2 und 3 AtG), sondern verfolgt zugleich das Ziel, die friedliche Erforschung, Entwicklung und Nutzung der Kernenergie zu fördern (§ 1 Nr. 1 AtG). Auf diesen »Förderungszweck« stützt sich die berechtigte Annahme, daß der Gesetzgeber die Kerntechnologie in Kenntnis ihrer Gefahren und Risiken nicht von vornherein verbieten oder ihre Anwendung faktisch unmöglich machen wollte, sondern unter einschränkenden Voraussetzungen (vgl. § 7 Abs. 2 AtG) im Prinzip jedenfalls für akzeptabel und genehmigungsfähig hielt. Wenn dies zutrifft, auf der anderen Seite aber bei einer so gefährlichen Technologie nicht von vornherein *jedes* Risiko mit *absoluter* Sicherheit ausgeschlossen werden kann, stellt sich die Frage, welche Unwägbarkeiten das Atomgesetz um des schlichten Fortbestands der Kerntechnologie willen (noch) hinzunehmen bereit ist.
Dieser als sog. *»Restrisiko«* bezeichnete Bereich jenseits solcher Schadensereignisse, gegen die zwingend Vorsorge getroffen werden *muß*, findet seine innere Rechtfertigung also in der Natur der Sache »Kerntechnologie« selbst. Würde man ihn in Zweifel ziehen, wäre auch die Kerntechnologie an sich nicht (mehr) existenzfähig. Es kann daher auf dem Boden des geltenden Atomgesetzes mit Rücksicht auf seinen »Förderungszweck« nur darum gehen, bei prinzipieller Anerkennung eines derartigen »Restrisikos« die Grenzen zu bestimmen, von denen an der Staat um den Preis des Verzichts auf die Kerntechnologie überhaupt eine Schadensvorsorge nicht mehr verlangen kann.
Das Bundesverfassungsgericht hat dazu bereits im »Kalkar-Urteil«, wenn auch recht mißverständlich und vielfach mißverstanden, Stellung genommen. Die Vorschrift des § 7 Abs. 2 Nr. 3 AtG, so heißt es dort, nehme zwar einen Restschaden aus der Errichtung oder dem Betrieb einer Anlage nicht in Kauf, lasse aber »Genehmigungen dann zu, wenn die Wahrscheinlichkeit eines künftigen Schadens nicht mit letzter Sicherheit auszuschließen ist«. Unter ausdrücklicher Bezugnahme auf die bekannte *»Je/desto-Formel«* des Bundesverwaltungsge-

richts[36] wird dort weiter gesagt, »daß die Wahrscheinlichkeit des Eintritts eines Schadensereignisses, die bei einer Genehmigung hingenommen werden darf, so gering wie möglich sein muß, und zwar umso geringer, je schwerwiegender die Schadensart und die Schadensfolgen, die auf dem Spiel stehen, sein können«[37]. Diese Passage wird seither gleichsam als »Freibrief« dafür betrachtet, aufgrund von Wahrscheinlichkeitsrechnungen ab einer bestimmten, recht willkürlich gegriffenen und kaum näher begründeten »Marge« der praktischen Unmöglichkeit bestimmter Schadensereignisse, die etwa bei einer Eintritts(un)-wahrscheinlichkeit von einmal 10^{-4}/a beginnt, keine weitere Schadensvorsorge für erforderlich zu halten, sondern ein solches »Restrisiko« nach Maßgabe »praktischer Vernunft« hinzunehmen. Diese Sichtweise ist jedoch aus vielerlei Gründen problematisch. Sie wird einerseits schon den Anforderungen der Verfassungsrechtsprechung selbst nicht gerecht, wie sie in jenem »Kalkar-Urteil« bereits deutlich zum Ausdruck kommen, und verkennt andererseits die nur sehr begrenzte Aussagekraft probabilistischer Methoden für die spezifisch rechtliche Bewertung technischer Risiken.

b) Zunächst stellt das Bundesverfassungsgericht ganz klar fest, »daß der Gesetzgeber grundsätzlich *jede Art* von anlage- und betriebsspezifischen Schäden, Gefahren und Risiken in Betracht genommen wissen will. ... Das Maß an Unbestimmtheit, das bei solchen Risikobeurteilungen unentrinnbar verbleibt, ist in der Natur des menschlichen Erfahrungswissens begründet«[38]. Maßstäbe für die Bestimmung dessen, was keiner weiteren Schadensvorsorge zugänglich ist, sondern als sozialadäquates »Restrisiko« der Kernenergie hingenommen werden muß, sind also seine *Unentrinnbarkeit* und die *Grenzen menschlicher Erkenntnis*. Nicht »unentrinnbar« in diesem Sinn sind dagegen alle Risiken, die aufgrund des vorhandenen wissenschaftlichen und technischen Erfahrungswissens als solche bereits erkannt wurden oder erkennbar werden und gegen die nach dem jeweiligen Stand von Wissenschaft und Technik auch tatsächlich Vorkehrungen getroffen werden können. Ein möglichst restriktives Verständnis dieses »Restrisikos« jenseits der Erkenntnisgrenzen ist auch deshalb geboten, weil es sonst zu einer »Inflation« solcher unvermeidlichen Ausnahmezustände kommen könnte, bei denen die Quantität in eine neue Qualität minderer

---

36 Vgl. bereits BVerwG DÖV 1974, 207 ff., sowie BVerwG DVBl. 1978, 591 ff.
37 BVerfGE 49, 89, 137 f.
38 BVerfGE 49, 89, 138/140.

Sicherheitsanforderungen übergeht[39]. Es bleibt deshalb bei der schon oben gewonnenen Einsicht, daß zum Bereich des sog. »Restrisikos« nur solche Schadensereignisse gehören, die mit den beschränkten Mitteln menschlicher Erkenntis nicht vorherzusehen sind und daher aus der Sicht »praktischer Vernunft« geradezu *schicksalhaften Charakter* tragen, nicht aber deren Eintritt lediglich extrem unwahrscheinlich ist.

Die Trennlinie des »Restrisikos« gegenüber der »erforderlichen Schadensvorsorge« ist letztlich also identisch mit den *Grenzen menschlicher Erkenntnis*. Oder anders ausgedrückt: gegen alle erkannten oder erkennbaren Risiken der Kernenergie sind nach dem geltenden Atomrecht im Rahmen des Verhältnismäßigkeitsprinzips Vorkehrungen zu treffen, und zwar unabhängig von ihrer Eintrittswahrscheinlichkeit. Aus diesem Grunde ist auch die sog. »*Risikominderung*« für hypothetische Unfälle oder anlangeninterne Notfälle nicht als Verringerung des »Restrisikos« anzusehen, sondern Teil der »erforderlichen Schadensvorsorge«, weil es hierbei stets um bereits als möglich erkannte oder erkennbare Schadensverläufe geht.

c) Wer statt dessen – wie bislang vielfach üblich – vorwiegend auf Wahrscheinlichkeitserwägungen abstellt, übersieht, daß die *Probabilistik* keine Auskunft darüber geben kann, *wann* ein noch so unwahrscheinliches Schadensereignis zum ersten Mal eintritt. Weil aber das Atomgesetz einen derartigen »Restschaden« eben nicht hinnimmt, kommt es für die »erforderliche Schadensvorsorge« nach § 7 Abs. 2 Nr. 3 AtG gerade auf diesen Zeitpunkt entscheidend an[40].

Auch *Breuer* hat schon vor langer Zeit die »Mängel« probabilistischer Analysen überzeugend beschrieben. Auf den ersten Blick erwecke die Probabilistik »den Eindruck größtmöglicher Präzision«. Bei näherem Zusehen zeige sich jedoch,

---

39 Ähnlich auch *Lawrence*, a.a.O., S. 135 ff.: »Verfassungsrechtlich ist es jedoch notwendig, einer denkbaren Eigendynamik von ›sozialadäquaten‹ Restrisiken vorzubeugen, um ein mögliches Umschlagen von zunehmender Quantität in eine neue Qualität zu verhindern«. Anderenfalls befürchtet er, »daß die Institutionalisierung und der Zuwachs von Restrisiken einen Verfassungswandel in bezug auf das Grundrecht der körperlichen Unversehrtheit auslösen« (S. 172).

40 So auch VG Düsseldorf UPR 1985, S. 72 (Leitsatz 14): »Die Vorsorgepflicht in bezug auf ein bestimmtes Ereignis ist nicht deshalb zu verneinen, weil Wahrscheinlichkeitsberechnungen vorliegen, nach denen ein solches Ereignis nur einmal in einem so langen Zeitraum zu erwarten sein soll, daß sein Eintritt unwahrscheinlich sei. Wahrscheinlichkeitsberechnungen sind für die rechtliche Beurteilung der Erfüllung des Vorsorgegebots ungeeignet, weil mit ihnen nur ermittelt werden kann, wie oft mit einem Ereignis zu rechnen ist, aber nicht, wann es zum ersten Mal zu erwarten ist«.

daß sie das *rechtliche* Konkretisierungsbedürfnis nicht zu befriedigen vermöge. Ihre Unzulänglichkeit offenbare sich in rechtlichen Zusammenhängen vor allem darin, daß jede Grenzzahl auf der gleitenden, nie Null erreichenden Skala der Eintrittswahrscheinlichkeiten *willkürlich* gegriffen erscheine. »Ob eine Gefahr bei der Eintrittswahrscheinlichkeit eines bestimmten Schadensereignisses von 10^{-5}, 10^{-6} oder 10^{-7}/a oder einer kleineren oder größeren Zahl beginnt, läßt sich nicht rational begründen«. Auch eine noch so entfernte, immerhin aber mit einer bestimmten Zahl verifizierte Möglichkeit eines katastrophalen Schadensereignisses provoziere die *Rechtsfrage* nach der Erforderlichkeit weiterer Schutzvorkehrungen. »Daher kann ein brauchbarer Standard für die zum Gefahrenbegriff gehörende Eintrittswahrscheinlichkeit *nicht ausschließlich oder primär durch die Probabilistik* gewonnen werden«[41].

Wenn diese Kritik zutrifft – und sie ist bisher weder in der Rechtsprechung noch in der Literatur mit stichhaltiger Begründung widerlegt worden –, dann ist das in Kauf zu nehmende »Restrisiko« mit Hilfe der Probabilistik allein rechtlich nicht eindeutig genug zu bestimmen. Probabilistische Fehler- und/oder Ereignisbaumanalysen müssen vielmehr zumindest für den problematischsten Fall der »Kernschmelze« durch *deterministische Verfahren* ergänzt werden, die es gestatten, auch rein »theoretische« oder hypothetische Schäden und Schadensverläufe zu simulieren sowie Ketten von Ursachen und Wirkungen schädigender Ereignisse »mehrdimensional« miteinander zu verknüpfen[42].

Selbst dann aber ist noch keineswegs gewährleistet, daß auf diese Weise auch die Gefährlichkeit einer *in Betrieb befindlichen* kerntechnischen Anlage mit der für die Behörden der *Aufsichtsphase* notwendigen Präzision und »qualitativen« Eindeutigkeit ermittelt werden kann. Diesem Standard nähert man sich erst, wenn von der Betrachtung bestimmter Einzelrisiken über ihre deterministische Verknüpfung zur Bewertung des praktischen »Gesamtrisikos« einer Anlage übergegangen wird.

5. *Einzel- oder Gesamtrisiko?*

a) Anders als in der Genehmigungsphase, wo bei den verschiedenen Teilerrichtungsgenehmigungen bis hin zur eigentlichen Betriebsgenehmigung das vorläufig positive Gesamturteil der Behörden jeweils darauf gestützt wird, daß die erforderliche Schadensvorsorge für bestimmte Anlagen- oder Bau*teile* bzw. in bezug auf die betreffenden »*Einzelrisiken*« (z. B. Brandschutz, Vorkehrungen gegen Erdbeben oder Flugzeugabsturz, Druckentlastung, Berstschutz

---

41 So *Breuer*, DVBl. 1978, S. 834 ff.
42 Vgl. dazu *Benecke*, a.a.O. (Teilgutachten A 2.6), S. 68 ff.

etc.) gewährleistet ist, bleibt in der Aufsichtsphase stets die *gesamte Anlage* Gegenstand der behördlichen Sicherheitsüberprüfung und Risikoeinschätzung. Das ergibt sich etwa für Ordnungsverfügungen unmittelbar aus § 17 Abs. 3 AtG, der einen rechtswidrigen oder gefährlichen »*Zustand*« voraussetzt, in dem sich – so ist zu ergänzen – die kerntechnische Anlage *im ganzen* befinden muß. Aber auch alle übrigen Maßnahmen in der Aufsichtsphase wie die einstweilige oder vorübergehende Stillegung (hier ausdrücklich nach § 19 Abs. 3 Satz 2 Nr. 3 AtG) und erst recht eine Rücknahme oder ein Widerruf der Betriebsgenehmigung gemäß § 17 Abs. 2 bis 5 AtG betreffen stets die gesamte Anlage, so daß sich auch die Risikoermittlung und Risikobewertung am jeweiligen *Gesamtzustand* einer Anlage orientieren muß.

Daher haben sich Art und Umfang der erforderlichen Schadensvorsorge in der Aufsichtsphase nicht nur nach bestimmten »Singulärgefahren« oder Einzelrisiken zu richten, sondern nach dem *Gesamtrisiko* einer kerntechnischen Anlage, mit dem ihr Betrieb für die Beschäftigten, Dritte oder die Allgemeinheit verbunden ist[43]. Dies wird offenbar auch von der Rechtsprechung zunehmend anerkannt. So hat kürzlich der VGH Kassel festgestellt, daß bauliche Schutzdefizite älterer Anlagen »eine den Widerruf der Betriebsgenehmigung *allein* rechtfertigende ›erhebliche Gefährdung‹ im Sinne des § 17 Abs. 5 AtG nicht begründen«[44]. Im Umkehrschluß folgt daraus, daß für einen derart schwerwiegenden Eingriff noch andere Mängel hinzukommen müssen. Gefordert wird also eine *anlagenspezifische Risikoanalyse*, die sich nicht nur auf die Eintrittswahrscheinlichkeit bestimmter Einzelstör- oder -unfälle erstreckt, sondern die verschiedenen Schadensursachen, -verläufe und -wirkungen so miteinander kombiniert, daß – bezogen auf den aktuellen *Gesamtzustand* der Anlage – ein möglichst realistisches Bild von dem jeweils konkreten *Anlagenrisiko* als solchem entsteht (*integrale Risikobetrachtung*).

b) Dazu gehören auch erkennbare Stör- oder Unfallrisiken, die allein auf das »Alter« und/oder den »Abnutzungsgrad« einer kerntechnischen Anlage zurückzuführen sind. Es ist ein unter Technikern zwar verbreiteter, aber leicht aufklärbarer Irrtum zu glauben, daß sich revisions- oder reparaturbedürftige Altanlagen nach der Durchsicht oder Instandsetzung wieder in einem neuwertigen Zustand befinden. Jeder Laie weiß, daß selbst dann, wenn sein

---

43 Vgl. *Lawrence*, a.a.O., S. 48: »Pflicht zur (Gesamt-)Risikoverminderung bei Erkenntniszuwachs« (hier sogar bezogen auf die Gesamtzahl aller in Betrieb befindlichen Anlagen); S. 135: »Notwendigkeit einer Risikogesamtbetrachtung«.
44 VGH Kassel, Urteil vom 28.06.1989 (- 8 Q 2809/88 -), Orginalumdruck, S. 36 (Herv.d.Verf.).

beschädigtes Kraftfahrzeug ausschließlich mit Originalersatzteilen repariert wird, er noch längst kein neues Auto erhält. Übertragen auf kerntechnische Anlagen folgt daraus, daß nicht nur ihr *Alterungsprozeß* als solcher schon einen kaum zu überschätzenden Risikofaktor darstellt, sondern daß immer dann, wenn in einer bestimmten Anlage aufgrund technischer oder baulicher Mängel verschiedene Einzelrisiken erkennbar erhöht sind, wenn also beispielsweise ein defizitärer Schutz gegen Flugzeugabsturz mit unzureichenden Vorkehrungen gegen Brandgefahren, mangelhafter Auslegung gegen Erdbeben und fehlenden Notfalleinrichtungen zusammentrifft, sich unabhängig von der technischen Möglichkeit, den einen oder anderen Unsicherheitsfaktor durch entsprechende Nachrüstungsmaßnahmen zu beseitigen, sich bei Altanlagen stets unabweisbar die Frage stellt, ob die wirtschaftliche »Unzumutbarkeit« einer solchen Gesamtmodernisierung auf Kosten des Betreibers – sofern dieser keine geeignete Abhilfe anbieten will oder kann – nicht den obligatorischen Widerruf der Betriebsgenehmigung und damit die endgültige Stillegung der betreffenden Anlage zwangsläufig zur Folge haben muß.

c)   Denn das *Gesamtrisiko* einer Anlage kann unter Umständen durchaus so hoch sein, daß sie aus Sicherheitsgründen nicht weiter betrieben werden darf, obwohl bestimmte Einzelrisiken durch entsprechende Nachrüstungsmaßnahmen gemindert werden könnten. In solchen Fällen geht dann von dieser Anlage eine »erhebliche Gefahr« im Sinne von § 17 Abs. 5 AtG bereits dadurch aus, daß sie als völlig veraltet zu betrachten ist, in ihrem gegenwärtigen Zustand niemals genehmigt werden könnte, weil sie den Mindestvoraussetzungen der erforderlichen Schadensvorsorge nicht (mehr) genügt, und allein schon die einfache Kumulation von technischen oder baulichen Mängeln, mögen sie sich auch in einem Bereich bewegen, der bisher dem sog. »Restrisiko« zugerechnet wurde, zu einer beachtlichen Wahrscheinlichkeit unkontrollierter Freisetzung von Kernenergie führt. In diesem Fall würde die Erheblichkeitsschwelle bei § 17 Abs. 5 AtG durch eine Kumulation von Einzelrisiken erreicht oder sogar überschritten sein.

Bereits die schlichte Alltagsvernunft lehrt, daß eine Anlage, die zehn mit dem Faktor $10^{-7}/a$ zu veranschlagende Risiken aufweist, die alle bei ungünstigem Schadensverlauf zu unkontrollierter Freisetzung von Kernenergie führen können, unsicherer ist als eine andere mit nur einem derartigen Risiko. Möglicherweise ist bei entsprechend konservativen Annahmen in diesen Fällen sogar schon ein Wahrscheinlichkeitsgrad erreicht, der im normalen Risikobereich bereits eine Schadensvorsorge zwingend erfordert. Dies Beispiel zeigt, daß zwischen einer an Einzelrisiken orientierten Betrachtungsweise und der auf die *Gesamtanlage* bezogenen Risikobewertung eine *qualitative* Differenz besteht, die gerade in der Aufsichtsphase – etwa für Maßnahmen nach § 17 Abs. 3 oder 5 AtG – von ausschlaggebender Bedeutung sein kann. Das gilt vor allem dann, wenn man zusätzlich berücksichtigt, daß zu den verfassungsrechtlichen Vorgaben und Pflichten der staatlichen Kernenergieaufsicht nicht nur ein »dynamischer Grundrechtsschutz«, sondern – daraus abgeleitet – auch eine »dynamische Schadensvorsorge« gehört.

6. *Die Pflicht zur »dynamischen Schadensvorsorge«*

a) Bereits im »Kalkar-Urteil« hat das Bundesverfassungsgericht festgestellt, daß »die in die Zukunft hin offene Fassung des § 7 Abs. 2 Nr. 3 AtomG ... einem *dynamischen Grundrechtsschutz*« diene und damit helfe, »den Schutzzweck des § 1 Nr. 2 AtomG *jeweils* bestmöglich zu verwirklichen«[45]. Zugleich leitet das Gericht aus bestimmten Grundrechtsverbürgungen über deren subjektive Abwehrfunktion hinaus in ständiger Rechtsprechung staatliche »*Schutzpflichten*« ab, die den Einzelnen vor Grundrechtsverletzungen (auch durch Private) bewahren sollen. Vor allem beim Recht auf Leben und körperliche Unversehrtheit seien die staatlichen Organe gehalten, sich jederzeit »schützend und fördernd« vor die in Art. 2 Abs. 2 Satz 2 GG genannten Rechtsgüter zu stellen und sie insbesondere vor rechtswidrigen Eingriffen von seiten anderer zu bewahren[46].

Schon frühzeitig hat das Bundesverfassungsgericht diesen Gedanken der staatlichen Schutzpflichten auch auf den Bereich des *Umweltschutzes* übertragen. Dem »Kalkar-Urteil« zufolge soll namentlich im Atomrecht angesichts der Art und Schwere potentieller Schadensereignisse »bereits eine entfernte Wahrscheinlichkeit ihres Eintritts genügen, um die Schutzpflicht des Gesetzgebers konkret auszulösen«[47]. Im »Mülheim-Kärlich-Urteil« ist sogar davon die Rede, daß der Staat, wenn er Kernkraftwerke genehmigt und dadurch die Körperintegrität Dritter bestimmten Gefährdungen aussetzt, »seinerseits eine eigene Mitverantwortung für diese Gefährdungen übernimmt«[48].
Bringt man nun jene staatliche Mitverantwortung für den Erhalt von Leben und Gesundheit des Einzelnen in einen Sinnzusammenhang mit dem Prinzip des »dynamischen Grundrechtsschutzes« nach dem Atomgesetz, so ergibt sich

---

45 BVerfGE 49, 89, 137 et passim.
46 Seit BVerfGE 39, 1, 42 st.Rspr.; vgl. auch BVerfGE 46, 160, 164; 49, 24, 53; 57, 250, 284; 64, 261, 275; 77, 170, 214.
47 BVerfGE 49, 89, 142.
48 BVerfGE 53, 30, 58. Vgl. dazu auch *Steinberg*, Schadensvorsorge, oben, Kap. V,1; VI,3.

daraus mit geradezu zwingender Logik auch eine *Pflicht des Staates zur dynamischen Schadensvorsorge*, welche bis an die Grenzen des menschlichen Erkenntnisvermögens reicht[49]. Dies bedeutet praktisch: Nicht nur die Genehmigungs-, sondern auch die Aufsichtsbehörden haben permanent dafür Sorge zu tragen, daß sich eine kerntechnische Anlage möglichst in einem jederzeit genehmigungsfähigen Zustand befindet und anderenfalls – vorbehaltlich des noch zu erörternden Bestandsschutzes (vgl. dazu A III, 1) – nach Maßgabe des Verhältnismäßigkeitsprinzips entsprechend nachgerüstet werden muß.

b) Davon ging offenbar auch der *Gesetzgeber* schon bei der Schaffung des Atomgesetzes im Jahre 1958 aus. In der Begründung des Regierungsentwurfs zu § 17 heißt es: »Angesichts der Tatsache, daß bei den Einrichtungen zur Kernspaltung und bei den ihr dienenden Begleitmaßnahmen noch keine abschließenden wissenschaftlichen Erkenntnisse und technischen Erfahrungen vorliegen, müssen die Genehmigungsbehörden die Möglichkeit haben, auch nachträgliche – durch die fortschreitende Entwicklung der Wissenschaft und Technik gebotene – Auflagen festzusetzen«[50].

Ähnlich äußerte sich auch das Bundesverfassungsgericht im »Mülheim-Kärlich-Urteil«, wobei es die staatlichen Pflichten in der Genehmigungsphase denen in der Aufsichtsphase expressis verbis gleichstellte: »Nach der grundlegenden Vorschrift des § 7 Abs. 2 Nr. 3 AtomG darf eine Genehmigung ›nur‹ erteilt werden, wenn unter anderem die nach ›dem Stand von Wissenschaft und Technik erforderliche Vorsorge‹ gegen Schäden durch die Errichtung und den Betrieb der Anlage getroffen ist; gemäß § 17 AtomG kann sie inhaltlich beschränkt und mit Auflagen verbunden werden, wobei zur Erreichung des erwähnten Schutzzwecks auch nachträgliche Auflagen zulässig sind. Mit dieser Anknüpfung an den *jeweiligen* Stand von Wissenschaft und Technik legt das Atomgesetz die Genehmigungsbehörde normativ auf den Grundsatz der bestmöglichen Gefahrenabwehr und Risikovorsorge fest«[51].

Damit steht für die Auslegung nicht nur des § 7 Abs. 2 Nr. 3 AtG, sondern auch der §§ 17 bis 19 AtG sowohl nach dem subjektiven wie nach dem objektivierten Willen des Gesetzgebers fest, daß der von Verfassungs wegen gebotene

---

49 Dabei kann hier offenbleiben, ob demnach das »Restrisiko« grundrechtsdogmatisch als immanente Schranke von Art. 2 Abs. 2 Satz 1 GG anzusehen ist (so *Lawrence*, a.a.O., S. 97 ff.) oder ob es sich um eine Grundrechtsbeschränkung durch das Atomgesetz nach Maßgabe des Gesetzesvorbehalts in Art. 2 Abs. 2 Satz 3 GG handelt (was allerdings wegen Verletzung des Zitiergebots aus Art. 19 Abs. 1 Satz 2 GG problematisch erscheint).
50 Bundestagsdrucksache 3/759, S. 30.
51 BVerfGE 53, 30, 58 f.

»dynamische Grundrechtsschutz« schon nach geltendem Recht staatlicherseits nur im Wege einer »dynamischen Schadensvorsorge« zu gewährleisten ist.

c) Für sog. »*Altanlagen*«, d.h. für kerntechnische Einrichtungen, die bereits bestandskräftig genehmigt und in Betrieb genommen worden sind, bedeutet dieses Prinzip der »dynamischen Schadensvorsorge«, daß – wenn sie nur in einem jederzeit genehmigungsfähigen Zustand (nach dem jeweiligen »Stand von Wissenschaft und Technik«) betrieben werden dürfen – bei Abweichungen des Ist-Zustandes von den Anforderungen der §§ 1 Nr. 2, 7 Abs. 2 Nr. 3, 17 Abs. 1 Satz 3 AtG entsprechende Nachrüstungsmaßnahmen *zwingend geboten* sind, sofern sie nicht völlig außer Verhältnis zu den mit der Altanlage verbundenen (erhöhten) Risiken stehen[52]. Zwar fallen derartige Maßnahmen eigentlich noch in den Verantwortungsbereich der Betreiber, die bereits von sich aus alles unternehmen müssen, damit von der durch sie genutzten Anlage keine Gefahren oder Risiken für Beschäftigte, Dritte oder die Allgemeinheit ausgehen. Wenn jedoch ein Betreiber seine diesbezüglichen Obliegenheiten vernachlässigt, muß der Staat eingreifen und dem Gebot der »dynamischen Schadensvorsorge« die gebührende Anerkennung verschaffen. Neben die primäre »Betreiberverantwortung« tritt somit eine umfassende staatliche Schutzpflicht.

Dabei kann es Sicherheitsdefizite geben, für die eine an sich gebotene »Abhilfe« in angemessener Zeit durch bestimmte Nachrüstungsmaßnahmen aus Gründen technischer Unmöglichkeit oder wirtschaftlicher Unzumutbarkeit nicht (mehr) in Betracht kommt. In solchen Fällen ist dann zu prüfen, ob die Mängel der Anlage unter gestiegenen Sicherheitsanforderungen im Extremfall eine »erhebliche Gefährdung« der Beschäftigten, Dritter oder der Allgemeinheit darstellen, so daß die Betriebsgenehmigung schon deshalb widerrufen werden muß (vgl. § 17 Abs. 5 AtG), oder ob sich beim fakultativen Widerruf nach § 17 Abs. 3 Nr. 2 AtG, weil im Hinblick auf bestimmte Sicherheitsmängel die Genehmigungsvoraussetzungen nachträglich entfallen sind, das Handlungsermessen auf Null reduziert. Beide Konstellationen führen jedoch zum gleichen Ergebnis: nämlich nach Aufhebung der Betriebsgenehmigung zur endgültigen Stillegung der betreffenden Altanlage. Damit stellt sich nunmehr die weitere Frage, welcher Handlungs- und Ermessensspielraum den Behörden in der

---

52 Die gegenteilige Ansicht des OVG Lüneburg (Urteil vom 16.02.1989 – 7 OVG A 108/88 – , Originalumdruck S. 16 ff.), wonach in einer »Vollgenehmigung« nur geregelt werde, »in welcher Form die Anlage erstmalig hergestellt werden muß«, vermag nicht zu überzeugen, weil sie den Sinn eines »dynamischen Grundrechtsschutzes« verkennt und damit auch das Gebot der »dynamischen Schadensvorsorge« unbeachtet läßt.

Aufsichtsphase eigentlich noch verbleibt, wenn das Gebot der erforderlichen Schadensvorsorge auch hier »dynamisch« verstanden werden muß.

7. *Eigenart und Umfang des Aufsichtsermessens*

a) Aus den bisherigen Darlegungen ergibt sich, daß die Behörden zu einer solchen dynamischen Vorsorge gegen erkannte oder erkennbare Schäden und Schadensverläufe – ebenso wie im Genehmigungsverfahren – auch bei der laufenden Überwachung in Betrieb befindlicher kerntechnischer Anlagen *ausnahmslos verpflichtet* sind[53]. Auch in der Aufsichtsphase müssen deshalb die Behörden immer dann einschreiten, wenn Anhaltspunkte dafür vorliegen, daß bei einer bestimmten kerntechnischen Anlage die »erforderliche Schadensvorsorge« nicht (mehr) gewährleistet ist. Im Hinblick auf das »Ob« des Tätigwerdens besteht also *kein generelles Aufsichtsermessen* (Entschließungsermessen). Im Bereich der »erforderlichen Schadensvorsorge« obliegt den Genehmigungs- und Aufsichtsbehörden nach Inbetriebnahme einer kerntechnischen Anlage die gleiche Risikoermittlungs- und -bewertungspflicht wie zuvor schon im Genehmigungsverfahren.

b) Allerdings gilt hier – ebenso wie in der Genehmigungsphase – das *Verhältnismäßigkeitsprinzip*, dessen Mittel/Zweck- Relation die (gerichtlich voll nachprüfbare) Berücksichtigung von Zumutbarkeitsgrenzen erlaubt. In diesem Rahmen sind jedenfalls auf der Abwägungsebene auch Aspekte des Bestandsschutzes zu berücksichtigen. Damit beschränken sich die behördlichen Handlungs- und Entscheidungsspielräume in der Aufsichtsphase auf ein reines Rechtsfolge- oder *Auswahlermessen* sowohl zwischen verschiedenen Eingriffsinstrumenten als auch zwischen mehreren konkreten Überwachungsmaßnahmen.

Wo also das Gesetz für bestimmte Maßnahmen den Behörden ausdrücklich ein Ermessen einräumt (z.B. beim fakultativen Widerruf nach § 17 Abs. 3 AtG oder bei Ordnungsverfügungen nach § 19 Abs. 3 AtG), ist damit nur die *Ermächtigung* verbunden, bei der erforderlichen Schadensvorsorge – falls die entsprechenden Tatbestandsvoraussetzungen vorliegen – zwischen mehreren gleichermaßen geeigneten und gleich belastenden Eingriffen zu wählen. Dabei

---

53 Vgl. BVerfGE 53, 30, 59: »Indem es (sc. das Atomgesetz) nicht auf die allgemein anerkannten Regeln, sondern schlechthin auf den Stand der Technik abstellt, *verpflichtet* es zur Berücksichtigung des jeweils erreichten technischen Entwicklungsstandes. Indem es darüber hinaus auf den Stand der Wissenschaft abhebt, *nötigt* es – wie das Bundesverwaltungsgericht bereits im Würgassen-Urteil (DVBl. 1972, S. 678, 680) hervorgehoben hatte – zu derjenigen Schadensvorsorge, die nach den neuesten wissenschaftlichen Erkenntnissen für erforderlich gehalten wird«.

genießen Maßnahmen, die den Bestand oder Inhalt von Genehmigungen unberührt lassen, schon aus Gründen des Bestandsschutzes in der Regel Vorrang vor einer Aufhebung oder Änderung der Genehmigung.
Hat sich die Behörde für eine bestimmte Form des Eingriffs entschieden (z.B. für eine Ordnungsverfügung nach § 19 Abs. 3 AtG statt einer nachträglichen Auflage gemäß § 17 Abs. 1 Satz 3 AtG)[54], dann ist auf einer *zweiten* Ermessensstufe diejenige konkrete Maßnahme zu bestimmen, die – wiederum unter Verhältnismäßigkeitsaspekten – am besten geeignet ist, den jeweils aktuellen Erfordernissen der Schadensvorsorge im Einzelfall möglichst optimal Rechnung zu tragen.

c) Auf beiden Ermessensstufen, d.h. bei der Auswahl sowohl der Handlungsform als auch der konkreten Einzelmaßnahme, ist die *Risikoermittlung* und *Risikobewertung* allerdings wiederum Sache der Verwaltungsbehörden und einer gerichtlichen Kontrolle weitgehend entzogen[55]. Nur wenn jene Risikoabschätzung die Grenzen der *Willkür* überschreitet oder im Hinblick auf bestimmte wissenschaftliche Erkenntnisse und technische Erfahrungen offenkundig *unvertretbar* erscheint, kann sich das Auswahlermessen der Behörden auf Null reduzieren, so daß nur noch eine einzige Entscheidung oder Maßnahme als rechtmäßig anzusehen ist[56]. Unter solchen Umständen haben, wenn den betreffenden Vorschriften des Atomgesetzes drittschützender Charakter zukommt (wie z.B. bei § 17 Abs. 5 AtG), außenstehende Bürger auf die einzig rechtmäßige Entscheidung oder Maßnahme der Genehmigungs- bzw. Aufsichtsbehörde dann auch einen einklagbaren Rechtsanspruch.

II. Nachrüstung als Gegenstand von Aufsichtsmaßnahmen

Dem Gebot der »dynamischen Schadensvorsorge« zufolge müssen in Betrieb befindliche kerntechnische Anlagen – unbeschadet ihres Bestandsschutzes – im Rahmen des Verhältnismäßigkeitsprinzips so instandgehalten und modernisiert

---

54 Zum Verhältnis beider Handlungsalternativen vgl. unten Teil B VII.
55 Vgl. dazu BVerwGE 72, 300, 316 f.
56 Das OVG Lüneburg hat in seinem Urteil vom 23.9.1986 (-7 OVG D 7/86-) eine solche »Ermessensschrumpfung« bei § 19 Abs. 3 Satz 2 Nr. 3 AtG (Pflicht zur endgültigen Stillegung) für den Fall bejaht, daß ein obligatorischer Widerruf der Genehmigung nach § 17 Abs. 5 AtG zu erfolgen hat.

werden, daß sie sich nach Möglichkeit in einem jederzeit genehmigungsfähigen Zustand befinden. Die wichtigste Aufgabe der Behörden in der Aufsichtsphase besteht deshalb – neben sofortigen Eingriffen im Falle akuter Gefährdung – vor allem darin, kerntechnische Anlagen nicht nur fortlaufend zu »überprüfen«, ob sie (noch) dem geltenden Recht, den Bestimmungen des Genehmigungsbescheids oder nachträglich angeordneten Auflagen entsprechen, sondern darüber hinaus festzustellen, inwieweit eine Änderung der Sach- oder Rechtslage auch *Verbesserungen auf dem Gebiet der Anlagensicherheit* notwendig macht, die über den Stand des Genehmigungsbescheids hinausgehen. Im ersten Fall spricht man von Reparatur- oder Instandsetzungsmaßnahmen, im zweiten von Modernisierung oder Nachrüstung (back fitting).

Im folgenden Teil sollen, weil besonders umstritten, hauptsächlich Fragen der *Nachrüstung* im Vordergrund stehen. Dabei wird es zunächst (1.) um Formen und Verfahren der Aufsicht (im weiteren Sinn, d.h. einschl. des Handelns der Genehmigungsbehörden in der Aufsichtsphase) gehen, sodann (2.) um die Systematik der Aufsichtsmittel (im Verhältnis zueinander) sowie schließlich (3.) um die einzelnen Fallgruppen, die Anlaß für eine Nachrüstung kerntechnischer Anlagen sein können (z.B. Umgebungsänderung, wissenschaftlich-technischer Fortschritt, Wandel der Sicherheitsstandards). Weil damit immer zugleich auch Probleme des Bestandsschutzes und der Entschädigung involviert sind, müssen gerade hier zunächst die Kriterien offengelegt und begründet werden, nach denen die Zuordnung bestimmter äußerer Umstände zu einer dieser Fallgruppen und die Entscheidung für oder gegen die Zulässigkeit einzelner Aufsichtsmaßnahmen erfolgt.

1. *Formen und Verfahren der Kernenergieaufsicht*

a) Betrachtet man die *Aufsichtsphase*, die im Normalfall nach Eintritt der Bestandskraft einer Betriebsgenehmigung, ausnahmsweise nach deren Sofortvollzug mit der faktischen Inbetriebnahme einer kerntechnischen Anlage (d.h. mit der Aufnahme des Probebetriebs) beginnt, als eine *funktionelle Einheit*, dann lassen sich je nach Bestandsschutz zwei Arten von Aufsichtsinstrumenten unterscheiden: *1.* Maßnahmen, die den Bestand oder Inhalt der Genehmigung berühren (§ 17 AtG) und daher in der Regel von den Genehmigungsbehörden angeordnet werden (Aufsicht im weiteren Sinn), und *2.* Maßnahmen, die – ohne auf die Genehmigung zurückzuwirken – lediglich dazu dienen, die Rechtmäßigkeit und Gefahrlosigkeit des Anlangenbetriebs zu gewährleisten (§ 19 AtG), und für die allein die Aufsichtsbehörden zuständig sind (Aufsicht im engeren Sinn). Erst wenn man beide Arten zusammengefaßt darstellt und in ihrer Wechselbezüglichkeit betrachtet, erhält man ein vollständiges und realistisches Bild von der »Vielfalt« staatlicher Interventions- und Kontrollbefugnisse in der Aufsichtsphase.

b) Die Möglichkeiten des Staates, auf den Betrieb von kerntechnischen Anlagen einzuwirken (Aufsichtsmittel im weiteren Sinn), sind in den §§ 17 bis 19 AtG *abschließend* geregelt. Ein Rückgriff auf die allgemeinen Vorschriften über die Aufhebung oder Abänderung von Verwaltungsakten im Verwaltungsverfahrensgesetz ist nach überwiegender Meinung unzulässig[57]. Lediglich da, wo das Atomgesetz selbst auf andere Vorschriften verweist (wie § 19 Abs. 1 Satz 3 AtG auf § 139 b GewO und § 19 Abs. 2 Satz 3 AtG auf § 24 b GewO), sind diese Normen ergänzend anwendbar. Hingegen gelten vor allem die Bestimmungen des § 17 AtG über Rücknahme und Widerruf von Genehmigungen sowie die Entschädigungstatbestände des § 18 AtG als spezielle Sonderregelungen.

c) Zu den Aufsichtsmitteln im *weiteren* Sinn gehören die Rücknahme (§ 17 Abs. 2 AtG) und der Widerruf (§ 17 Abs. 3 bis 5 AtG) von (Betriebs-)Genehmigungen sowie die nachträgliche Auflage (§ 17 Abs. 1 Satz 3 AtG) und die nicht ausdrücklich geregelte Änderungsgenehmigung oder Genehmigungsänderung auf Antrag des Betreibers, für die § 7 AtG maßgeblich ist.
Unter die Aufsichtsmittel im *engeren* Sinn fällt dagegen – abgesehen von den behördlichen Prüfungsbefugnissen und Zutrittsrechten des § 19 Abs. 2 AtG – in erster Linie die Ordnungsverfügung oder aufsichtliche »Anordnung« nach § 19 Abs. 3 AtG, die ihrerseits wiederum eine Fülle verschiedener »Schutzmaßnahmen« zum Gegenstand haben kann, darunter auch die einstweilige oder endgültige Betriebseinstellung (Stillegung) der kerntechnischen Anlage.

d) Das *Verfahren* der Kernenergieaufsicht ist dem Genehmigungsverfahren weitgehend nachgebildet. Mit Ausnahme der Erteilung einer Änderungsgenehmigung, die nur auf Antrag erfolgt, müssen die Aufsichtsbehörden jedoch *von Amts wegen* tätig werden. Bei wesentlichen Änderungen, welche die Sicherheit der Anlage betreffen, hat auch dann, wenn sie im Wege einer nachträglichen Auflage angeordnet werden, eine (erneute) Öffentlichkeitsbeteiligung stattzufinden; insoweit ist § 4 Abs. 2 AtVfV in der Aufsichtsphase analog anzuwenden.

---

57 Vgl. *Fischerhof*, Atomgesetz (Kommentar), 2. Aufl., Bd.1, Baden-Baden 1978, RdNr. 14 zu § 17; ebenso *Lange*, NJW 1986, S. 2463; *Wagner*, DÖV 1987, S. 528; a.A. *Haedrich*, Atomgesetz (Kommentar), Baden-Baden 1986, RdNr. 1 zu § 17.

2. Systematik der Aufsichtsmittel

a) Will man das Verhältnis der verschiedenen Aufsichtsmittel zueinander bestimmen, muß man sich zunächst darüber klar werden, an welche tatbestandlichen Bedingungen sie im einzelnen geknüpft sind. Abgesehen von der nachträglichen Auflage (§ 17 Abs. 1 Satz 3 AtG), die immer schon dann statthaft ist, wenn und soweit dies zur Erreichung der in § 1 Nr. 2 und 3 AtG normierten allgemeinen Schutzzwecke »erforderlich« erscheint, setzen alle Aufsichtsmaßnahmen Rechtsverstöße der Betreiber und/oder einen »normwidrigen« bzw. »gefahrträchtigen« Zustand der kerntechnischen Anlage, mithin *Rechtswidrigkeit* im weitesten Sinne voraus.

Unter »Rechtswidrigkeit« ist hier nicht nur ein Verhalten oder ein Zustand zu verstehen, das bzw. der gegen materielle Rechtsnormen, also gegen Vorschriften des Atomgesetzes oder aufgrund dieses Gesetzes erlassener Rechtsverordnungen verstößt, sondern auch mit den darauf gestützten Anordnungen und Verfügungen der Aufsichtsbehörden oder mit dem Inhalt von Genehmigungen unvereinbar ist oder (nachträgliche) Auflagen mißachtet (vgl. §§ 17 Abs. 3 Nr. 3, 19 Abs. 1 Satz 2 und 19 Abs. 3 AtG). Dabei muß es sich stets um »*erhebliche*« oder »*wiederholte*« Rechtsverletzungen handeln, bevor die Aufsichtsbehörden einschreiten können. Haben Betreiber durch ein solches rechtswidriges Verhalten selbst Anlaß zu entsprechenden Aufsichtsmaßnahmen gegeben, so müssen sie diese entschädigungslos hinnehmen (§ 18 Abs. 2 Nr. 2 AtG).

Zu unterscheiden ist außerdem sowohl zwischen »anfänglicher« und »nachträglicher« als auch zwischen »formeller« und »materieller« Rechtswidrigkeit. Anfängliche Rechtswidrigkeit liegt immer dann vor, wenn ein Verhalten oder Zustand, ja möglicherweise sogar die Genehmigung selbst, dem geltenden Recht bereits im Zeitpunkt der Genehmigungserteilung widerspricht, nachträgliche Rechtswidrigkeit hingegen bei Rechtsverstößen, die später, d.h. erst während des Betriebs einer Anlage, stattfinden. Ferner spricht man – ähnlich wie im Baurecht – von »formeller« Rechtswidrigkeit bei fehlender Genehmigung, von »materieller« Rechtswidrigkeit bei einer mit Rechtsmängeln behafteten tatsächlichen Beschaffenheit der kerntechnischen Anlage, die in jenem defizitären Zustand nicht genehmigungsfähig ist.

b) War die Genehmigung von Anfang an rechtswidrig, weil bei ihrer Erteilung eine der Voraussetzungen des § 7 Abs. 2 AtG nicht vorgelegen hat, so kann sie nach § 17 Abs. 2 AtG *zurückgenommen* werden, und zwar unabhängig davon, ob der Fehler bekannt war bzw. hätte erkannt werden müssen oder ob er vorsätzlich bzw. fahrlässig herbeigeführt worden ist. Allerdings kann die

Behörde jenem Rechtsmangel auch durch eine nachträgliche Auflage abhelfen (§ 17 Abs. 1 Satz 3 AtG), wenn dadurch die Genehmigungsvoraussetzungen im nachhinein noch erfüllt werden können. Insoweit verfügt die Behörde hier über ein echtes Auswahlermessen zwischen zwei verschiedenen Aufsichtsmitteln, wobei freilich die Auflage als das mildere Instrument Vorrang vor der Rücknahme hat, die nur dann in Betracht kommt, wenn auf andere Weise keine Abhilfe geschaffen, d.h. der anfängliche Rechtsmangel geheilt werden kann.
Wird die Genehmigung hingegen erst später dadurch rechtswidrig, daß sich nachträglich die relevante Sach- oder Rechtslage ändert (ohne daß eine ihrer Voraussetzungen gemäß § 7 Abs. 2 Nr. 3 AtG weggefallen ist (vgl. § 17 Abs. 3 Nr. 2 AtG), so kann sie – da es sich um einen Verwaltungsakt mit *Dauerwirkung* handelt – nur für die Zukunft zurückgenommen und von Amts wegen durch eine neue Genehmigung (Zweitbescheid) ersetzt werden, falls nicht auch hier als das weniger einschneidende Mittel die nachträgliche Auflage den Vorzug verdient.
Eine Änderung oder Ergänzung der (anfänglich oder nachträglich) rechtswidrigen Genehmigung (*Änderungsgenehmigung*) ist auf Antrag des Betreibers jederzeit möglich, gegen seinen Willen indes grundsätzlich nicht. Insbesondere kann er nicht etwa im Wege einer Ordnungsverfügung nach § 19 Abs. 3 AtG dazu angehalten werden, einen entsprechenden Antrag zu stellen, weil das Atomgesetz den Behörden andere Aufsichtsmittel zur Verfügung stellt, die von Amts wegen zu ergreifen sind und einem »erzwungenen« Änderungsantrag des Betreibers ohnehin vorgehen würden.
Hat der Betreiber jedoch die anfängliche Rechtswidrigkeit der Genehmigung selbst zu vertreten, z.B. weil diese auf falschen oder unvollständigen Angaben von ihm beruht, kommt neben der Rücknahme oder nachträglichen Auflage (die dann übrigens entschädigungslos hingenommen werden muß; vgl. § 18 Abs. 2 Nr. 1 AtG) auch eine Ordnungsverfügung nach § 19 Abs. 3 AtG in Betracht. Hingegen scheidet ein Widerruf nach § 17 Abs. 2 bis 5 AtG schon deshalb aus, weil dieser stets die Rechtmäßigkeit der Genehmigung (im formellen Sinn) zur Voraussetzung hat, und zwar bei Dauerverwaltungsakten noch im Zeitpunkt der beabsichtigten Aufhebung.

c) Ist hingegen eine der Genehmigungsvoraussetzungen später weggefallen, etwa dadurch, daß bei einer kerntechnischen Anlage aufgrund veränderter Umstände (dazu unter A II, 3) die »erforderliche Schadensvorsorge« im Sinne von § 7 Abs. 2 Nr. 3 AtG nicht mehr gewährleistet ist, bleibt die Genehmigung als Dauerverwaltungsakt zwar weiterhin formell rechtmäßig; sie kann in diesem Fall aber nach § 17 Abs. 3 Nr. 2 AtG *widerrufen* werden, weil sich die Anlage, als gegenwärtig nicht mehr genehmigungsfähig, in einem materiell rechtswidrigen Zustand befindet. Gleiches gilt gemäß § 17 Abs. 3 Nr. 3 AtG auch für erhebliche oder wiederholte Rechtsverstöße des Betreibers sowie für die Nichteinhaltung nachträglicher Auflagen. Da ein solcher rechtswidriger Zustand der Anlage aber auch durch *Ordnungsverfügung* nach § 19 Abs. 3 AtG beseitigt werden kann, sind damit für das behördliche Handeln in der Aufsichtsphase der Fall des »nachträglichen« Wegfalls der Genehmigungsvoraussetzungen und ein materiell rechtswidriger oder gefahrenträchtiger Zustand der Anlage einander gleichgestellt.

Das gilt vor allem für sog. *Nachrüstungsmaßnahmen* (back fitting), die dadurch gekennzeichnet sind, daß sich bei Fortbestehen einer nach wie vor rechtmäßigen Genehmigung bestimmte tatsächliche Umstände in einer Weise geändert haben, die inzwischen eine Genehmigung der Anlage nicht mehr zulassen würden und deswegen im Hinblick auf das Gebot der »dynamischen Schadensvorsorge« Änderungen (Modernisierungen) der Anlage erfordern. Darunter fallen bis zur Grenze menschlichen Wissens und Ermessens alle denkbaren Schadensereignisse mit erkannter oder erkennbarer Gefahren- und Risikoqualität. Nachrüstungsmaßnahmen sind daher grundsätzlich auch zulässig, um Stör- oder Unfällen mit extrem geringer Eintrittswahrscheinlichkeit vorzubeugen (z.B. gegen das Risiko eines Flugzeugabsturzes). Sie dürfen im Wege der Aufsicht auch gegen den Willen des Betreibers durchgesetzt werden, wenn sie aus Rechtsgründen geboten sind (etwa um der erforderlichen Schadensvorsorge willen). Dies soll im folgenden anhand typischer »Fallgruppen« noch näher verdeutlicht werden.

3. *Typische Nachrüstungsfälle*

a) Das Problem der Modernisierung oder Nachrüstung kerntechnischer Anlagen ist keineswegs neu. Es besteht praktisch seit dem Zeitpunkt der Inbetriebnahme des ersten Kernkraftwerks und war auch dem Gesetzgeber schon bei der Schaffung des Atomgesetzes im Jahre 1959 bestens vertraut. Mit der Bestimmung des § 17 Abs. 1 Satz 3 AtG wollte er ausdrücklich den Genehmigungsbehörden die Möglichkeit verschaffen, »auch nachträgliche – durch die fortschreitende Entwicklung der Wissenschaft und Technik gebotene – Auflagen festzusetzen«[58]. Durch die Einbeziehung »nachträglicher Auflagen« in die Entschädigungspflicht des § 18 Abs. 1 und 2 AtG gemäß § 18 Abs. 3 AtG wurde jedoch die Diskussion über deren Zulässigkeit von vornherein mit Fragen des (wirtschaftlichen) Bestandsschutzes vermengt und befrachtet, zumal

---

58 Vgl. dazu die Begründung des Regierungsentwurfs aus dem Jahre 1958 (BT-Drs. 3/759, S. 30).

für Ordnungsverfügungen nach § 19 Abs. 3 AtG derartiges nicht vorgesehen war. Dennoch galt bis zur Mitte der siebziger Jahre als ausgemacht, daß nachträgliche Auflagen, wenn sie nach Schwere und Intensität nicht einem Widerruf der Genehmigung gleichkamen, vom Betreiber entschädigungslos hinzunehmen waren, zumindest soweit sie Nachrüstungsmaßnahmen zum Gegenstand hatten[59]. Erst als in der zweiten Hälfte der siebziger Jahre in der Öffentlichkeit zunehmend Kritik an der Kerntechnologie laut wurde und aus der Sicht der Betreiber nicht auszuschließen war, daß dieses veränderte politische Klima auch die Behörden zu immer strengerer Prüfung und zu immer weiterreichenden Nachrüstungsauflagen veranlassen könnte, wurde im Zusammenhang mit der Befugnis zur Erteilung nachträglicher Auflagen oder beantragter Änderungsgenehmigungen das Bestandsschutz- und Entschädigungsproblem zunehmend in den Vordergrund gerückt[60].

Den Kulminationspunkt des Pendelausschlags in diese nunmehr stärker von Betreiberinteressen geprägte Richtung erreichte die Debatte Mitte der achtziger Jahre, als man überwiegend davon ausging, daß praktisch jede technische Nachrüstung (gleichgültig aus welchem Anlaß), die im Wege nachträglicher Auflagen angeordnet wird, in den wirtschaftlichen Bestandsschutz der Genehmigung eingreift und somit Entschädigungsansprüche begründet[61]. Inzwischen ist vor allem aufgrund der schweren Unfälle von Harrisburg und Tschernobyl wieder etwas mehr Problembewußtsein auch bei den Betreibern festzustellen, die – wie das Beispiel von Biblis A zeigt – sogar auf dem Gebiet des anlageninternen Notfallschutzes (der zum Restrisikobereich gerechnet wird)

---

59 Statt anderer *Scharnhoop*, 1. AtRS 1972, S. 145: »Hat sich die Beurteilung der Sicherheit der Anlage nach der Genehmigung gewandelt aus Gründen, die in der Anlage selbst wurzeln, die im Genehmigungszeitpunkt weder vorhanden noch erkennbar waren, und nicht nur aufgrund einer Veränderung der Umgebung, so ist der Berechtigte verpflichtet, diese *Gefahr* (!) auf seine Kosten einzudämmen oder zu beseitigen« (Herv.d. Verf.).

60 Dies zeigt geradezu exemplarisch ein Vergleich der Themen und Diskussionen auf dem *Ersten* (1972) und *Sechsten* (1979) Deutschen Atomrechts-Symposium. Die gleichen Fragen wurden zunächst unter dem Thema: »Nachträgliche Berücksichtigung der Änderungen von Wissenschaft und Technik und der Umgebung bei einer genehmigten Kernkraftanlage einschließlich Entschädigungsfragen«, später unter dem schlichten Titel: »Bestandsschutz und wesentliche Änderungen« abgehandelt. Schon in der Formulierung dieser Überschriften wird die Akzentverschiebung deutlich.

61 Vgl. statt anderer *Richter*, a.a.O., S. 96: »Nachträgliche Auflagen verpflichten grundsätzlich stets zu einer Entschädigungsleistung«.

freiwillig zu erheblichen Nachrüstungsinvestitionen bereit sind, ohne sie von einer Entschädigung abhängig zu machen[62].

Diese Positionsschwankungen zeigen, daß man sich aus wissenschaftlicher Sicht in erhebliche Begründungsschwierigkeiten begibt, wenn die Frage nach der Zulässigkeit bestimmter Aufsichtsmaßnahmen schon von vornherein mit deren Folgeproblemen »Bestandsschutz« und »Entschädigung« verquickt wird. Einer objektiven Erörterung dienlicher ist dagegen – wie sonst allgemein in der Jurisprudenz, so auch hier – die strikte Trennung von Tatbestand und Rechtsfolge. Zunächst einmal sind, bezogen auf bestimmte Fallgruppen, Kriterien dafür zu entwickeln, ob und unter welchen Voraussetzungen einzelne Aufsichtsmittel angewendet werden können, bevor in einem zweiten Schritt auf der Abwägungsebene die Problematik des Bestandsschutzes und der Entschädigung zur Sprache kommen können (vgl. dazu unten A III).

b) Betrachtet man die einzelnen Umstände, die im konkreten Fall unter dem Aspekt der »bestmöglichen Gefahrenabwehr und Risikovorsorge« einen Nachrüstungsbedarf auslösen können, so lassen sich im wesentlichen die folgenden *drei Gruppen* bilden und voneinander unterscheiden: Nachrüstungsmaßnahmen können beruhen *1.* auf einer Änderung der Umgebung der Anlage, *2.* auf einem Fortschritt des wissenschaftlichen oder technischen Erkenntnisstands und *3.* auf einer Erhöhung von Sicherheitsstandards oder – wie es oft etwas anspruchsvoller heißt – auf einem Wandel der »Sicherheitsphilosophie«. Dabei können im Einzelfall durchaus Zuordnungsprobleme auftreten[63]. Dennoch erlauben diese drei Fallgruppen bestimmte idealtypische Kategorisierungen und Systematisierungen der verschiedenen Aufsichtsmittel in bezug auf einzelne konkrete Nachrüstungssituationen.

Dreh- und Angelpunkt einer solchen Systematik ist das Kriterium der Verantwortung für die Ursachen einer Nachrüstung (*Verursacherprinzip*), das auch

---

62 Auch in der jüngsten Literatur (weniger freilich in der Rechtsprechung) spiegelt sich diese neuerliche Tendenz zur Betonung der »Betreiberverantwortung« wieder: Vgl. etwa die bereits zitierten Abhandlungen von *Roßnagel*, JZ 1986, S. 716 ff.; *Lange*, NJW 1986, S. 2459 ff.; *Bender*, DÖV 1988, S. 813 ff.; eher zurückhaltend: *Wagner*, DÖV 1987, S. 524 ff.; *F. J. Schmitt*, Bestandsschutz für Kernenergieanlagen, 8. AtRS 1989.

63 Ist beispielsweise der anlageninterne Notfallschutz ein Ergebnis des wissenschaftlich-technischen Fortschritts oder Resultat eines gestiegenen Sicherheitsbedürfnisses? Im Hinblick darauf, daß die Notfallschutz*techniken* (Druckentlastung, Inertisierung) schon seit langem bekannt sind, wäre wohl eher letzteres anzunehmen. Indessen haben erst die Unfälle von Harrisburg und Tschernobyl Einsichten vermittelt, die insofern einen Erkenntnisfortschritt darstellen, als sie die *praktische Notwendigkeit* derartiger Schutzvorkehrungen unter Beweis gestellt haben.

sonst im Umweltschutzrecht anerkannt wird. Wendet man diesen Maßstab auf die genannten Fallgruppen an, dann liegt zunächst auf der Hand, daß eine *Umgebungsänderung* bei kerntechnischen Anlagen vorwiegend in den Verantwortungsbereich des Staates fällt, weil er jederzeit in der Lage gewesen wäre, etwa ein Vordringen der Wohnbebauung oder Industrieansiedlung in der unmittelbaren Nachbarschaft eines Kernkraftwerks durch Verweigerung entsprechender Baugenehmigungen zu verhindern. Ähnliches gilt für den Wandel der *Sicherheitsphilosophie*, insbesondere für ein gestiegenes Sicherheitsbedürfnis in der Bevölkerung. Auch hier ist in erster Linie die Allgemeinheit als »Verursacher« dieses Politikums anzusehen und damit letztlich der Staat verantwortlich.

Anders jedoch bei Fortschritten des *»Standes von Wissenschaft und Technik«*: In diesem Fall muß jeder Betreiber einer kerntechnischen Anlage von vornherein damit rechnen, daß während der Dauer ihrer Nutzung neue wissenschaftliche oder technische Erkenntnisse zutage gefördert werden, die im Sinne einer »dynamischen Schadensvorsorge« das Sicherheitsniveau der Anlage zu erhöhen geeignet sind. Die dafür erforderlichen Kosten muß er in seine Kalkulation einstellen, und – falls dies nicht von Anfang an geschehen kann, weil derartige Erkenntnisfortschritte nur schwer vorhersehbar sind – dann eben nachträglich die Preise für sein Produkt erhöhen. Denn es ist überhaupt nicht einzusehen, daß jemand, der eine bestimmte äußerst riskante Technologie ökonomisch nutzt, nicht auch letztlich selbst dafür einzustehen hat, daß die damit verbundenen Risiken im Rahmen des wissenschaftlich Denkbaren und technisch Machbaren so gering wie möglich gehalten werden. Würde er etwa in diesem Bereich für Nachrüstungsmaßnahmen auch noch entschädigt, so träfen die damit verbundenen Kosten zu Unrecht den Steuerzahler, anstatt – über den Preis – den eigentlich »ursächlichen« Energieverbraucher.

c) Dies vorausgeschickt, soll nunmehr zunächst geprüft werden, welche Aufsichtsmittel bei einer *Umgebungsänderung* in Betracht kommen, für die hauptsächlich der Staat verantwortlich ist. Unter dem prinzipellen Vorbehalt einer planungsrechtlichen Priorität bestehender kerntechnischer Anlagen ist man sich weitgehend darüber einig, daß der Staat auf eine Änderung der Umgebung mit »nachträglichen Auflagen« gemäß § 17 Abs. 1 Satz 3 AtG reagieren kann, und zwar im gesamten Bereich der »erforderlichen Schadensvorsorge«, d.h. auch ohne daß von der Anlage eine akute Gefahr ausgehen muß[64].

---

64 So *Hansmann*, 1. AtRS 1973, S. 153 ff.; *Backherms*, 6. AtRS 1979, S. 176; *Richter*, a.a.O., S. 78 ff.

Ferner wird unter den Voraussetzungen des § 17 Abs. 3 AtG ein fakultativer Widerruf der Genehmigung für zulässig gehalten, jedoch lediglich als »ultima ratio« und nur gegen Entschädigung, wobei sich freilich im Bereich der Gefahrenabwehr das Auswahlermessen der Behörden auf Null reduzieren soll. Hingegen kommt nach Meinung der genannten Autoren hier weder eine Rücknahme der Genehmigung nach § 17 Abs. 2 AtG in Betracht, weil es an deren Rechtswidrigkeit fehle, noch ein obligatorischer Widerruf gemäß § 17 Abs. 5 AtG, der verlange, daß die »erhebliche Gefahr« anlagen- und nicht umweltbedingt sein müsse. Ebenso scheidet für diesen Fall eine Ordnungsverfügung aus, da auch § 19 Abs. 3 AtG an den »Zustand« der Anlage selbst anknüpft.

d) Schwieriger und differenzierter zu beurteilen ist dagegen ein fortgeschrittener »*Stand von Wissenschaft und Technik*«, das eigentliche (und wohl auch häufigste) Regelbeispiel für einen Nachrüstungsbedarf. Ausgehend von der Prämisse, daß für einen möglichst jederzeit genehmigungsfähigen Zustand der Anlage in erster Linie der Betreiber verantwortlich ist, können bei neuen wissenschaftlichen oder technischen Erkenntnissen die notwendigen Nachrüstungsmaßnahmen nicht nur im Wege nachträglicher Auflagen verlangt, sondern auch durch Ordnungsverfügungen gemäß § 19 Abs. 3 AtG angeordnet werden, wenn sonst ein – nunmehr als »gefährlich« (im Sinne von § 1 Nr. 2 AtG) erkannter – schadensträchtiger Zustand der Anlage entstehen würde oder fortbestünde. Dies gilt natürlich für alle Maßnahmen im Bereich der Gefahrenabwehr (hier wiederum unter Ermessensschrumpfung), aber nach überwiegender Ansicht auch für die gefahrenunabhängige Risikovorsorge[65], wobei entsprechende Nachrüstungsauflagen wegen der überwiegenden Betreiberverantwortung für den technisch jederzeit einwandfreien Zustand der Anlage – anders als bei der Umgebungsänderung oder bei einem Wandel der Sicherheitsphilosophie – zumindest im Gefahrenbereich entschädigungslos hinzunehmen sind[66], solange

---

[65] So vor allem *Haedrich*, a.a.O., RdNr. 7 d aa) zu § 17; *Kuckuck*, 6. AtRS 1979, S. 218 ff.; a.A. *Backherms*, 6. AtRS 1979, S. 178 (nur zur Gefahrenabwehr, nicht zur Risikovorsorge); differenziert: *Richter*, a.a.O., S. 76 ff.: »im Bereich der Risikovorsorge unter dem Vorbehalt der technischen Realisierbarkeit und Verhältnismäßigkeit«. Bei letzterer seien »der Sicherheitsgewinn und die damit verbundenen Kosten zu vergleichen«.

[66] Das schließt *Backherms* (6.AtRS 1979, S. 181 f.) mit Recht aus § 18 Abs. 2 Nr. 3 AtG, der – auf nachträgliche Auflagen gemäß § 18 Abs. 3 AtG analog angewandt – eine Entschädigung für alle »nachträglich eingetretenen Gefährdungen« ausschließt, also auch für die, die infolge von Wissenschafts- oder Technikfortschritten sich erst später als solche erwiesen haben. Dabei kann er sich insbesondere auf die Entste-

sie nach Schwere und Intensität nicht den Eingriffsgrad eines Genehmigungswiderrufs erreichen, d.h. mit ihren Kosten praktisch den Restnutzungswert der Anlage übersteigen (vgl. dazu unten A III, 2 b). Im übrigen kommt zwar keine Rücknahme der Genehmigung, aber im äußersten Fall nicht nur deren fakultativer (Art. 17 Abs. 2 AtG), sondern auch obligatorischer Widerruf nach § 17 Abs. 5 AtG in Betracht, weil ein veränderter »Stand von Wissenschaft und Technik«, unvorhergesehen »erhebliche Gefährdungen« zutage fördern kann, die gerade mit der Beschaffenheit einer kerntechnischen Anlage selbst zusammenhängen.

Als aktuelles Beispiel sei in diesem Zusammenhang auf den anlageninternen *Notfallschutz* hingewiesen. Dabei handelt es sich, namentlich für Kernkraftwerke älterer Bauart, durchweg um Nachrüstungsmaßnahmen (z.B. Schnellabschaltung, Druckentlastung, Inertisierung), die in der Öffentlichkeit zwar auch aufgrund eines gestiegenen Sicherheitsbedürfnisses gefordert werden, aber doch in erster Linie dadurch veranlaßt sind, daß der heutige »Stand von Wissenschaft und Technik« nach den jüngsten Erfahrungen aus Harrisburg und Tschernobyl in Richtung auf bestimmte Vorbeugungsmaßnahmen gegen eine Kernschmelze erhebliche Fortschritte gemacht hat.

Wenn man sich dieser Einschätzung anschließt und zugleich die Meinung vertritt, daß der Notfallschutz nicht unter das Restrisiko fällt, sondern unverzichtbarer Bestandteil der »erforderlichen Schadensvorsorge« ist (vgl. A I, 3c), dann folgt aus dem oben Gesagten, daß derartige Notfallmaßnahmen sowohl durch Ordnungsverfügung als auch im Wege nachträglicher Auflagen erzwungen werden können, und zwar ohne Entschädigung, solange ihre Kosten sich in zumutbaren Grenzen halten. Im Normalfall dürfte hier freilich schon die Anregung der Behörden ausreichen, den entsprechenden Antrag auf Erteilung einer Änderungsgenehmigung zu stellen.

e) Den problematischsten Fall bildet die nachträgliche Änderung von Sicherheitsstandards aufgrund neuer Risikoanalysen und Risikobewertungen durch

---

hungsgeschichte des § 18 AtG stützen. In der Begründung des Regierungsentwurfs von 1958 heißt es dazu: »Wie in den Fällen, in denen sich wegen Fehlens ausreichender Erfahrungen und abgeschlossener wissenschaftlicher Erkenntnisse eine Anlage nachträglich als unzulänglich oder unwirtschaftlich erweist, der Unternehmer das Risiko dafür trägt, so muß auch in jenen Fällen, in denen sich aus einer genehmigten Anlage oder Tätigkeit nicht vorsehbare erhebliche Gefährdungen der Beschäftigten, Dritter oder der Allgemeinheit nachträglich ergeben, der Berechtigte das Risiko tragen. Denn es ist in erster Linie seine Aufgabe, eine von ihm geplante technische Anlage so einzurichten oder eine von ihm ausgeführte Tätigkeit so zu betreiben, daß durch sie die Beschäftigten, Dritte oder die öffentliche Sicherheit nicht beeinträchtigt werden« (BT-Drs. 3/759, S. 31).

die Aufsichtsbehörden, ohne daß sich die Umgebung einer kerntechnischen Anlage oder der wissenschaftlich- technische Erkenntnisstand verändert haben: ein sog. »Wandel der *Sicherheitsphilosophie*«. Hier scheiden von vornherein die Genehmigungsrücknahme ebenso aus wie der obligatorische Widerruf nach § 17 Abs. 5 AtG, weil kaum vorstellbar ist, daß ein gestiegenes Sicherheitsbedürfnis schon für sich genommen eine »erhebliche Gefahr« darstellen oder begründen kann[67]. Aber auch die Ordnungsverfügung nach § 19 Abs. 3 AtG wird überwiegend nicht für zulässig gehalten, da verschärfte Beurteilungsmaßstäbe ohne einen wissenschaftlich-technischen Erkenntnisfortschritt zwar dazu dienten, den Schutzzweck des § 1 Nr. 2 AtG besser zu verwirklichen, aber keinen »Zustand« der Anlage herbeiführten, der rechtswidrig sein oder eine Gefahr darstellen könne[68].

Damit verbleiben als aufsichtsbehördliche Maßnahmen nur der fakultative Widerruf nach § 17 Abs. 3 Nr. 2 AtG wegen nachträglichen Wegfalls der Genehmigungsvoraussetzungen und erneut die nachträgliche Auflage nach § 17 Abs. 1 Satz 3 AtG. Was zunächst den *Widerruf* anbelangt, so wird hier neuerdings ebenfalls eine restriktive Auslegung des § 17 Abs. 3 Nr. 2 AtG empfohlen, »weil ein Sinneswandel der Exekutive für sich allein nicht zum Genehmigungswiderruf führen kann«[69]. Etwas anderes sollte freilich dann gelten (d.h. ein Widerruf möglich sein), wenn die veränderten Sicherheitsanschauungen der Verwaltung sich bereits in objektivierter Form niedergeschlagen haben, sei es in Richtlinien oder auch nur in technischen Regelwerken (wie z.B. in RSK-Leitlinien).

Mithin konzentriert sich bei einer Änderung der Sicherheitsphilosophie die Aufmerksamkeit in Rechtsprechung und Literatur ganz auf das Instrument der *nachträglichen Auflage* nach § 17 Abs. 1 Satz 3 AtG. Sie wird allerdings von der ganz überwiegenden Zahl der Stimmen – wenn auch teils mit gewissen Einschränkungen, teils nur gegen Entschädigung – für zulässig erachtet[70]. Damit entspricht die herrschende Ansicht vor allem dem Wortlaut des § 17

---

67 Anderer Ansicht ist – soweit ersichtlich – nur *Roßnagel*, JZ 1986, S. 720, der sich auch in solchen Fällen für die Möglichkeit eines Widerrufs nach § 17 Abs. 5 AtG ausspricht.
68 So statt anderer *Fischerhof*, a.a.O., RdNr. 9 zu § 19.
69 So *Bender*, DÖV 1988, S. 816; ähnlich auch *Lukes*, BB 1986, S. 1308: »nicht ... aufgrund allgemeiner sicherheitstechnischer Bedenken der Behörden«.
70 Vgl. *Fischerhof*, a.a.O., RdNr. 9 zu § 17; *Haedrich*, a.a.O., RdNr. 7 d, bb) zu § 17; *Kuckuck*, 6. AtRS 1979, S. 205, 219 f.; einschränkend *Backherms* (6. AtRS 1979, S. 177, der nachträgliche Auflagen hier nur zur Gefahrenabwehr erlauben will; a.A. lediglich *Richter*, a.a.O., S. 80 f., mit dem wenig überzeugenden und auch im Widerspruch zur Verfassungsrechtsprechung stehenden Argument, die Grundrechtspositionen betroffener Dritter verlangten zwingend nur die Abwehr von Gefahren.

Abs. 1 Satz 3 AtG, der bereits *jeden* Umstand (also auch eine Erhöhung von Sicherheitsstandards) genügen läßt, der den Schutzzweck des § 1 Nr. 2 AtG möglichst optimal zu erfüllen geeignet ist.
Auch dazu ein Beispiel: Das Verlangen nach »Barrieren« gegen *Flugzeugabsturz*, der als *erkennbares* Schadensereignis trotz seiner geringen Eintrittswahrscheinlichkeit nicht einfach zum »Restrisikobereich« gezählt und damit vernachlässigt werden darf[71], beruht weder auf einer Umgebungsänderung (die Zahl der Überflüge hat sich nicht wesentlich erhöht), noch auf einem wissenschaftlich-technischen Erkenntnisfortschritt (die notwendigen Baumaßnahmen waren technisch schon immer möglich), sondern ganz offenkundig auf einem gestiegenen Problembewußtsein und einer Änderung der Sicherheitsphilosophie. Folglich können derartige Vorkehrungen – entsprechend dem obigen Ergebnis – im Rahmen der »erforderlichen Schadensvorsorge« vom Betreiber nicht nur bei der Genehmigung seiner Anlage, sondern ebenso als Nachrüstungsmaßnahme im Wege der *nachträglichen Auflage* aufgrund von § 17 Abs. 1 Satz 3 AtG gefordert werden.
Davon zu trennen ist zum einen die Frage der Entschädigung (vgl. unten A III, 2 b), zum anderen das Problem, ob solche weitreichenden Nachrüstungsmaßnahmen in angemessener Zeit während des laufenden Betriebs einer Anlage durchgeführt werden können oder ob es dazu einer vorübergehenden Stillegung bedarf, die durch Ordnungsverfügung nach § 19 Abs. 3 Satz 2 Nr. 3 AtG zusätzlich angeordnet werden muß und in diesem Fall – soviel sei hier schon vorweggenommen – auch (entschädigungslos) angeordnet werden darf, weil Abhilfe durch nachträgliche Auflagen stets »in angemessener Zeit« zu erfolgen hat (vgl. § 17 Abs. 3 Nr. 3, Abs. 5 AtG) und im Falle des Verzichts auf Stillegung (sofern eine Nachrüstung bei laufendem Betrieb überhaupt möglich ist) jedenfalls infolge zwangsläufiger Verzögerungen die in der Auflage vorzusehende zeitliche Befristung nicht eingehalten werden könnte, so daß dann der »Zustand« dieser weiterlaufenden Anlage einer »nachträglichen Auflage« im Sinne von § 19 Abs. 3 Satz 2 Nr. 3 AtG widerspräche. Nähere Einzelheiten zu diesem besonderen Aufsichtsproblem finden sich im nachfolgenden Kapitel über »Bestandsschutz und Entschädigung« sowie im Abschnitt über Ordnungsverfügungen (vgl. unten B II, 2 d).

---

71 Vgl. oben A I, 3c.

III. Bestandsschutz und Entschädigung

Die Feststellung, daß die Eingriffsmöglichkeiten der Genehmigungs- und Aufsichtsbehörden dort enden, wo der Bestandsschutz in Betrieb befindlicher kerntechnischer Anlagen beginnt, erscheint auf den ersten Blick ebenso selbstverständlich wie trivial. Hört an dieser Stelle aber zugleich auch die staatliche Gesamtverantwortung für den *sicheren* Betrieb solcher Anlagen auf? Dieser Eindruck muß sich geradezu aufdrängen, wenn man sieht, wie in der Literatur zum Teil der Versuch unternommen wird, durch restriktive Interpretation der Aufsichtsbefugnisse in den §§ 17 und 19 AtG einerseits sowie durch extensive Auslegung der Entschädigungsregelungen in § 18 AtG andererseits – natürlich stets unter Hinweis auf verfassungsrechtliche Positionen wie den Rechtsstaatsgrundsatz, das Vertrauensschutzprinzip oder die Eigentumsgarantie – den Handlungsspielraum der Behörden einzuengen, wo nicht gar zu minimieren. Diese Tendenz ist namentlich überall da zu spüren, wo eine vom Gesetzeswortlaut her naheliegende Aufsichtsbefugnis oder -maßnahme mit der Begründung abgelehnt wird, wenn man dies annähme, bliebe der *Bestandsschutz* außer Betracht[72].

Daß schon die Entscheidung des Gesetzgebers (in Gestalt einzelner Tatbestände der §§ 17 bis 19 AtG) selbst eine verfassungsrechtlich unbedenkliche »Konkretisierung« des Bestandsschutzes darstellt oder, grundrechtlich formuliert, eine zulässige Inhalts- und Schrankenbestimmung des kerntechnischen Betreibereigentums, wird dabei leicht übersehen. Weil nach allgemeiner Ansicht der Schutzzweck des Atomgesetzes (§ 1 Nr. 2 und 3 AtG) Vorrang vor dem Förderungszweck des § 1 Nr. 1 AtG hat, kann und darf der Bestandsschutzaspekt nicht einfach beziehungslos und absolut den legitimen Sicherheitsinteressen der Allgemeinheit entgegengehalten werden. Er ist grundsätzlich nicht geeignet, behördliche Aufsichtsbefugnisse, die das Atomgesetz vorsieht, schon auf der Tatbestandsebene zu begrenzen. Dagegen bildet er ein wichtiges Abwägungskriterium, das nur *innerhalb* der Eigentumsgarantie (z.B. als Entschädigungsgrund) und des Verhältnismäßigkeitsprinzips rechtliche Bedeutung gewinnt und deshalb auch dort zur Geltung gebracht werden muß – wie, soll im folgenden näher beleuchtet werden.

---

72 So etwa *Richter*, a.a.O., S. 20; *Rengeling*, DVBl. 1988, S. 260.

1. *Eigenart und Grenzen des Bestandsschutzes*

a) Ohne jeden Zweifel genießen ordnungsgemäß genehmigte und betriebene kerntechnische Anlagen (sog. Altanlagen) generell Bestandsschutz. Aber was heißt das konkret? Schon der Begriff »*Altanlage*« bedarf in diesem Zusammenhang der Erläuterung. Er ist offenbar der Dogmatik des rechtsstaatlichen »Rückwirkungsverbots« entlehnt, das sich in erster Linie an den Gesetzgeber wendet. Maßnahmen der Behörden in der Aufsichtsphase, die sich auf bestimmte, tatbestandlich eng umgrenzte Befugnisse stützen, haben aber immer »Altanlagen« zum Gegenstand, so daß sich hier das Rückwirkungsproblem gar nicht stellt bzw. schon von vornherein in die Aufsichtstatbestände »eingearbeitet« ist. Will man für die Aufsichtsphase gleichwohl am Begriff der »Altanlage« festhalten, um sie von einer »Neuanlage« im Genehmigungsstadium zu unterscheiden, so ist er strikt formal zu verstehen: Um eine Altanlage handelt es sich stets von dem Zeitpunkt an, in dem die entsprechende Betriebsgenehmigung Bestandskraft erlangt hat oder für sofort vollziehbar erklärt worden ist und von dem an die Anlage auch tatsächlich in Betrieb genommen wurde.

b) Verfassungsrechtlich verankert ist der Bestandsschutz zum einen im Gedanken des Vertrauensschutzes (in den Fortbestand der Genehmigung) als Ausprägung des Rechtsstaatsprinzips (Art. 20, 28 GG), zum anderen in der Eigentumsgarantie (Art. 14 Abs. 1 GG) in Verbindung mit dem – von der Rechtsprechung inzwischen erheblich relativierten – Schutz des »eingerichteten und ausgeübten Gewerbebetriebs«[73]. Von daher muß auch zwischen dem Bestandsschutz im *formellen* Sinn, welcher sich aus der Bestandskraft der Genehmigung ergibt, und dem Bestandsschutz im *materiellen* Sinn, bezogen auf den genehmigten Zustand der Anlage, klar unterschieden werden.

Der formelle oder *rechtliche* Bestandsschutz ist in den Tatbeständen des § 17 AtG und zum Teil auch in § 19 AtG abschließend geregelt. Soweit den Behörden danach bestimmte Aufsichtsbefugnisse eingeräumt werden, kann sich kein Betreiber demgegenüber abstrakt auf Bestandsschutz berufen. Vielmehr konkretisieren und relativieren diese Vorschriften den formellen Bestandsschutz in einer verfassungsrechtlich unbedenklichen Weise und stellen damit zunächst ganz allgemein eine zulässige Inhalts- und Schrankenbestimmung des Betreibereigentums gemäß Art. 14 Abs. 1 Satz 2 GG dar. Wie die sehr weitreichende Befugnis der Behörden zur Erteilung nachträglicher Auflagen zeigt, deren Inanspruchnahme lediglich an die Verfolgung der Schutzzwecke des § 1 Nr. 2 und 3 AtG geknüpft ist, kann ein Betreiber nach dem Willen

---

73 Vgl. aus neuerer Zeit insbes. BVerfGE 68, 193, 222 f.; 77, 84, 118; 370, 377.

des Gesetzgebers in den Grenzen des § 17 Abs. 2 bis 5 AtG zwar auf den »unbefristeten« (d.h. zeitlich nicht limitierbaren [vgl. § 17 Abs. 1 Satz 4 AtG]) Fortbestand der Genehmigung selbst vertrauen, nicht aber auf die Unabänderlichkeit ihres Inhalts, der im Interesse einer »dynamischen Schadensvorsorge« flexibel gehalten und in Form von Nachrüstungsauflagen den sich permanent verändernden Umständen angepaßt werden muß. Auf der anderen Seite darf der formelle Bestandsschutz – gegen den Willen des Betreibers – nur nach den erschöpfenden Regelungen in § 17 AtG durchbrochen werden, *muß* dies aber auch, wenn die Voraussetzungen dafür vorliegen, weil sich aus dem Grundrecht auf Leben und körperliche Unversehrtheit (Art. 2 Abs. 2 Satz 1 GG) für den Staat bestimmte Schutzpflichten ergeben, die ihn gerade in der Aufsichtsphase zum Erhalt und (dynamischen) Ausbau der »erforderlichen Schadensvorsorge« zwingen.

Dagegen hat der materielle oder *wirtschaftliche* Bestandsschutz, der den Betreiber einer kerntechnischen Anlage vor unzumutbaren Vermögensopfern zugunsten von Sicherheitsinteressen der Allgemeinheit bewahren soll, eine ebenfalls umfassende und abschließende Regelung in § 18 AtG gefunden (vgl. dazu im einzelnen unten A III 2). Sie ist Ausdruck des allgemeinen Grundgedankens von Art. 14 Abs. 3 GG, wonach niemand enteignende Eingriffe in sein Vermögen zum Wohle der Allgemeinheit hinnehmen muß, ohne dafür angemessen entschädigt zu werden. Allerdings ergibt sich dabei stets das Problem, zwischen staatlichen Maßnahmen mit und ohne *Entschädigungsanspruch* (auch sofern sie nicht enteignende Wirkung entfalten, sondern lediglich der Inhalts- und Schrankenbestimmung des Eigentums dienen) sachgerecht zu unterscheiden. Das Bundesverwaltungsgericht hat hierfür in ständiger Rechtsprechung die sog. Schwere- oder *Zumutbarkeitstheorie* entwickelt, wonach ein entschädigungspflichtiger Eingriff des Staates immer dann vorliegt, wenn er in seiner Intensität und Tragweite der klassischen Enteignung, nämlich der *Eigentumsentziehung*, gleichzuachten ist[74].

Ob dies im konkreten Fall angenommen werden kann, hängt nach Meinung des Bundesverfassungsgerichts entscheidend von der jeweiligen *Funktion* des betreffenden Sacheigentums ab. Als vorwiegend privatnütziges Rechtsgut wird ihm umso stärkerer Schutz zuteil, je mehr es der persönlichen Lebensgestaltung und Existenzsicherung dient; steht es hingegen – wie das Unternehmenseigentum – überwiegend in einem sozialen Bezug, so reicht auch die staatliche Befugnis zu seiner Inhalts- und Schrankenbestimmung entsprechend weiter[75].

---

74 Seit BVerwGE 5, 143, 145 std.Rspr.; vgl. auch BVerwGE 7, 297, 299; 11, 68, 75; 15, 1, 3 etc.
75 Grundlegend BVerfGE 50, 290, 339 ff.

Gegenstand und Umfang des durch Art. 14 Abs. 1 Satz 1 GG gewährleisteten Bestandsschutzes (und damit auch der Frage, wann ein zur Entschädigung verpflichtender Rechtsentzug vorliegt) ergeben sich somit in erster Linie aus der Gesamtheit aller verfassungsmäßigen Gesetze, die den Inhalt des Eigentums bestimmen[76]. Läßt man sich daher von der Funktion des Eigentums an kerntechnischen Anlagen leiten, so drängen sich dessen soziale Bindungen (»Sozialpflichtigkeit« im Unterschied zur »Privatnützigkeit«) sogar in doppelter Hinsicht auf: zum einen dient es einer öffentlichen Aufgabe, nämlich der Energieversorgung; zum anderen ist seine Nutzung mit extrem hohen Gefahren für die Allgemeinheit verbunden, so daß sich aus beiden Aspekten ein legitimes Bedürfnis nach möglichst weitreichender staatlicher Regulierung im Sinne von Art. 14 Abs. 1 Satz 2 GG ergibt.

Diese verfassungsrechtlichen Überlegungen führen im Ergebnis dazu, die *Entschädigungstatbestände* des § 18 Abs. 1 AtG eher eng, die Ausnahmen hiervon in Abs. 2 jedoch weit auszulegen, um auf diese Weise nicht nur dem Gesetzgeber, sondern auch den Behörden in der Aufsichtsphase den notwendigen Handlungsspielraum zu erhalten. Von besonderer Bedeutung ist ein solches Vorgehen vor allem für das Verständnis von § 18 Abs. 3 AtG, der eine entsprechende Anwendung der Entschädigungsregelungen des Abs. 1 und 2 für nachträgliche Auflagen vorsieht. Würde man hier in jedem Fall zu einer Vollentschädigung gelangen, wären den Behörden bei der Nachrüstung kerntechnischer Anlagen weitgehend die Hände gebunden. Deshalb empfiehlt sich in diesem Fall besondere Zurückhaltung gegenüber voreiligen Kurzschlüssen, die jede nachträgliche Auflage unterschiedslos den in erster Linie auf Rücknahme und Widerruf der Genehmigung zugeschnittenen Entschädigungsvorschriften des § 18 Abs. 1 AtG unterstellen möchten (vgl. dazu auch unten A III, 2 b).

c) Führt man also den Bestandsschutz auch im Atomrecht auf seine verfassungsrechtlichen Wurzeln in Art. 14 GG zurück, dann zeigt sich sehr deutlich, daß es wegen der besonderen sozialen Funktion dieses spezifischen Unternehmenseigentums (Energieversorgung, Gefahrenträchtigkeit) hier noch weniger als sonst in der Privatwirtschaft einen absoluten Bestandsschutz geben kann. Vielmehr hat er lediglich *relativen* Charakter, d.h. er bleibt stets bezogen auf die der individuellen Grundrechtssicherung von Leben und körperlicher Unversehrtheit (Art. 2 Abs. 2 Satz 1 GG) dienenden *vorrangigen* Schutzzwecke

---

76 So BVerfGE 58, 300, 336; 70, 115, 122; 72, 66, 77; 74, 129, 148.

des § 1 Nr. 2 und 3 AtG, aus denen sich das Gebot der »bestmöglichen Gefahrenabwehr und Risikovorsorge« ergibt[77].
Deshalb ist weder aus Art. 14 GG noch aus dem Befristungsverbot des § 17 Abs. 1 Satz 4 AtG etwa ein Grundsatz herzuleiten, wonach der Betreiber einer technischen Anlage darauf vertrauen darf, seine Genehmigung unverändert und ohne Rücksicht auf die allgemeine wissenschaftliche und technische Entwicklung für alle Zeit ausnutzen zu können[78]. *Kuckuck* ist sogar der Ansicht, daß selbst der relative Bestandsschutz bei kerntechnischen Anlagen mit zunehmender Betriebsdauer immer mehr schwindet[79]. Für diese »Schrumpf«-These spricht nicht zuletzt der Umstand, daß nach § 18 Abs. 1 Satz 4 AtG auch der wirtschaftliche Bestandsschutz stetig abnimmt: Die Entschädigung bei Altanlagen ist begrenzt durch die Höhe ihres jeweiligen »Zeitwerts«.
Im Ergebnis ist daher der Bestandsschutz kerntechnischer Anlagen in *vierfacher* Hinsicht zu relativieren: Erstens handelt es sich hier um Unternehmenseigentum mit starkem sozialen Bezug, der die Schutzintensität des Art. 14 GG wesentlich abschwächt. Zweitens geht es bei Energieversorgungsunternehmen stets um Betriebe, die ganz oder teilweise im Eigentum der öffentlichen Hand stehen (sog. öffentliche Unternehmen) und deren Grundrechtsschutz durch entsprechende öffentlich-rechtliche Zweckbindungen eingeschränkt ist. Drittens steht dem Bestandsschutz das Gebot bestmöglicher (dynamischer) Schadensvorsorge im Interesse der Allgemeinheit gegenüber; er ist daher mit den entsprechenden, ebenfalls grundrechtlich verankerten staatlichen »Schutzpflichten« abzuwägen (praktische Konkordanz). Und viertens schließlich unterliegt der Bestandsschutz von vornherein dem Vorbehalt des wissenschaftlichen und technischen Fortschritts.

d) Wie bereits mehrfach betont, reduziert sich damit die praktische Bedeutung des Bestandsschutzes im Atomrecht auf ein – wenn auch gewichtiges, so doch nur relatives – *Abwägungskriterium* im Rahmen des *Verhältnismäßigkeitsprinzips*, das zum einen für das Auswahlermessen der Behörden zwischen

---

77 Ähnlich bereits *Kuckuck*, 6. AtRS 1979, S. 231; vgl. auch *Sendler*, UPR 1983, S. 33 ff.
78 So *Scharnhoop*, DVBl. 1975, S. 157 ff. (159).
79 Kuckuck, 6. AtRS 1979, S. 231: »Insofern verflüchtigt sich – graduell für das Ermessen und zumutbar für den Betreiber – mit dem Zurneigegehen der einkalkulierten regelmäßigen Betriebszeit von 20 – 30 Jahren der nur relativ gewährte Bestandsschutz (hier im Hinblick auf den fortgeschrittenen Stand von Wissenschaft und Technik). ... Beim Tempo des Fortschritts der Technik dürften die Grenzen technischer Nachrüstungsmöglichkeiten verhindern, daß sich ein Altanlagenbestand unerwünscht auf ›ewig‹, d.h. über die normale Betriebszeit hinaus, verfestigen könnte«.

verschiedenen Aufsichtsmitteln (mit Rücksicht auf die rechtliche Bestandskraft der Genehmigung) und zum anderen für Art und Umfang einer Entschädigung (mit Rücksicht auf die wirtschaftliche Bestandskraft der Anlage) maßgeblich ist.
Was zunächst die rechtliche Bestandskraft der Genehmigung angeht, so verdienen danach generell all jene Maßnahmen den Vorzug, die ihren Fortbestand und Regelungsgehalt unberührt lassen. Wo die erforderliche Schadensvorsorge also im Wege einer Ordnungsverfügung nach § 19 Abs. 3 AtG sichergestellt werden kann, ist auf nachträgliche Auflagen im Sinne von § 17 Abs. 1 Satz 3 AtG und erst recht auf eine Aufhebung der Genehmigung durch Rücknahme oder Widerruf zu verzichten. Denn alle zuletzt genannten Maßnahmen würden mehr oder weniger massiv in den Genehmigungsbestand oder -inhalt eingreifen und deshalb einen höheren Grad an Geeignetheit, Erforderlichkeit oder Zumutbarkeit (Verhältnismäßigkeit im engeren Sinn) verlangen. So gesehen ist der rechtliche Bestandsschutz der Genehmigung immer dann ausschlaggebend, wenn den Aufsichtsbehörden ein Auswahlermessen zwischen mehreren gleich geeigneten und gleich wirksamen Mitteln eingeräumt wird.
Soweit der wirtschaftliche Bestandsschutz der Anlage selbst betroffen ist, müssen die erforderlichen Behördeneingriffe aus Gründen der Schadensvorsorge außerdem ins Verhältnis gesetzt werden zu den damit verbundenen Vermögenseinbußen, die der Betreiber erleidet. Wie die Möglichkeit des obligatorischen Widerrufs einer Genehmigung nach § 17 Abs. 5 AtG zeigt, der entschädigungslos hinzunehmen ist (vgl. § 18 Abs. 2 Nr 3 AtG), räumt das Atomgesetz in Extremfällen den Maßnahmen der Aufsichtsbehörden sogar absoluten Vorrang ein, wobei zugleich der Bestandsschutz gegen Null tendiert. Dieses Beispiel zeigt einmal mehr, daß der Bestandsschutz keineswegs eine »feste Größe« bildet, die kerntechnischen Anlagen den Charakter der Unantastbarkeit verleiht, sondern – soweit er im Atomgesetz nicht ohnehin abschließend geregelt wird – bestenfalls als Abwägungsgesichtspunkt in die Prüfung der *Verhältnismäßigkeit* von aufsichtsbehördlichen Maßnahmen einzubeziehen ist.

2. *Die Entschädigungsregelung des § 18 AtG*

a) Für die Fälle der Rücknahme und des (fakultativen) Widerrufs atomrechtlicher Genehmigungen wird der wirtschaftliche Bestandsschutz einer Anlage dadurch gewährleistet, daß § 18 Abs. 1 AtG dem Betreiber einen *Entschädigungsanspruch* einräumt. Bereits die Rechtsnatur dieses Anspruchs als besonderer »Enteignungstatbestand« und seine verfassungsrechtliche Herleitung aus

Art. 14 Abs. 3 GG sind heftig umstritten[80]. Betrachtet man die Entschädigungsregelung des § 18 Abs. 1 AtG aus der Perspektive neuerer Entscheidungen des Bundesverfassungsgerichts zu Art. 14 GG[81], so spricht viel dafür, die Vorschriften der §§ 17 bis 19 AtG als Einheit anzusehen, d.h. insgesamt als eine in sich geschlossene *Inhalts- und Schrankenbestimmung* des Eigentums an Kernenergieanlagen innerhalb der Aufsichtsphase zu verstehen. Denn der Betreiber erlangt mit der Genehmigung ja nicht eine unabänderliche und unwiderrufliche Rechtsposition, in die nur ausnahmsweise eingegriffen werden darf, sondern hat im Rahmen der vor allem ihm selbst obliegenden »dynamischen Schadensvorsorge« während der gesamten Betriebsdauer seiner Anlage mit entsprechenden Nachrüstungsmaßnahmen zu rechnen.

Erweist sich damit aber zugleich auch § 18 Abs. 1 AtG selbst als Teil einer verfassungsrechtlich unbedenklichen Konkretisierung von Art. 14 Abs. 1 Satz 2 GG, so besteht keinerlei Notwendigkeit, seine Auslegung an Art. 14 Abs. 3 GG zu orientieren. Vielmehr hat der Gesetzgeber hier lediglich einen gerechten *Interessenausgleich* zwischen den wirtschaftlichen Belangen der Betreiber und den Erfordernissen einer »dynamischen Schadensvorsorge« aus Gründen des Lebens- und Gesundheitsschutzes der Allgemeinheit vorgenommen. Aus diesem Grunde wird in Absatz 1 die Entschädigungspflicht zunächst auch auf den Fall der zur dauernden Betriebseinstellung führenden Genehmigungsaufhebung durch *Rücknahme* oder *Widerruf* beschränkt.

Die Entschädigung (in Geld) muß »angemessen« sein; ihre Höhe ist in »gerechter Abwägung« der Interessen des Betreibers und der Allgemeinheit zu bestimmen, wobei auch die Gründe zu berücksichtigen sind, die zur Rücknahme oder zum Widerruf der Genehmigung geführt haben. In diesem Zusammenhang ist dann etwa bei einer Entschädigung für Nachrüstungsmaßnahmen, die im Wege nachträglicher Auflagen angeordnet worden sind (vgl. § 18 Abs. 3 in Verb. mit Abs. 1 AtG), die Frage relevant, in wessen Risiko- oder Verantwortungsbereich der konkrete Anlaß für das jeweilige back fitting fällt (Umgebungsänderung und Wandel der Sicherheitsphilosophie: Staat; Stand von Wissenschaft und Technik:

---

80 Einen »Sonderfall« der Enteignung nehmen an: *Mattern/Raisch*, a.a.O., S. 192 f.; *Adler*, a.a.O., S. 60; *Kuhnt*, 1. AtRS 1972, S. 157 f.; *Butze*, 6. AtRS 1979, S. 197 f.; kein Enteignungstatbestand: *Plischka*, a.a.O., S. 90 f.; *Scharnhoop*, 1. AtRS 1972, S. 135 ff.; *Haedrich*, a.a.O., RdNr. 5, 6 zu § 18; enteignungsgleicher Tatbestand: *Fischerhof*, a.a.O., RdNr. 1 zu § 18.

81 Vgl. vor allem BVerfGE 20, 351, 359: Um keinen typischen Enteignungsfall handele es sich, wenn der Staat gegen das Privateigentum vorgehe, »um Rechtsgüter der Gemeinschaft – und damit letztlich auch des Eigentümers selbst – vor Gefahren zu schützen, die von dem Eigentum ausgehen«; ferner: BVerfGE 51, 193, 207 ff.; 74, 203, 214; 78, 249, 277.

Betreiber). Im übrigen muß die Entschädigung schon nach § 18 Abs. 1 AtG keineswegs sämtliche Nachteile und Kosten zum Verkehrswert ausgleichen, die dem Betreiber entstanden sind; sie ist durch die Höhe der tatsächlichen Aufwendungen und bei Anlagen im ganzen durch deren Zeitwert nach oben begrenzt.

b) In besonderen Fällen: nämlich immer dann, wenn die Aufhebung der Genehmigung durch ein »*rechtswidriges*« Verhalten des Betreibers oder seiner leitenden Angestellten entweder schon bei der Antragstellung im Genehmigungsverfahren (z.B. durch »Erschleichen« der Genehmigung aufgrund falscher bzw. unvollständiger Angaben) oder beim Betrieb der Anlage (z.B. durch Verstoß gegen Rechtsvorschriften oder Nichteinhaltung nachträglicher Auflagen) veranlaßt worden ist oder wenn der Widerruf wegen »erheblicher Gefährdung« der Allgemeinheit durch die Anlage oder Tätigkeit ausgesprochen werden mußte, ist eine *Entschädigung ausgeschlossen* (§ 18 Abs. 2 AtG).
Als besonders problematisch erweist sich hier die Nr. 3, die einen Entschädigungsausschluß auch für »nachträglich« eingetretene (erhebliche) Gefährdungen vorsieht. Ganz offenkundig steht jene Klausel in engem systematischen Zusammenhang mit dem obligatorischen Widerruf nach § 17 Abs. 5 AtG »wegen einer erheblichen Gefährdung der Beschäftigten, Dritter oder der Allgemeinheit«. Nur für diesen Fall will das Gesetz zunächst dem Betreiber generell eine Entschädigung versagen. Dabei liegt im Vergleich mit § 17 Abs. 5 AtG eine gewisse Besonderheit schon darin, daß nach dem klaren Wortlaut der Norm hier die erhebliche Gefährdung »in der genehmigten Anlage oder Tätigkeit« selbst begründet sein muß.
Zwar ließe sich diese Tatbestandsvoraussetzung zur Not auch noch in § 17 Abs. 5 AtG hineininterpretieren[82]. Jedoch bleibt auch dann noch offen, was die Worte »in der Anlage oder Tätigkeit begründet« zu bedeuten haben. Gemeint ist hiermit wohl nicht das generelle Gefahrenpotential, das jeder in Betrieb befindlichen Anlage innewohnt und sich in Verbindung mit äußeren Risiken (Umgebungsänderung, Flugzeugabsturz, Erdbeben) zu einer erheblichen Gefährdung der Allgemeinheit auswachsen kann (sonst hätte es dieses Zusatzes nicht bedurft). Vielmehr erscheint der Entschädigungsausschluß nur für solche Stör- oder Unfälle gerechtfertigt, die ihre Ursache in einem Versagen von *anlageninternen* Sicherheitseinrichtungen haben, also in den unmittelbaren Verantwortungsbereich des Betreibers fallen, wozu freilich auch »erhebliche Gefährdungen« gehören, die entweder bereits im Zeitpunkt der Genehmigungserteilung – obwohl damals objektiv schon vorhanden – schlicht übersehen

---

[82] So *Wagner*, DÖV 1987, S. 529.

worden sind oder die sich aufgrund wissenschaftlicher und technischer Erkenntnisfortschritte erst später als solche herausgestellt haben.

c) Zu noch heftigeren Auseinandersetzungen in der Literatur hat indes § 18 Abs. 3 AtG geführt, wonach die Entschädigungsregelungen der Absätze 1 und 2 auch für *nachträgliche Auflagen* gemäß § 17 Abs. 1 Satz 3 AtG »entsprechend« gelten. Hier hat sich der Streit vor allem daran entzündet, ob und inwieweit Nachrüstungsmaßnahmen in Gestalt nachträglicher Auflagen eine Entschädigungspflicht auslösen. Während einige Autoren dies generell bejahen[83], versuchen andere nach den jeweiligen Umständen zu differenzieren, welche den Nachrüstungsbedarf im konkreten Fall erzeugt haben. Dabei spitzt sich der Streit vor allem auf die Frage zu, ob Nachrüstungsauflagen, die auf eine Änderung der *Sicherheitsphilosophie* zurückgehen (z.B. gegen Flugzeugabsturz), nur gegen Entschädigung erteilt werden dürfen[84]. Nur zu häufig scheinen in dieser Kontroverse jedoch bestimmte »Interessen« erkenntnisleitend zu sein, anstatt sich auf die Entstehungsgeschichte dieser Vorschrift zu besinnen und ihren spezifischen Sinn und Zweck zu ermitteln.

Aus der Begründung des Regierungsentwurfs zu § 18 Abs. 3 AtG ergibt sich ganz klar, daß die analoge Anwendung der Entschädigungsvorschriften von Abs. 1 und 2 auf nachträgliche Auflagen nur deshalb für gerechtfertigt erklärt worden ist, weil diese an Schwere und Intensität eine Belastung darstellen können, die aus der Sicht des Betreibers einer Aufhebung der Genehmigung durch Rücknahme oder Widerruf entspricht:

«Nachträgliche Auflagen nach § 17 Abs. 1 Satz 3 AtG können unter Umständen derart einschneidend sein, daß es dem Berechtigten aus wirtschaftlichen Gründen unmöglich ist, eine genehmigte Anlage oder Tätigkeit weiterhin zu betreiben oder auszuüben. In solchen Fällen kommt die Anordnung einer nachträglichen Auflage in der Wirkung einem Widerruf der Genehmigung oder allgemeinen Zulassung gleich. Deshalb müssen auch für nachträgliche Auflagen die entsprechenden Rechtsfolgen eintreten«[85].

---

83 So insbesondere *Richter*, a.a.O., S. 87-97 (m.w. Nachw.)
84 Vgl. dazu insbesondere die Auseinandersetzung zwischen *Scharnhoop* (DVBl. 1975, S. 157 ff.) und *Fischerhof* (DVBl. 1975, S. 330 f.). Im übrigen spricht sich in diesem Fall *Backherms* (6. AtRS 1979, S. 173, 182) für eine Entschädigung aus; dagegen *Roßnagel* (JZ 1986, S. 720), der sich auf § 17 Abs. 5 AtG beruft.
85 Bundestagsdrucksache 3/759, S. 31.

Dieser Wille des Gesetzgebers hat sich zumindest vereinzelt auch in der Literatur niedergeschlagen[86].

Selbst der Bundesinnenminister ist im März 1980 noch für eine »einschränkende Auslegung« des § 18 Abs. 3 AtG eingetreten. Es sei nicht anzunehmen, daß der Gesetzgeber für jede nachträgliche Auflage, und sei sie noch so geringfügig, eine Entschädigungspflicht habe begründen wollen. Unter Berücksichtigung des allgemeinen Grundsatzes, daß der Inhaber solcher Anlagen die Beseitigung eines gefahrdrohenden Zustandes hinnehmen müsse, sei die Entschädigungspflicht des § 18 AtG mit der Zumutbarkeitslehre des Bundesverwaltungsgerichts auf jene Auflagen einzugrenzen, durch die dem Eigentümer schwerwiegende und unzumutbare Nachteile entstünden. Maßgebend für die Zumutbarkeit seien nicht nur die wirtschaftlichen Folgen der Auflage, sondern auch die Gründe, die zu der Auflage geführt hätten (unter Hinweis auf § 18 Abs. 1 Satz 3 AtG)[87].

Dem entspricht nicht zuletzt die Judikatur des Bundesverfassungsgerichts, wonach alle Regelungen, die nicht in die Substanz eines Betriebes eingreifen, sondern lediglich Auflagen für die Ausübung des Gewerbes enthalten, »ähnlich wie Vorschriften, die die Nutzung von Eigentum betreffen, in der Regel nur als Bestimmung von Inhalt und Grenzen des Eigentums im Sinne von Art. 14 Abs. 1 Satz 2 GG zu werten«, nicht aber als entschädigungspflichtige Enteignung zu betrachten sind[88].

Daraus folgt, daß für nachträgliche Auflagen Entschädigung lediglich dann zu leisten ist, wenn sie nach Schwere und Intensität derart massiv in den Bestand einer kerntechnischen Anlage eingreifen, daß bei ihrer Umsetzung allein schon aus wirtschaftlichen Gründen der Weiterbetrieb in Frage gestellt wäre. Denn nur dieser Fall ist überhaupt mit einem Genehmigungswiderruf im Sinne von § 18 Abs. 1 AtG zu vergleichen. Alle nachträglichen Auflagen unterhalb dieser Schwelle müssen – gleichgültig aus welchem Anlaß – vom Betreiber grundsätzlich entschädigungslos hingenommen werden. Das dürfte namentlich bei älteren Kernkraftwerken, deren Bestandsschutz sich bereits abgeschwächt

---

86 Vgl. *Scharnhoop*, 1.AtRS 1972, S. 149: »Eine Entschädigungspflicht der öffentlichen Hand entsteht jedoch ... nur, wenn die erforderlichen Auflagen in ihrer Wirkung dem Widerruf gleichkommen«.
87 Vgl. die Vorlage III/K/19 vom 3.3.1980 für die Enquête-Kommission »Zukünftige Energie-Politik« des Deutschen Bundestages, S. 6 f.: »Daraus folgt, daß eine sinnvolle Begrenzung der Entschädigungspflicht für nachträgliche Auflagen zumindest dadurch erfolgen sollte, daß die Grundsätze über die Abgrenzung entschädigungsloser Eigentumsbindung von der entschädigungspflichtigen Enteignung auch hier anzuwenden sind«.
88 BVerfGE 13, 225, 229; vgl. ferner BVerfGE 52, 1, 27; 79, 174, 191 ff.: Lärmschutz.

hat, obwohl oder besser: weil sie noch beachtliche Erträge erwirtschaften, auch für Nachrüstungsmaßnahmen gegen Flugzeugabsturz gelten.
Folgt man dieser Auffassung nicht, dann stellt sich das zusätzliche Problem der *Konkurrenz* von entschädigungspflichtiger nachträglicher Auflage und entschädigungsloser Ordnungsverfügung (§ 19 Abs. 3 AtG). Es ist so zu lösen, daß im Falle einer Gefährdung durch den rechtswidrigen Zustand der Anlage (»Zustandsstörung«) die Ordnungsverfügung nach § 19 Abs. 3 AtG als »lex specialis« den Vorrang hat, da sie den Inhalt der Anlagengenehmigung unberührt läßt. Weil bei rechtswidrigem Verhalten des Betreibers oder seines Personals (»Verhaltensstörung«) nach § 18 Abs. 2 Nr. 2 AtG aber eine Entschädigung ebenfalls entfällt, handelt es sich hierbei praktisch um ein Scheinproblem.

d) Die *Ausgleichsregelung* zwischen Bund und Ländern oder der Länder untereinander in § 18 Abs. 4 AtG verlangt ebenfalls nach einer Interessenabwägung, bei der indes meist die Tatsache ausschlaggebend sein dürfte, daß der Vollzug des Atomgesetzes im Auftrag des Bundes erfolgt und von daher das Bundesinteresse an Aufsichtsmaßnahmen zur Wahrung des Rechts ebenso wie zur Schadensvorsorge normalerweise überwiegt. Nur wenn das Land im Ausnahmefall seine Maßnahmen allein zu vertreten hat, z.B. weil es für deren Ursachen (neben dem Betreiber) mitverantwortlich ist, kann der Bund verlangen, daß er von einer Haftung ganz oder teilweise freigestellt wird. Für Streitigkeiten über den Ausgleich steht der Verwaltungsrechtsweg offen (§ 40 Abs. 1 VwGO); ist der Bund Partei, so entscheidet erst- und letztinstanzlich das Bundesverwaltungsgericht (§ 50 Abs. 1 Nr. 1 VwGO).

B. Rechtliche Möglichkeiten und Voraussetzungen staatlicher Aufsichtsmaßnahmen nach dem Atomgesetz

Nachdem im *Teil A* der Abhandlung die allgemeinen und eher grundsätzlichen Fragen der Kernenergieaufsicht erörtert worden sind, etwa Fragen nach Inhalt und Reichweite der »erforderlichen Schadensvorsorge« in der Aufsichtsphase oder des »Aufsichtsermessens«, der Zulässigkeit von Nachrüstungsmaßnahmen oder des Bestandsschutzes und der Entschädigung, sollen nunmehr im zweiten *Teil B* die einzelnen *Aufsichtsmittel* mit ihren je besonderen tatbestandlichen Voraussetzungen untersucht werden, wie sie in den §§ 17 und 19 AtG verankert sind. Dabei ist zwischen Instrumenten der Genehmigungsbehörden zu unterscheiden, die eine Aufhebung oder nachträgliche Änderung der Genehmigung selbst zum Gegenstand haben (I) und solchen Maßnahmen der Genehmigungs- *und* Aufsichtsbehörden, die – den Regelungsgehalt der ursprünglichen Genehmigung unberührt lassend – sie im nachhinein lediglich ergänzen (z.B. durch Auflagen) oder unabhängig davon und »unterhalb dieser Schwelle« durch Einzelakt (Ordnungsverfügung) einen rechtswidrigen bzw. gefahrenträchtigen Zustand beseitigen (II).

Vorab ist freilich schon jetzt darauf hinzuweisen, daß alle diese Aufsichtsmittel grundsätzlich *nebeneinander*, d.h. je nach Lage des konkreten Falles nicht nur alternativ, sondern auch kumulativ zur Anwendung kommen können, sofern deren Eingriffsvoraussetzungen gegeben sind. Dies gilt auch für das besonders »prekäre« Verhältnis von nachträglichen Auflagen (§ 17 Abs. 1 Satz 3 AtG) und Ordnungsverfügungen (§ 19 Abs. 3 AtG). So kann zum Beispiel eine ganz bestimmte Nachrüstungsauflage (etwa die Errichtung von Barrieren gegen Flugzeugabsturz), weil Abhilfe »in angemessener Zeit« geschaffen werden muß (vgl. § 17 Abs. 3 Nr. 3, Abs. 5 AtG), mit der Anordnung einer vorübergehenden Betriebseinstellung nach § 19 Abs. 3 Nr. 3 AtG verbunden werden, um möglichst rasch einen Zustand zu beseitigen, der eben jener nachträglichen Auflage widerspricht, es sei denn, daß der Betreiber im Rahmen seiner eigenen Verantwortung von sich aus dazu bereit ist.

I. Aufhebung und Änderung atomrechtlicher Genehmigungen

Als staatliche Aufsichtsinstrumente, die in den genehmigten Bestand einer kerntechnischen Anlage unmittelbar eingreifen, kommen in erster Linie Maßnahmen der *Aufhebung* von Genehmigungen in Betracht, also der obligatorische (1.) oder fakultative (2.) Widerruf sowie ihre Rücknahme (3.). Hingegen beruhen Genehmigungs*änderungen*, die im Wege von »Änderungsgenehmigungen« (4.) erfolgen, auf einem eigenen Antrag des Betreibers, so daß sie nicht zu den »Aufsichtsmitteln« im engeren Sinne zu rechnen sind. In der Praxis wird ein solcher Antrag indes keineswegs so »freiwillig« gestellt, wie dies auf den ersten Blick erscheinen mag. Meist geht er nicht nur auf eine mehr oder weniger nachdrückliche »Anregung« der Behörden zurück, sondern ist auch in der Weise »ausgehandelt«, daß sein Inhalt mit den Behörden bis ins Detail abgesprochen wird, wobei diese wiederum auf ein hoheitliches Tätigwerden verzichten, nicht zuletzt um Kosten und langwierige gerichtliche Auseinandersetzungen zu vermeiden.

Ein solches Vorgehen ist nach dem geltenden Atomgesetz – in den Grenzen der Zulässigkeit jenes oft beklagten »Ausverkaufs« von Hoheitsrechten durch problematische »Koppelungsverträge« – durchaus statthaft. Nur müssen daraus für die rechtliche Beurteilung dieses Verfahrens insofern Konsequenzen gezogen werden, als jene behördliche »*Anregung*« zum Einreichen eines Änderungsantrags auf der niedrigsten »Eingriffsstufe« stärker belastende Maßnahmen funktionsäquivalent ersetzt und deshalb ebenfalls zu den Aufsichtsmitteln im weitesten, informelles Verwaltungshandeln einschließenden Sinne gerechnet werden muß.

1. *Obligatorischer Widerruf der Genehmigung (§ 17 Abs. 5 AtG)*

Nach § 17 Abs. 5 AtG *sind* Genehmigungen oder allgemeine Zulassungen zu widerrufen, »wenn dies wegen einer erheblichen Gefährdung der Beschäftigten, Dritter oder der Allgemeinheit erforderlich ist und nicht durch nachträgliche Auflagen in angemessener Zeit Abhilfe geschaffen werden kann«. Diese Bestimmung, die den Aufsichtsbehörden mit dem *obligatorischen Widerruf* einer atomrechtlichen Genehmigung die schärfste Waffe zur Verfügung stellt, hat wegen ihres drittschützenden Charakters zwar schon zu zahlreichen Gerichtsverfahren geführt, ohne daß dabei allerdings ihr rechtlicher Gehalt auch nur annähernd geklärt werden konnte. Nach wie vor besteht gerade hier bei fast allen Tatbestandsmerkmalen ein hohes Maß an Ungewißheit.

a) Das gilt vor allem für den Begriff der »*erheblichen Gefährdung*«. Auf der einen Seite wird immer wieder mit Nachdruck betont, daß er keineswegs einen »polizeiwidrigen Zustand« im traditionellen Sinne voraussetze. Vielmehr müsse ein über das Restrisiko hinausgehendes Gefahrenpotential gegeben sein, ohne das eine »*unmittelbare* Gefahr« drohe[89]. Auf der anderen Seite jedoch verlangt man vielfach eine über das bei der Erteilung der Genehmigung oder allgemeinen Zulassung berücksichtigte Risiko *hinausgehende*, nämlich »erhebliche« Gefährdung, und zwar meist mit der Begründung, daß im Atomgesetz zwischen »Gefahr«, Risiko- oder Besorgnispotential und »erheblicher Gefahr« deutlich unterschieden werde und deshalb nichts dafür spreche, all diesen Begriffen denselben Sinn beizumessen[90].

Der Kern des Problems besteht mithin darin, näher zu bestimmen, was mit dem Wort »*erheblich*« gemeint ist. Hier knüpfen einige Autoren an die bekannte »Je/desto-Formel« des atomrechtlichen Gefahrenbegriffs an und setzen schlicht ein *höheres Maß an Wahrscheinlichkeit* des Schadenseintritts oder des Schadensumfangs voraus als bei der »erforderlichen Schadensvorsorge« nach § 7 Abs. 2 Nr. 3 AtG[91]. Damit sollen als Widerrufsgrund im Sinne von § 17 Abs. 5 AtG von vornherein all jene Schadensereignisse ausscheiden, die dem

---

[89] *Fischerhof*, a.a.O., RdNr. 16 zu § 17 AtG; *Butze*, 6. AtRS (1979), S. 199; *Haedrich*, a.a.O., RdNr. 14 zu § 17. Auch das BVerwG hält das Erfordernis eines »unmittelbar drohenden Schadens« bei § 17 Abs. 5 AtG zumindest für mißverständlich (vgl. Beschluß vom 5.4.1989 – 7 B 47.89 –, Originalumdruck, S. 6); a.A. nur OVG Münster, Urteil vom 19.12.1988 (- 21 AK 8/88 -), Originalumdruck, S. 9, sowie Beschluß vom selben Tage (- 21 D 16/88 -), Originalumdruck, S. 11, das ausdrücklich, allerdings ohne nähere Begründung, am Kriterium der »Unmittelbarkeit« festhält. Auf diese Entscheidung beruft sich auch *Schmitt*, 8. AtRS 1989, Manuskript S. 25.

[90] *Fischerhof*, a.a.O., RdNr. 16 zu § 17; VGH Kassel, Urteil vom 28.06.1989 (- 8 Q 2809/88 -), Originalumdruck, S. 22: »Gegen eine synonyme Verwendung all dieser Begriffe spricht zunächst der Wortlaut des Gesetzes als auch dessen weitere Systematik«. A.A. vor allem *Roßnagel*, JZ 1986, S. 716 f.: »jede atomrechtliche Gefahr i.S.d. § 7 Abs. 2 AtG« (einige der von ihm in Fn.1 als Beleg zitierten Sekundärquellen beziehen sich freilich auf den fakultativen Widerruf nach § 17 Abs. 3 AtG, der gerade keine »erhebliche« Gefährdung voraussetzt).

[91] OVG Lüneburg, Urteil vom 23.09.1986 (-7 OVG D 7/86-), Originalumdruck, S. 11; ähnlich bereits VGH Kassel, Beschluß vom 09.11.1978 (- III G 194/78 -), Originalumdruck, S. 5: zu »geringe Wahrscheinlichkeit« (hier: eines Flugzeugabsturzes). Neuerdings auch *Schmitt*, 8. AtRS 1989, S. 25.

Bereich des »*Restrisikos*« zuzurechnen sind[92]. Teilweise wird im Schrifttum auch eine »*gewisse Evidenz*« der Erforderlichkeit des Widerrufs für notwendig gehalten. Die Gefährdung müsse im Einzelfall einen solchen Grad erreichen, daß der Widerruf offenkundig geboten sei[93].

Daraus folgt für die meisten Autoren, daß keinesfalls das generelle politische Ziel des »Ausstiegs aus der Kernenergie«, aber auch allgemeine sicherheitstechnische Bedenken der Behörden, ja noch nicht einmal ein Wandel der *Sicherheitsphilosophie* den obligatorischen Widerruf rechtfertigen können[94]. Demgegenüber sollen jedoch Gefährdungen, deren Erkenntnis erst durch Fortschritte beim »*Stand von Wissenschaft und Technik*« möglich geworden ist oder die durch eine mangelhafte Entsorgung mitbedingt sind, durchaus von § 17 Abs. 5 AtG erfaßt werden[95]. Dem entspricht auch die am Wortlaut des § 18 Abs. 2 Nr. 3 AtG orientierte Ansicht, die erhebliche Gefahr müsse *aus*

---

92 So *Schmitt*, 8. AtRS 1989, S. 23; vgl. auch OVG Münster, Beschluß vom 19.12.1989 (- 21 D 16/88 -), Originalumdruck, S. 11: das »zu tolerierende Restrisiko« müsse »erheblich überschritten« sein; ferner BVerwG, Beschluß vom 05.04.1989 (- 7 B 47.89 -): es reiche nicht aus, sich auf »das allgemeine Risiko der Kernschmelze beim Betrieb eines Kernkraftwerks und die katastrophalen Folgen eines solchen Unfalls« zu beziehen.
93 In diesem Sinne *Lange*, NJW 1986, S. 2464; *Wagner*, DÖV 1987, S. 530; VGH Kassel, Urteil vom 28.06.1989 (- 8 Q 2809/ 88 -), Originalumdruck, S. 24.
94 VGH Kassel, Urteil vom 28.06.1989, aaO, S. 23, 25; *Lukes*, BB 1986, S. 1305, 1309. Ebenso *Fischerhof*, a.a.O., RdNr. 16 zu § 17; *Haedrich*, a.a.O., RdNr. 14 zu § 17; *Franzen*, 1. AtRS 1972, S. 125 ff.; *Butze*, 6. AtRS 1979, S. 197 ff.; a.A. *Kuhnt*, 6. AtRS 1979, S. 234; *Roßnagel*, JZ 1986, S. 717 ff.; dahingestellt im Urteil des VG Stuttgart vom 19.11.1982 (- VRS 5 K 29/80 -), Originalumdruck, S. 13 f.
95 Vgl. vor allem die Stellungnahme des BVerwG zum Normenkontrollverfahren 2 BvG 1/88 vor dem BVerfG vom 24.04.1989, Originalumdruck S. 4: Im Genehmigungsverfahren sei das vorläufig positive Gesamturteil »jeweils unter Berücksichtigung zwischenzeitlicher Erkenntnisfortschritte in Wissenschaft und Technik, auch neuer Erkenntnisse über mögliche Risiken, zu erneuern. Entstehen durch bestimmte Ereignisse wie das der Kernschmelze des Reaktors Tschernobyl Zweifel daran, ob eine bereits teilweise genehmigte oder errichtete Anlage nach dem bisher ihr zugrunde liegenden Konzept sicher betrieben werden kann, so darf eine weitere Teilgenehmigung nicht erteilt werden, bevor nicht die Zweifel ausgeräumt sind, sei es aufgrund weiterer die Zweifel aufklärender Ermittlungen oder sei es nach Änderung einzelner die Zweifel auslösender Komponenten des Anlagenkonzepts, möglicherweise – wie schon erörtert – aufgrund nachträglicher Auflagen gemäß § 17 Abs. 1 Satz 3 AtG *oder sogar nach Widerruf bereits erteilter Teilgenehmigungen gemäß § 17 Abs. 5 AtG*« (Herv.d.Verf.). Ähnlich VG Stuttgart, Urteil vom 19.11.1982, a.a.O., S. 14; a.A. OVG Münster, Urteil vom 19.12.1989, a.a.O., (Anm. 92) S. 9.

dem Betrieb der Anlage selbst herrühren und dürfe nicht durch äußere Umstände oder Einwirkungen verursacht worden sein[96]. Dies würde im Ergebnis bedeuten, daß Defizite des anlageninternen Notfallschutzes, wenn keine Abhilfe geschaffen wird, einen obligatorischen Widerruf der Genehmigung rechtfertigen könnten, das in den Bereich einer Änderung der Sicherheitsphilosophie fallende Risiko des Flugzeugabsturzes grundsätzlich jedoch nicht.

b) Zweifellos ist der obligatorische Widerruf nach § 17 Abs. 5 AtG der schwerwiegendste Eingriff in den Bestand einer Genehmigung. Er setzt eine *»erhebliche Gefährdung«* der Beschäftigten, Dritter oder der Allgemeinheit voraus, d.h. also von *Menschen* und nicht nur von Sachen[97]. Dieses Tatbestandsmerkmal darf allerdings nicht mit »unmittelbarer« oder »konkreter« Gefahr im polizeirechtlichen Sinne gleichgesetzt werden. Denn in solchen Extremfällen, in denen die Gefahr eines unkontrollierten Freisetzens von Kernenergie *unmittelbar* bevorsteht, müssen sofort Katastrophenschutzmaßnahmen ergriffen werden. Der bloße Widerruf einer Genehmigung oder gar nachträgliche Auflagen, die der Gesetzgeber sogar bei einer »erheblichen Gefährdung« noch für möglich hält (vgl. § 17 Abs. 5, 2. Hlbs. AtG), sind allein nicht (mehr) geeignet, derartig akute Gefährdungen abzuwehren.

Offenkundig wollte der Gesetzgeber mit dem Begriff der »erheblichen Gefährdung« für den obligatorischen Widerruf eine *»bestimmtere Form«* der atomaren Bedrohung von Menschen verlangen. Somit versagt hier die übliche »Je/desto-Regel«, weil das Schadensausmaß bei Störungen oder Unfällen in kerntechnischen Anlagen immer erheblich ist, die Eintrittswahrscheinlichkeit solcher Schäden jedoch nur abstrakt bestimmt werden kann, es hier aber gerade auf die besonderen Umstände des Einzelfalles ankommt.

Geht man mit *Kuckuck* – nicht zuletzt im Hinblick auf die staatliche Schutzpflicht aus Art. 2 Abs. 2 Satz 1 GG – von einer *verfassungskonformen* Auslegung des § 17 Abs. 5 AtG aus, so zeigt sich, daß der Begriff der »erheblichen

---

96 So *Wagner*, DÖV 1987 ,S. 530 f.; vgl. OVG Münster, Urteil vom 19.12.1989, aaO (Anm. 92), S. 9 f.: Ein drohender Schaden müsse »durch den Betrieb der Anlage hervorgerufen« werden, so daß eine »auf die Anlage bezogene konkretisierte Wahrscheinlichkeit des Schadenseintritts« festzustellen sei.
97 So mit Recht *Schmitt*, 8. AtRS 1989, S. 24. Da allerdings bereits das Werkspersonal vollen Grundrechtsschutz genießt, kommt es allein auf das *anlageninterne* Sicherheitsniveau an; die umliegende Wohnbevölkerung braucht nicht in Mitleidenschaft gezogen zu werden.

Gefahr« keine Gefahrenkumulation oder -steigerung verlangt oder zuläßt. Vielmehr genügt jede »Gefahr« im Sinne von § 1 Nr. 2 AtG (bei entsprechender Dimension) bereits grundsätzlich als Anlaß für einen obligatorischen Widerruf[98]. Die Qualifizierung der zum Widerruf verpflichtenden »Gefahr« als »erhebliche Gefährdung« im Sinne von § 17 Abs. 5 AtG erfordert nämlich einen *Vergleich* der Risikolage bei Einhaltung der aktuell gebotenen Schadensvorsorge mit der demgegenüber erhöhten, nicht deckungsgleichen Risikolage zum Widerrufszeitpunkt.

Somit kann dieses Tatbestandsmerkmal in § 17 Abs. 5 AtG nur als *komplexer Relationsbegriff* verstanden werden, in dessen praktische Ausfüllung alle Faktoren eingehen, die den *konkreten Gefährdungsgrad* einer Anlage ausmachen. Eine »erhebliche Gefährdung« liegt also immer dann vor, wenn die kerntechnische Anlage sich in einem Zustand befindet, bei dessen weiterer Duldung die unkontrollierte Freisetzung ionisierender Strahlung nach Maßgabe der »praktischen Vernunft« (d.h. im Rahmen des menschlichen Erkenntnisvermögens) nicht *mehr hinreichend sicher* auszuschließen ist. Dabei kommt nicht nur der Eintrittswahrscheinlichkeit eines Schadens, sondern auch dem möglichen *Schadensausmaß* entscheidende Bedeutung zu. Bei dem gemeinhin zu erwartenden ungeheuren Ausmaß und Schwergewicht der Folgen eines außer Kontrolle geratenen Stör- oder Unfalls genügen hier ganz entfernte Wahrscheinlichkeiten, ja sogar bloße »*Zweifel*« an einem sicheren (Weiter-)Betrieb[99]. Exakte »Gefahren/ Produkt-Rechnungen« lassen sich ohnehin kaum durchführen; rechtliche Wertungen sind also notwendig, aber auch ausreichend[100]. Jener bestimmte oder bestimmbare Gefährdungsgrad könnte sich daher auch aus dem »*Gesamtrisiko*« einer Anlage ergeben, die wegen ihrer zahlreichen Mängel als ganze auf Dauer nicht mehr hinreichend stör- oder unfallfrei betrieben werden kann.

---

98 Vgl. *Kuckuck*, 6. AtRS 1979, S. 217: »Die ›Erheblichkeit‹ der ›Gefahr‹ für die Rechtsgüter in § 17 Abs. 5 AtG dient nur der konkreten Schwellenbeschreibung der ›Gefahr‹ im Unterschied zum hinnehmbaren Risiko z.B. bei der Genehmigungserteilung.« Ähnlich auch *Schmieder*, Atomanlagengenehmigung und Bestandsschutz von Atomanlagen bei nachrückender Industrieansiedlung, 1977, S. 63, 112.
99 So die bereits zitierte Stellungnahme des BVerwG im Normenkontrollverfahren 2 BvG 1/88 vor dem Bundesverfassungsgericht vom 24.04.1989, Originalumdruck S. 4.
100 *Kuckuck*, 6. AtRS 1979, S. 217: »Für Kernanlagen nach § 7 Abs. 1 AtG läßt sich im Hinblick auf das große Gefahrenpotential sagen, daß eine ›Gefahr‹ gegeben ist, wenn die Sicherheit der Anlage nicht mehr präventiv gewährleistet erscheint. Erhebliche Beeinträchtigungen ›der Beschäftigten, Dritter oder der Allgemeinheit‹ erscheinen dann nicht mehr genügend unwahrscheinlich, der erforderliche Rechtsgüterschutz nicht mehr gewährleistet. Auch hier gilt angesichts der Vorsichtsmaxime, wie der zwingende Widerrufsgrund des Deckungsvorsorgedefizits (§ 17 Abs. 4 AtG) zeigt, daß keinesfalls gewartet werden darf, bis eine Gefährdung unmittelbar droht«.

Hinzu kommen muß vor allem aber eine »Erheblichkeit« des zu erwartenden *Schadensausmaßes* für Beschäftigte, Dritte oder die Allgemeinheit (was bei unkontrollierter Freisetzung ionisierender Strahlung stets zu vermuten ist)[101], wobei es im Hinblick auf die insoweit abweichenden Formulierungen des § 18 Abs. 2 Nr. 3 AtG bei § 17 Abs. 5 AtG gleichgültig erscheint, ob die Gefährdung erst »nachträglich« (d.h. nach Genehmigungserteilung) eingetreten ist oder schon vorher gegeben war, aber noch nicht als solche erkannt wurde[102] und ob sie *allein* »in der genehmigten Anlage oder Tätigkeit« selbst begründet ist[103] oder durch ein äußeres Ereignis (z.b. durch Flugzeugabsturz oder Erdbeben) ausgelöst wird.

Hieraus folgt für die Frage, ob das Risiko eines *Flugzeugabsturzes* – isoliert betrachtet – lediglich als Resultat geänderter Sicherheitsphilosophie einen Widerrufsgrund im Sinne von § 17 Abs. 5 AtG darstellen kann, daß, selbst wenn man sie grundsätzlich bejaht, ihre Beantwortung letztlich von den Umständen des Einzelfalls abhängt. Dabei wird es für die konkrete Risikoermittlung und -bewertung in bezug auf ein bestimmtes Kernkraftwerk, bei der die Behörden über einen gerichtlich nur begrenzt überprüfbaren Einschätzungsspielraum verfügen, nicht nur darauf ankommen, wie stark es dem allgemeinen und/oder militärischen Luftverkehr ausgesetzt ist (Überflughäufigkeit, Maschinentypen etc.), sondern auch darauf, welche Barrieren bereits vorhanden sind oder mit relativ geringem Aufwand rasch installiert werden können.

c) Zur »erheblichen Gefahr« hinzukommen muß nämlich bei § 17 Abs. 5 AtG noch die praktische Unmöglichkeit, durch nachträgliche Auflagen in angemessener Zeit *Abhilfe* zu schaffen[104]. Letzteres ist auch dann anzunehmen, wenn erforderliche Nachrüstungs- oder Reparaturmaßnahmen entweder keinen Erfolg versprechen, also ungeeignet sind, oder einen so hohen finanziellen Aufwand erfordern, daß sie dem Betreiber schon aus Rechtsgründen (Verhältnismäßigkeit) nicht zugemutet werden dürfen.

---

101 Deshalb ist auch gegen das in Rechtsprechung und Literatur verschiedentlich herangezogene »*Evidenzkriterium*« nichts einzuwenden.
102 So auch *Lange*, NJW 1986, S. 2463 f. mit der Folge, daß unter § 17 Abs. 5 AtG auch eine bloße »sicherheitstechnische Neubewertung« der Anlage fallen kann; ebenso *Roßnagel*, JZ 1986, S. 717 ff.; a.A. *Wagner*, DÖV 1987, S. 529 f.
103 So *Wagner*, DÖV 1987, S. 530.
104 Insofern konnten die Gerichte bei Klagen aus § 17 Abs. 5 AtG in der Begründung ihres abweisenden Urteils vielfach das Problem der »erheblichen Gefährdung« dahingestellt sein lassen, weil die Kläger meist nicht in der Lage waren, den Nachweis der objektiven (technischen) Unmöglichkeit von Abhilfemaßnahmen zu erbringen. Vgl. etwa OVG Lüneburg, Beschluß vom 22.06.1983 (7 OVG B 2/81), Originalumdruck, S. 13 f.

2. Fakultativer Widerruf der Genehmigung (§ 17 Abs. 3 AtG)

Nach § 17 Abs. 3 AtG *können* Genehmigungen oder allgemeine Zulassungen widerrufen werden, wenn von ihnen innerhalb von zwei Jahren kein Gebrauch gemacht worden ist (Nr. 1), wenn eine ihrer Voraussetzungen später weggefallen ist und nicht in angemessener Zeit Abhilfe geschaffen wird (Nr. 2) und wenn gegen Rechtsvorschriften oder Bestimmungen im Genehmigungsbescheid erheblich oder wiederholt verstoßen worden ist oder wenn eine nachträgliche Auflage nicht eingehalten wird und ebenfalls keine kurzfristige Abhilfe erfolgt (Nr. 3). Die drei Fallgruppen eines fakultativen Widerrufs (Zeitablauf, Wegfall einer Genehmigungsvoraussetzung, Rechtsverstöße) ermöglichen den Behörden die Aufhebung einer Genehmigung dergestalt, daß unabhängig von drohenden Schäden oder Risiken in den Bestand der Genehmigung eingegriffen werden darf.

a) Der Tatbestand des *Zeitablaufs* (§ 17 Abs. 3 Nr. 1 AtG) ist weitgehend unproblematisch. Mit dieser an bestimmten Fristen orientierten Regelung soll verhindert werden, daß zwischenzeitlich notwendig gewordene Änderungen des Anlagenkonzepts oder erforderliche Nachrüstungsmaßnahmen vom Betreiber sonst unter Umständen außer acht gelassen werden könnten. Immerhin zeigt diese Vorschrift, daß trotz oder besser: gerade wegen des allgemeinen Befristungsverbots für atomrechtliche Genehmigungen (§ 17 Abs. 1 Satz 4 AtG) dem Zeitfaktor ihrer Realisierung, nicht zuletzt im Hinblick auf Fortschritte des wissenschaftlich-technischen Erkenntnisstandes, vom Gesetzgeber erhebliche Bedeutung beigemessen wird.

b) Weit komplizierter stellt sich für einen Großteil der Autoren dagegen der Tatbestand des *nachträglichen Wegfalls einer Genehmigungsvoraussetzung* (§ 17 Abs. 3 Nr. 2 AtG) dar. Obwohl kein Zweifel besteht, daß hierzu vor allem die »erforderliche Schadensvorsorge« im Sinne von § 7 Abs. 2 Nr. 3 AtG gehört[105], wird immer wieder davor gewarnt, § 17 Abs. 3 Nr. 2 AtG als »beliebig großes Einfallstor« für alle möglichen Nachrüstungsmaßnahmen zu

---

105 Vgl. OVG Münster, Urteil vom 19.12.1988 (- 21 AK 8/88 -), Originalumdruck S. 9: »Der fakultative Widerruf ist, soweit es um Beanstandungen im Sicherheitsbereich geht, mithin erst zulässig, wenn die erforderliche Schadensvorsorge nicht mehr gewährleistet ist«.

betrachten[106]. Dem mag man vielleicht sogar noch zustimmen können, wenn der Akzent dabei auf dem Wort »allgemein« liegen soll. Im Hinblick auf den obligatorischen Widerruf nach § 17 Abs. 5 AtG, für den gleichfalls bereits *jedes* Schadensvorsorgedefizit ausreicht, falls dadurch ein bestimmtes Maß an aktueller Gefährdung entsteht, kann sich der fakultative Widerruf praktisch nur noch »auf den Fortfall solcher Umstände beziehen, die für sich allein nicht gefahrenbegründend sind«, also keine Pflicht zur Schadensvorsorge auslösen (z.B. periphere Anlagenmängel, dauernder Wechsel von untergeordnetem Personal, Nichterfüllung nebensächlicher Auflagen etc.)[107].

Damit sind unter den Tatbestand des »Wegfalls einer Genehmigungsvoraussetzung« im Hinblick auf § 7 Abs. 2 Nr. 3 AtG auch *sämtliche Nachrüstungsfälle* zu subsumieren, also keineswegs nur die Umgebungsänderung, sondern ebenso ein fortgeschrittener Stand von Wissenschaft und Technik[108] sowie nicht zuletzt der Wandel behördlicher Sicherheitsanschauungen, und zwar selbst aufgrund einer prinzpiellen Neubewertung der Gefahrenlage[109]. Aus der Rechtsprechung liegen zu dieser Frage abschließende Entscheidungen (noch) nicht vor.

Die eigentliche Grenzziehung gegenüber allzu weitreichenden Widerrufsbegehren darf also nicht schon auf der Tatbestandsebene – etwa durch eine restriktive, dem klaren Wortlaut zuwiderlaufende Auslegung des Begriffs »Genehmigungsvoraussetzungen« – erfolgen; sie muß vielmehr bei der Vorbehaltsklausel alsbaldiger *Abhilfe* ansetzen, die schon von Gesetzes wegen absoluten Vorrang vor dem Widerruf der Genehmigung hat und in der das Prinzip der *Subsidiarität des Widerrufs* zum Ausdruck kommt[110]. Erst dann, wenn eine solche Abhilfe in angemessener Zeit objektiv (d.h. aus technischen Gründen) unmöglich ist oder

---

106 So insbes. *Wagner*, DÖV 1987, S. 527: Jedenfalls reichten »der allgemeine Hinweis auf eine nachträglich notwendige Änderung der nach dem Stand von Wissenschaft und Technik erforderlichen Schadensvorsorge« sowie »eine allgemeine ungünstigere Bewertung der Gefahrenlage« oder »allgemeine Sicherheitsbedenken« hierfür nicht aus. – Ähnlich auch *Lukes*, BB 1986, S. 1308: »... nicht aufgrund einer generellen Ablehnung der friedlichen Nutzung der Kernenergie bzw. allgemeiner sicherheitstechnischer Bedenken der Behörde ...«.
107 *Kuckuck*, 6. AtRS 1979, S. 218.
108 So außer *Kuckuck* (6. AtRS 1979, S. 218) auch *Bender* (DÖV 1988, S. 815 ff.), der sogar *alterungsbedingte Abnutzungserscheinungen* einbezieht; ferner *Lange*, NJW 1986, S. 2463; skeptisch *Wagner*, DÖV 1987, S. 528 f.
109 *Lange*, NJW 1986, S. 2462; ferner *Fischerhof* (a.a.O., RdNr. 15 zu § 17) für alle Umstände, »die in irgendeiner Weise von den Genehmigungsvoraussetzungen der §§ 3, 4, 6 bis 9, 11 Abs. 2 umfaßt sind«. Auch *Haedrich* (a.a.O., RdNr. 13 zu § 17) und *Schmitt* (8. AtRS 1989, S. 20 f.) beziehen sämtliche *unterhalb der Schwelle* des § 17 Abs. 5 liegenden Fallgruppen ein, verweisen aber zugleich auf das Verhältnismäßigkeitsprinzip. A.A. *Wagner*, DÖV 1987, S. 529; *Bender*, DÖV 1988, S. 816.
110 Vgl. dazu auch *Wagner*, DÖV 1987, S. 528.

subjektiv (d.h. aus wirtschaftlichen Gründen) dem Betreiber nicht zugemutet werden kann, darf ein Widerruf der Genehmigung nach § 17 Abs. 3 Nr. 2 AtG in Betracht gezogen werden.

c) Der dritte Widerrufstatbestand *erheblicher oder wiederholter Rechtsverstöße* (§ 17 Abs. 3 Nr. 3 AtG) schließt zugleich den Fall der Nichteinhaltung nachträglicher Auflagen ein und steht ebenfalls unter dem Vorbehalt möglicher und zumutbarer Abhilfe in angemessener Zeit. Eingriffsvoraussetzung dürfte in all diesen Fällen bereits eine Verletzung solcher Normen sein, die unmittelbar dem Schutzzweck des § 1 Nr. 2 und 3 AtG dienen. Stets muß dem Widerruf freilich eine Abmahnung der Behörde (mit Fristsetzung) vorausgehen.

d) Für sämtliche Widerrufstatbestände des § 17 Abs. 3 AtG gilt der *Verhältnismäßigkeitsgrundsatz*. Damit ist klargestellt, daß ein Widerruf der Genehmigung nicht nur geeignet und erforderlich sein muß, um einen Zustand wiederherzustellen, der im Einklang mit dem geltenden Recht steht, sondern auch erst und nur dann in Erwägung gezogen werden darf, wenn alle übrigen Aufsichtsmaßnahmen (z.B. nachträgliche Auflagen oder Ordnungsverfügungen) keinen Erfolg versprechen.

e) Im übrigen verfügt die Behörde hier über ein *echtes Widerrufsermessen*. Sind jedoch mit dem Wegfall der Genehmigungsvoraussetzungen oder den Rechtsverstößen zugleich Gefahren oder Risiken verbunden, so kann sich, weil die Behörde zur Schadensvorsorge uneingeschränkt verpflichtet ist, dieses Aufsichtsermessen auch bei § 17 Abs. 3 Nr. 2 und 3 AtG auf Null reduzieren und – im Rahmen der Verhältnismäßigkeit – in eine *Widerrufspflicht* verwandeln[111]. Obwohl dem § 17 Abs. 3 AtG an sich keine unmittelbare drittschützende Wirkung beigemessen wird, verdichten sich in diesen Fällen die berechtigten Schutzinteressen Betroffener zu einem Anspruch auf fehlerfreie Ermessensentscheidung, der in ähnlicher Weise gerichtlich geltend gemacht werden kann wie der direkte Widerrufsanspruch aus § 17 Abs. 5 AtG (welcher ihm gegenüber jedoch Vorrang genießt).

---

111 Vgl. VGH Kassel, Beschluß vom 09.11.1978 (- III G 104/78 -), Originalumdruck S. 89 f.; VG Frankfurt am Main, Urteil vom 28.06.1988 (- IV/1 E 569/85 -), Originalumdruck S. 69.

3. Rücknahme der Genehmigung (§ 17 Abs. 2 AtG)

Außerdem können Genehmigungen oder allgemeine Zulassungen nach § 17 Abs. 2 AtG »zurückgenommen werden, wenn eine ihrer Voraussetzungen bei der Erteilung nicht vorgelegen hat«. Ähnlich wie der Widerruf nach § 17 Abs. 3 Nr. 2 AtG knüpft hiermit auch die Rücknahme vor allem an die Genehmigungsvoraussetzungen des § 7 Abs. 2 AtG an. Dabei genügt das objektive Vorhandensein eines anfänglichen Mangels; dessen subjektive Kenntnis im Zeitpunkt der Genehmigung auf seiten der Behörde oder des Betreibers ist nicht erforderlich[112].

Von § 17 Abs. 2 AtG werden also nur die Fälle »*anfänglicher Rechtswidrigkeit*« einer Genehmigung erfaßt. Obwohl im Normtext nicht ausdrücklich erwähnt, gilt auch hier – schon aus Gründen der Verhältnismäßigkeit – der »Vorbehalt alsbaldiger *Abhilfe*«. Eine Genehmigung darf also nicht zurückgenommen werden, wenn ihr Mangel nachträglich ausgeräumt, die fehlende Genehmigungsvoraussetzung also nachgeholt werden kann. Im übrigen besteht – ähnlich wie beim fakultativen Widerruf – ein *Rücknahmeermessen* der Behörde, das sich jedoch, sofern die Rechtswidrigkeit gerade in unzureichender Schadensvorsorge besteht und keine Abhilfe möglich ist, zu einer *Rücknahmepflicht* verdichten kann.

4. Änderung der Genehmigung (§ 7 Abs. 2 AtG)

Kein Aufsichtsmittel im engeren Sinne stellt die Abänderung einer bestehenden Genehmigung im Wege der »*Änderungsgenehmigung*« dar, deren Voraussetzungen sich nicht nach den §§ 17 bis 19 AtG, sondern nach § 7 Abs. 2 AtG richten. Zwar geht sie meist auf eine mehr oder weniger deutlich zum Ausdruck gebrachte *Anregung* der Aufsichtsbehörden zurück (die ihrerseits als – mildeste – Aufsichtsmaßnahme bezeichnet werden kann). Jedoch darf sie für eine ordnungsgemäß genehmigte und störungsfrei betriebene Anlage selbst bei unzureichender Schadensvorsorge nicht gegen den Willen des Betreibers erfolgen, sondern ist stets mit ihm »abzustimmen«, wobei das Ergebnis meist in einer sog. Verpflichtungserklärung des Betreibers niedergelegt wird[113]. Auch kann der entsprechende Antrag des Betreibers nicht erzwungen werden, weil

---

112 Davon zu unterscheiden sind jedoch alle Varianten einer *Nachrüstung* aufgrund erst *später* veränderter Umstände, die stets nach § 17 Abs. 3 Nr. 2 AtG zu beurteilen sind. Für § 17 Abs. 2 AtG ist vielmehr allein der tatsächliche oder mögliche Wissensstand im Zeitpunkt der Genehmigung maßgeblich.
113 Vgl. dazu *Wagner*, DÖV 1987, S. 529.

im Atomgesetz dafür keine Rechtspflicht vorgesehen ist und seine Unterlassung nicht automatisch zu einem »Zustand« der Anlage führt, der eine Ordnungsverfügung nach § 19 Abs. 3 AtG rechtfertigen könnte.

Eine Ausnahme vom »Grundsatz der Freiwilligkeit« gilt lediglich dann, wenn es sich bei den erforderlichen Nachrüstungsmaßnahmen um eine *wesentliche Änderung* der Anlage oder ihres Betriebes handelt, für die § 7 Abs. 1 AtG eine Änderungsgenehmigung *zwingend* vorschreibt[114]. Solche »wesentlichen Änderungen« sind immer dann anzunehmen, wenn sie – bezogen auf die Schutzgüter des § 1 Nr. 2 AtG – »nach ihrer Art oder ihrem Umfang zu einer erneuten Prüfung Anlaß geben, d.h. wenn sie sozusagen die Genehmigungsfrage erneut aufwerfen«[115]. In diesen Fällen verlangt die Änderungsgenehmigung stets auch eine erneute *Öffentlichkeitsbeteiligung*.

Ansonsten darf die Behörde von einer weiteren Bekanntmachung und Auslegung nur absehen, wenn im Sicherheitsbericht keine zusätzlichen oder andere Umstände darzulegen wären, die nachteilige Auswirkungen für Dritte besorgen lassen. Dies ist insbesondere dann der Fall, wenn erkennbar wird, daß durch die Änderung des Anlagen- oder Betriebskonzepts nachteilige Auswirkungen für Dritte ausgeschlossen werden oder wenn die sicherheitstechnischen Nachteile der Änderung im Verhältnis zu den sicherheitstechnischen Vorteilen gering sind (vgl. § 4 Abs. 2 Satz 1 und 2 AtVfV).

Sind die Voraussetzungen des § 7 Abs. 1 AtG für eine Änderungsgenehmigung gegeben, so hat diese *Vorrang* sowohl vor nachträglichen Auflagen (§ 17 Abs. 1 Satz 3 AtG) als auch vor einem fakultativen Widerruf (§ 17 Abs. 3 AtG). Im übrigen ist sie als *Abhilfemöglichkeit* überall dort in Betracht zu ziehen, wo das Atomgesetz eine entsprechende Vorbehaltsklausel enthält (vgl. § 17 Abs. 2, Abs. 3 Nr. 2 und 3, Abs. 5 AtG).

II. Nachträgliche Auflagen und Ordnungsverfügungen

Weitere Rechtsprobleme ergeben sich schließlich bei denjenigen Aufsichtsmaßnahmen, die den Regelungsgehalt der ursprünglichen Genehmigung unberührt lassen und sie entweder lediglich ergänzen oder völlig unabhängig davon auf den faktischen »Zustand« einer kerntechnischen Anlage bezogen sind. Im

---

114 Vgl. dazu vor allem *Richter*, a.a.O., S. 99 f.
115 So BVerfGE 75, 329, 345 zu § 15 Abs. 1 Satz 1 BImSchG. Vgl. auch die Regelbeispiele in § 4 Abs. 2 Satz 3 Nr. 1 bis 4 AtVfV.

ersten Fall geht es um »nachträgliche Auflagen« (1.), im zweiten um sog. »Ordnungsverfügungen«, Anordnungen der Aufsichtsbehörden also, die eine rechtswidrige oder gefahrenträchtige Lage bereinigen sollen (2.). Obwohl beide Aufsichtsmittel völlig verschiedene Zwecke verfolgen und demgemäß auch an ganz unterschiedliche Voraussetzungen geknüpft sind, werden immer wieder Vergleiche vorgenommen oder Parallelen gezogen, um aus der einen oder anderen Perspektive die Zulässigkeit dieses oder jenes Instruments schon grundsätzlich in Frage zu stellen, nicht zuletzt weil für nachträgliche Auflagen nach § 18 Abs. 3 AtG eine Entschädigung vorgesehen wird, für Ordnungsverfügungen jedoch nicht. Worin die Abgrenzungsschwierigkeiten zwischen beiden Aufsichtsmitteln im einzelnen bestehen, soll nunmehr noch etwas eingehender beleuchtet werden, bevor abschließend noch zu ihrem Verhältnis Stellung genommen wird (3.)

1. *Nachträgliche Auflagen (§ 17 Abs. 1 Satz 3 AtG)*

Gemäß § 17 Abs. 1 Satz 3 AtG sind nachträgliche Auflagen zulässig, »soweit es zur Erreichung der in § 1 Nr. 2 und 3 bezeichneten Zwecke erforderlich ist«.

a) Während nach den Regeln des allgemeinen Verwaltungsrechts nachträgliche Auflagen nur zulässig sind, wenn der jeweilige Verwaltungsakt einen entsprechenden »Auflagenvorbehalt« enthält (sonst werden sie als »Teilwiderruf« nach § 49 VwVfG angesehen), ermächtigt das Atomgesetz die Genehmigungsbehörden im Interesse einer »bestmöglichen Gefahrenabwehr und Risikovorsorge« zu solchen Maßnahmen in einem außerordentlich weitreichenden Umfang. Die Möglichkeit nachträglicher Auflagen besteht hier völlig unabhängig von jedem Rechtsverstoß oder rechtswidrigen Zustand immer schon dann, wenn diese zur *Erreichung der Schutzzwecke* des § 1 Nr. 2 und 3 AtG erforderlich sind, also vor allem um »Leben, Gesundheit und Sachgüter vor den Gefahren der Kernenergie und der schädlichen Wirkung ionisierender Strahlen zu schützen und durch Kernenergie oder ionisierende Strahlen verursachte Schäden auszugleichen«.
Angesichts der Weite dieser Zielsetzung, die jedenfalls den gesamten Bereich der »erforderlichen Schadensvorsorge« nach § 7 Abs. 2 Nr. 3 AtG völlig zweifelsfrei abdeckt, wirken vereinzelte Versuche, die Zulässigkeit von Nachrüstungsmaßnahmen im Wege nachträglicher Auflagen für bestimmte Fallgruppen von vornherein in Frage zu stellen, ziemlich hilflos und gekünstelt[116]. Mit

---

116 So hält etwa *Richter* (a.a.O., S. 80 f.) nachträgliche Auflagen bei einer bloßen »Änderung der behördlichen Sicherheitsphilosophie« deshalb nicht für statthaft, weil ihnen der »Vertrauensschutz« der Genehmigungsinhaber aus Art. 14 GG entgegenstehe.

dem Bundesverwaltungsgericht und der überwiegenden Zahl von Stimmen in der Literatur ist vielmehr daran festzuhalten, daß die erforderlichen *Nachrüstungsmaßnahmen* sämtlicher Fallgruppen (Umgebungsänderung, Erkenntnisfortschritte, Wandel der Sicherheitsphilosophie), also auch eine allgemeine Neubewertung bereits vorher bekannter Risiken, mit Hilfe des Instruments der nachträglichen Auflage durchgesetzt werden können[117]. Nachträgliche Auflagen setzen also nichts weiter voraus als ein Zurückbleiben des aktuellen Sicherheitsniveaus einer in Betrieb befindlichen kerntechnischen Anlage hinter der nach § 1 Nr. 2 AtG »erforderlichen Schadensvorsorge«. Damit steht zugleich fest, daß sie nicht nur der Abwehr von Gefahren im engeren Sinne dienen, sondern auch unterhalb der Gefahrenschwelle da zur Anwendung kommen können, wo nur ein schlichtes »Besorgnispotential« vorhanden ist.

Hingegen werden nachträgliche Auflagen zur *Minderung eines bloßen Restrisikos* überwiegend abgelehnt[118]. Im Rahmen dieser Untersuchung kann das Problem freilich dahingestellt bleiben, weil sowohl der anlageninterne *Notfallschutz* als auch ausreichende Vorkehrungen gegen *Erdbeben* oder *Flugzeugabsturz* nicht als »Restrisikominderung« verstanden, sondern der »erforderlichen Schadensvorsorge« im Sinne von § 7 Abs. 2 Nr. 3 AtG zugerechnet werden, und zwar mit der Folge, daß entsprechende Nachrüstungsmaßnahmen – sei es im ersten Fall wegen Erkenntnisfortschritts, im zweiten nach Änderung der Sicherheitsphilosophie – dann auch unbestritten im Wege nachträglicher Auflagen durchgesetzt werden können.

b) Wie das Wort »erforderlich« in § 17 Abs. 1 Satz 3 AtG zeigt, unterliegen auch nachträgliche Auflagen dem *Verhältnismäßigkeitsprinzip*. Sie müssen technisch möglich, sachlich geeignet und nicht zuletzt dem Betreiber auch wirtschaftlich zumutbar sein.

c) Im übrigen sind hier nicht nur die Eingriffsvoraussetzungen extensiv gefaßt, sondern auch die Grenzen des *Ermessens* besonders weit gezogen. Ähnlich wie beim fakultativen Widerruf wird man freilich auch in diesem Fall eine »Ermessensreduzierung auf Null« annehmen können, wenn jene schon mehrfach erwähnte *dynamische* Schadensprävention dies im Interesse der

---

117 Vgl. dazu die Stellungnahme des Bundesverwaltungsgerichts im Normenkontrollverfahren 2 BvG 1/88 vom 24.04.1989, Originalumdruck S. 4, sowie das oben in Anm. 70 zitierte Schrifttum.
118 So insbesondere das OVG Lüneburg, Urteil vom 16.02.1989 (7 OVG A 108/88), Originalumdruck, S. 21; a.A. *Rengeling*, DVBl. 1988, S. 260 f., für den anlageninternen Notfallschutz.

»bestmöglichen Gefahrenabwehr und Risikovorsorge« verlangt. Dann nämlich
– und in allen Fällen alsbaldiger *Abhilfe* (vgl. § 17 Abs. 2, Abs. 3 Nr. 2 und
3, Abs. 5 AtG) – ist die Behörde zur Erteilung nachträglicher Auflagen von
Rechts wegen verpflichtet.

d) Im Unterschied zur Ordnungsverfügung nach § 19 Abs. 3 AtG können
nachträgliche Auflagen einen *Entschädigungsanspruch* des Betreibers auslösen
(vgl. § 18 Abs. 3 in Verb. mit § 18 Abs. 1 und 2 AtG). Im Hinblick auf
die Entstehungsgeschichte und den Sinn und Zweck dieser Norm sowie in
Anbetracht der besonderen Gefährlichkeit und sozialen Funktion kerntechnischen Anlageneigentums ist eine angemessene Entschädigung im konkreten
Fall jedoch erst dann in Betracht zu ziehen, wenn die nachträgliche Auflage
in ihrer praktischen Wirkung und Intensität einem Widerruf der Genehmigung
gleichkommt[119].

2. *Ordnungsverfügungen (§ 19 Abs. 3 AtG)*

Nach § 19 Abs. 3 AtG kann die Aufsichtsbehörde die Beseitigung eines Zustandes verlangen, der entweder geltendem Recht bzw. einer nachträglichen
Auflage widerspricht »oder aus dem sich durch die Wirkung ionisierender
Strahlen Gefahren für Leben, Gesundheit oder Sachgüter ergeben können«.
In diesen Fällen kann die Behörde insbesondere anordnen, 1. daß und welche
Schutzmaßnahmen zu treffen sind, 2. daß radioaktive Stoffe bei einer von ihr
bestimmten Stelle aufbewahrt oder verwahrt werden und 3. daß der Umgang
mit radioaktiven Stoffen oder die Errichtung und der Betrieb kerntechnischer
Anlagen »einstweilen oder, wenn eine erforderliche Genehmigung nicht erteilt
oder rechtskräftig widerrufen ist, endgültig eingestellt wird«.

a) Damit räumt das Atomgesetz den Aufsichtsbehörden nach dem Vorbild
des § 24 a GewO ähnlich wie in § 17 BImSchG das Recht ein, auf den vorschriftswidrigen oder gefahrenträchtigen *Zustand* kerntechnischer Anlagen mit
einer sofortigen *nachträglichen Anordnung* (Ordnungsverfügung) zu reagieren.
In der Praxis kommt dieser Befugnis eine erhebliche Bedeutung zu. Deshalb
ist vor allem umstritten, wann eine »*Gefahr*« im Sinne von § 19 Abs. 3 Satz 1
AtG vorliegt. Einige Gerichte scheinen inzwischen davon auszugehen, daß von
der Anlage eine »*akute Gefahr*« ausgehen müsse, die sofortiges Eingreifen

---

119 Vgl. dazu bereits oben Teil B I, 1.

verlange, wenn die Behörde zur Regelung durch Ordnungsverfügung berechtigt sein solle[120]. Begründet wird diese Auffassung mit der im wesentlichen zutreffend wiedergegebenen These, daß die Regelung des § 19 Abs. 3 AtG nicht dazu bestimmt sei, an die Stelle von Vorschriften über den Widerruf bzw. die Rücknahme von Genehmigungen zu treten[121].

Indes vermag allein diese Feststellung eine so weitgehende Folgerung wie den Schluß auf das Erfordernis einer »akuten Gefahr« nicht zu tragen. Denn warum sollen nicht beide Regelungsbereiche nebeneinander bestehen und ganz unabhängig von den Rücknahme- und Widerrufsbestimmungen des § 17 AtG, die durch § 19 Abs. 3 AtG ohnehin nicht ersetzt werden können, Ordnungsverfügungen immer dann zulässig sein, wenn die – davon völlig getrennt zu beurteilenden – Voraussetzungen des § 19 Abs. 3 AtG vorliegen, zumal in § 17 AtG der Begriff der »Gefahr« überhaupt nicht vorkommt und deshalb auch keine Verwechslung oder Verdrängung des einen durch den anderen Normenkomplex zu befürchten ist?

Betrachtet man hingegen den *Gefahrenbegriff* auch hier in seinem gesetzessystematischen Kontext, dann fällt auf, das die Formulierung in § 19 Abs. 3 Satz 1 AtG deutlich an die Fassung des Schutzzwecks in § 1 Nr. 2 AtG angelehnt ist. Deshalb spricht vieles dafür, auch hier von einem Verständnis der atomrechtlichen »Gefahr« auszugehen, das sich unterschiedslos auf den *gesamten* Bereich der »erforderlichen Schadensvorsorge« im Sinne von § 7 Abs. 2 Nr. 3 AtG erstreckt[122]. Dabei ist namentlich das Wort »*können*« zu beachten. Es geht also gar nicht um die Existenz realer (»akuter«) Gefahren, die ähnlich wie im Falle der für § 17 Abs. 5 AtG behaupteten »unmittelbaren Gefahr« die sofortige Einleitung von Katastrophenschutzmaßnahmen gebieten würden, sondern lediglich um Gefahren- bzw. Besorgnis»*potentiale*«, die durch Ordnungsverfügung zu beseitigen sind. Allerdings greift die Ermächtigung des § 19 Abs. 3 Satz 1 AtG über die allgemeine Pflicht des Staates zur Schadensvorsorge hinaus und verlangt bestimmte Anhaltspunkte dafür, daß im konkreten Fall ohne aufsichtsbehördliche Intervention der *tatsächliche Eintritt von Schäden*

---

120 So vor allem VG Frankfurt/M., Urteil vom 28.06.1988 (- IV/1 E 569/85 -), Originalumdruck S. 70 ff. Ähnlich auch OVG Lüneburg, Urteil vom 16.02.1989 (- 7 OVG A 108/88 -), S. 15: Es bestehe »keine aus den Errichtungsgenehmigungen abzuleitende ›allgemeine Instandhaltungspflicht‹ des Betreibers, die durch Anordnung nach § 19 Abs. 3 Satz 1 AtG durchgesetzt werden kann«.
121 Vgl. außer dem VG Frankfurt/M (a.a.O., S. 69) auch *Mattern/Raisch*, a.a.O., Anm. 6 zu § 19; *Haedrich*, a.a.O., RdNr. 7 zu § 19; *Fischerhof*, a.a.O., RdNr. 9 zu § 19.
122 So auch *Lukes*, BB 1986, S. 1309, im Zusammenhang mit § 19 Abs. 3 Satz 1 AtG: »Erforderlich ist also, daß hinsichtlich der konkreten Anlage die erwähnten Gefahren auftreten können«.

im Bereich des Möglichen, zumindest des theoretisch Denkbaren (nicht aber bereits des Wahrscheinlichen) liegt.

b) Der Anwendungsbereich des § 19 Abs. 3 AtG wird in der Literatur weiter dadurch eingeschränkt, daß Ordnungsverfügungen – im Unterschied etwa zu nachträglichen Auflagen – nur »*vorläufigen Charakter*« haben sollen, bis die Genehmigungsbehörde die Angelegenheit im Rahmen des § 17 AtG geprüft und sich für eine der dort vorgesehenen Maßnahmen entschieden habe[123]. Diese Meinung geht offenbar auf einen Nebensatz in der Begründung des Regierungsentwurfs von 1958 zurück, wo lediglich die *tatsächliche* Feststellung getroffen wird, daß »diese Anordnungen ... regelmäßig vorläufigen Charakter haben« werden, nicht aber haben sollen oder müssen[124]. Gestützt wird jene Ansicht ferner auf die Behauptung eines Vorrangs des Genehmigungs- vor dem Aufsichtsverfahren[125].
Insbesondere dieses letzte Argument vermag nicht zu überzeugen. Denn § 19 Abs. 3 AtG sieht ausdrücklich vor, daß durch Ordnungsverfügung ein rechtswidriger oder gefahrenträchtiger Zustand »*beseitigt*« wird, was ja sinnvollerweise nur heißen kann: *nachhaltig* und *dauerhaft* beseitigt, weil anderenfalls die Ordnungsverfügung als »ungeeignet« bereits gegen den Grundsatz der Verhältnismäßigkeit verstoßen würde. Nirgendwo sonst im Verwaltungsrecht steht übrigens geschrieben, daß polizeiliche oder quasi-polizeiliche Maßnahmen nur vorläufigen Charakter haben dürfen, am wenigsten in § 24 a GewO, auf den § 19 Abs. 3 AtG zurückgeht, und auch nicht in § 17 des Bundesimmissionsschutzgesetzes. Die Auffassung von der »Vorläufigkeit« jener Ordnungsverfügungen ist mithin unhaltbar, und zwar nicht zuletzt auch deshalb, weil sie die *Eigenständigkeit* des atomrechtlichen Aufsichtsverfahrens gegenüber dem Genehmigungsverfahren in Frage stellt, an der gerade wegen des rechtlichen Bestandsschutzes der Genehmigung strikt festgehalten werden muß.

c) Durch selbständige Ordnungsverfügung oder im Zusammenhang damit kann die Aufsichtsbehörde nach § 19 Abs. 3 Satz 2 Nr. 3 AtG auch anordnen, daß der Betrieb einer kerntechnischen Anlage »einstweilen« oder (im Falle der Versagung oder des rechtskräftigen Widerrufs einer Genehmigung) »endgültig« eingestellt wird. Vor allem die Möglichkeit der »*vorläufigen Stillegung*« steht

---

123 So *Fischerhof*, a.a.O., RdNr. 9 zu § 17; *Lukes*, BB 1986, S. 1309; *Wagner*, DÖV 1987, S. 531; *Schmitt*, 8. AtRS 1989, S. 26. Vgl. auch VG Frankfurt/M, Urteil vom 18.06. 1988 (- IV/1 E 569/85 -), S. 70: »einstweilige Maßnahmen«.
124 Vgl. Bundestagsdrucksache 3/759, S. 32.
125 So *Wagner*, DÖV 1987, S. 531.

den Behörden unabhängig davon zur Verfügung, ob die Genehmigung noch vorhanden ist oder nicht; sie brauchen Entscheidungen nach § 17 AtG keineswegs abzuwarten. Auf der anderen Seite kann eine solche vorläufige Stillegung auch zum Zwecke der bloßen Gefahren- oder Schadensermittlung sowie in Verbindung mit einer Reparatur- oder Nachrüstungsmaßnahme angeordnet werden[126]. Es kann also vorkommen, daß eine Nachrüstungsmaßnahme, die im Wege der nachträglichen Auflage (§ 17 Abs. 1 Satz 3 AtG) verfügt worden ist, nur dann in angemessener Zeit realisiert werden kann, wenn die Anlage vorübergehend stillgelegt wird. Verzichtet der Betreiber indes auf eine solche Betriebseinstellung, etwa weil er die damit verbundenen Kosten scheut, so verstößt er gegen die nachträgliche Auflage und schafft damit die Voraussetzungen für eine getrennt von der Auflage aufsichtsbehördlich anzuordnende Stillegung während der Bau- oder Installationszeit nach § 19 Abs. 3 Satz 1 und Satz 2 Nr. 3 AtG. Da im übrigen für Maßnahmen nach § 19 Abs. 3 AtG jede Entschädigung entfällt, kann er für diese Stillegungskosten vom Staat keinerlei Ersatz verlangen, auch nicht nach § 18 Abs. 3 in Verb. mit § 17 Abs. 1 Satz 3 AtG, weil in der Auflage selbst die Stillegung gar nicht angeordnet worden ist und es sich im übrigen bei deren Kosten lediglich um einen »Folgeschaden« handelt, der nach allgemeinen Grundsätzen des Staatshaftungsrechts im Rahmen von § 18 AtG ohnehin nicht ersetzt werden kann.

d) Für alle Ordnungsverfügungen nach § 19 Abs. 3 AtG (einschließlich der Stillegung) gilt selbstverständlich das *Verhältnismäßigkeitsprinzip*[127]. Es muß also unter mehreren gleich geeigneten und gleichermaßen erforderlichen Aufsichtsmaßnahmen diejenige ausgewählt werden, die im konkreten Fall den Betreiber am wenigsten belastet.

e) Ob und welche Anordnungen die Aufsichtsbehörde nach § 19 Abs. 3 AtG beim Vorliegen der dort genannten Voraussetzungen treffen will, liegt in ihrem *pflichtgemäßen Ermessen*[128]. Nur nach vorausgegangenem obligatorischen Widerruf (§ 17 Abs. 5 AtG) ist sie uneingeschränkt zur endgültigen Stillegung der kerntechnischen Anlage verpflichtet[129]. In besonderen Fällen, nämlich dann, wenn Dritte einen individuellen Rechtsanspruch auf aufsichtsbehördliches

---

126 Vgl. *Scharnhoop*, 5. AtRS 1976, S. 145: »Betriebseinstellungen sind ja auch zu Wartungs- und Reparaturzwecken oder anläßlich von Störfällen notwendig und daher bereits im Rahmen der Erteilung der Betriebsgenehmigung nach § 7 Abs. 1 AtG oder durch Anordnungen im Rahmen der Aufsicht nach § 19 Abs. 3 AtG zu regeln«.
127 So *Lukes*, BB 1986, S. 1309; *Wagner*, DÖV 1987, S. 531 f.
128 VGH Kassel NVwZ 1985, 765.
129 BVerwG, Beschluß vom 05.04.1989 (- 7 B 47.89 -), Originalumdruck S. 3.

Einschreiten geltend machen können, ist auch bei § 19 Abs. 3 AtG eine *Ermessensschrumpfung* anzunehmen[130]. Voraussetzung eines solchen Anspruchs ist allerdings, daß jemand durch die Verletzung drittschützender Vorschriften unmittelbar selbst in seinen Rechten betroffen ist, was dann der Fall wäre, wenn die Aufsichtsbehörden durch weiteres Untätigbleiben (Unterlassen) gegen Grundrechte oder daraus abgeleitete staatliche Schutzpflichten verstoßen würden.

3. *Befugniskonkurrenzen in der Aufsichtsphase*

Die Aufsichtsmittel aus § 17 AtG einerseits und aus § 19 AtG andererseits weisen in ihren tatbestandlichen Anforderungen so erhebliche Unterschiede auf, daß vieles für ein *Nebeneinander* beider Normenkomplexe spricht. Daher ist die Zulässigkeit jeder Einzelmaßnahme zunächst gesondert zu prüfen und – unabhängig von anderen Möglichkeiten – stets zu bejahen, wenn ihre spezifischen Voraussetzungen im konkreten Fall gegeben sind.

Dessen ungeachtet haben nach dem Grundsatz der Verhältnismäßigkeit unter den *einseitig* hoheitlichen Anordnungen – die Änderungsgenehmigung auf eigenen Antrag des Betreibers also ausgenommen, die sämtliche übrigen staatlichen Akte verdrängt – die *Aufsichtsmaßnahmen* im engeren Sinn (nachträgliche Auflage, Ordnungsverfügung) prinzipiell *Vorrang*, weil sie den ursprünglichen Regelungsgehalt der Genehmigung unberührt lassen. Zwischen den Möglichkeiten der nachträglichen Auflage und der Ordnungsverfügung besteht ebenfalls ein Verhältnis der *Priorität*; letztere geht der ersteren vor, wenn die Anforderungen des § 19 Abs. 3 AtG erfüllt sind. Unter den verschiedenen Formen der Aufhebung einer Genehmigung (Rücknahme, obligatorischer oder fakultativer Widerruf) herrscht *Gesetzeskonkurrenz*; es kommt stets nur eine, nämlich diejenige Maßnahme in Betracht, deren Voraussetzungen im konkreten Fall gegeben sind.

---

130 Vgl. BVerfGE 78, 290, 299.

Zusammenfassende Thesen

1. Bei der Genehmigung von kerntechnischen Anlagen obliegt der staatlichen Verwaltung gemäß § 7 Abs. 2 Nr. 3 AtG die Aufgabe der »bestmöglichen Gefahrenabwehr und Risikovorsorge« gegen Schäden aus der Errichtung oder dem Betrieb einer Anlage. Die gleiche Pflicht trifft die Behörden auch nach Erteilung der Betriebsgenehmigung. Sie haben die Anlage während des gesamten Betriebes zu überwachen und *grundsätzlich nach denselben Maßstäben wie im Genehmigungsverfahren* von Amts wegen die notwendigen Vorkehrungen für ihre Sicherheit zu treffen.

2. In dieser »Aufsichtsphase« kann zwar organisatorisch, nicht aber funktionell zwischen Genehmigungs- und Aufsichtsbehörden unterschieden werden, da nicht nur Ordnungsverfügungen nach § 19 Abs. 3 AtG, sondern auch Eingriffe in den Bestand der Genehmigung (etwa durch Rücknahme oder Widerruf) oder nachträgliche Inhaltsänderungen (etwa durch Auflagen oder durch behördlicherseits angeregte Änderungsgenehmigungen) zu den *Aufsichtsmitteln* im weiteren Sinne gehören, die vergleichbare Wirkungen entfalten, sich wechselseitig ergänzen und daher – weil bis zu einem gewissen Grade austauschbar – eng aufeinander bezogen sind.

3. Gefahrenabwehr und Risikovorsorge werden heute unter dem einheitlichen Begriff der »*Schadensvorsorge*« zusammengefaßt (»Wyhl-Urteil«). Die Aufgabe der Schadensvorsorge verlangt auch in der Aufsichtsphase Vorkehrungen gegen alle Schäden, die nach »menschlichem Ermessen«, d.h. soweit das wissenschaftliche und technische Erkenntnisvermögen reicht, durch den Betrieb oder aufgrund des Betriebes einer Anlage eintreten können (Maßstab »praktischer Vernunft«). Dazu gehören wegen des kaum vorstellbar großen Schadensausmaßes bei unkontrollierter Freisetzung von Kernenergie auch erkennbare Risiken mit extrem geringer Eintrittswahrscheinlichkeit (z.B. Flugzeugabsturz) oder nicht auszuschließende anlageninterne Notfälle.

4. Jenseits dieser Erkenntnisgrenze beginnt das sog. »*Restrisiko*«, gegen das Vorsorge schon deshalb nicht getroffen zu werden braucht, ja gar nicht getroffen werden kann, weil hier weder eine Gefahrenquelle bekannt noch ein Schadensereignis überhaupt denkbar ist. Mit probabilistischen Methoden (allein) ist das »Restrisiko« daher nicht zu bestimmen; sie müssen durch deterministische Verfahren ergänzt werden, die es gestatten, hypothetische Schäden oder Schadensverläufe zu simulieren sowie Ketten von Stör- oder Unfallursachen und -wirkungen miteinander zu verknüpfen.

5. Art und Umfang der erforderlichen Schadensvorsorge haben sich nicht nur nach bestimmten »Singulärgefahren« oder Einzelrisiken (z.B. Brand, Flug-

zeugabsturz, Erdbeben etc.) zu richten, sondern nach dem *Gesamtrisiko* einer kerntechnischen Anlage (integrale Betrachtungsweise). Dazu gehören auch erkennbare Stör- oder Unfallrisiken, die allein auf das »Alter« und/oder den »Abnutzungsgrad« einer Anlage zurückzuführen sind. Unter Umständen kann dieses Gesamtrisiko so hoch sein, daß eine Anlage aus Sicherheitsgründen nicht weiterbetrieben werden darf, obwohl bestimmte Einzelrisiken durch entsprechende Nachrüstungsmaßnahmen gemindert werden können (qualitative Differenz von Einzel- und Gesamtrisiko).
6. Aus dem Prinzip des »dynamischen« Grundrechtsschutzes (»Kalkar-Urteil«) folgt für Genehmigungs- und Aufsichtsbehörden unter dem Aspekt staatlicher Schutzpflichten das Gebot der *dynamischen Schadensvorsorge*. Für sog. »Altanlagen« bedeutet dies, daß auch sie – vorbehaltlich ihres Bestandsschutzes – nur in einem jederzeit genehmigungsfähigen Zustand (nach dem jeweiligen »Stand von Wissenschaft und Technik«) betrieben werden dürfen und daher bei Abweichungen des Ist-Zustandes von den Anforderungen des § 7 Abs. 2 AtG Nachrüstungsmaßnahmen *zwingend geboten* sind, sofern sie nicht völlig außer Verhältnis zu den mit der Altanlage verbundenen (erhöhten) Risiken stehen. Wenn jedoch ein adäquater Grundrechtsschutz auch durch nachträgliche Auflagen in angemessener Zeit nicht zu gewährleisten ist, kann im Extremfall von der Altanlage (unter gestiegenen Sicherheitsanforderungen) eine »erhebliche Gefährdung« für die Allgemeinheit ausgehen, so daß die Betriebsgenehmigung widerrufen werden muß (§ 17 Abs. 5 AtG).
7. Zur Vorsorge gegen erkennbare Schäden oder Schadensverläufe sind – ebenso wie im Genehmigungsverfahren – die Behörden auch bei der Aufsicht über kerntechnische Anlagen ausnahmslos verpflichtet. Sie besitzen im Hinblick auf das »Ob« des Einschreitens *kein generelles Überwachungsermessen*. Vielmehr gilt hier – ebenso wie für die Auswahl der Maßnahme – uneingeschränkt das Verhältnismäßigkeitsprinzip, dessen Mittel/Zweck-Relation die (gerichtlich voll nachprüfbare) Berücksichtigung auch von Zumutbarkeitsgrenzen erlaubt. Wo das Gesetz für bestimmte Maßnahmen den Behörden ausdrücklich ein Ermessen einräumt (z.B. beim »fakultativen« Widerruf nach § 17 Abs. 3 AtG oder bei Ordnungsverfügungen nach § 19 Abs. 3 AtG), ist damit nur die Ermächtigung verbunden, bei der erforderlichen Schadensvorsorge zwischen mehreren, gleichermaßen geeigneten und gleich belastenden Eingriffen zu wählen. Dabei genießen Maßnahmen, die Bestand und Inhalt der Genehmigung unberührt lassen, Vorrang vor einer Aufhebung oder Änderung der Genehmigung.
8. Die Möglichkeiten des Staates, auf den Betrieb kerntechnischer Anlagen einzuwirken (Aufsichtsmaßnahmen im weiteren Sinn), und deren Rechtsfolgen sind in den §§ 17 bis 19 AtG abschließend geregelt. Ein Rückgriff auf die allgemeinen Vorschriften über die Aufhebung oder Abänderung von

Verwaltungsakten im Verwaltungsverfahrensgesetz ist unzulässig. Zu jenen Aufsichtsmaßnahmen gehören: die Änderungsgenehmigung (§ 7 Abs. 2 AtG), die nachträgliche Auflage (§ 17 Abs. 1 Satz 3 AtG), die Ordnungsverfügung (§ 19 Abs. 3 AtG) sowie die Rücknahme (§ 17 Abs. 2 AtG) und der Widerruf (§ 17 Abs. 3 bis 5 AtG) von (Betriebs-)Genehmigungen.

9. Abgesehen von der nachträglichen Auflage setzen alle Aufsichtsmaßnahmen Rechtsverstöße der Betreiber und/oder einen »normwidrigen« Zustand der kerntechnischen Anlage, mithin *Rechtswidrigkeit* voraus. Zu unterscheiden ist dabei zwischen »formeller« (Genehmigung) und »materieller« (Beschaffenheit der Anlage) Rechtswidrigkeit.

10. War die Genehmigung von Anfang an rechtswidrig, so kann sie nach § 17 Abs. 2 AtG zurückgenommen werden. Die Behörde kann diesen Mangel aber auch durch eine nachträgliche Auflage beheben (§ 17 Abs. 1 Satz 3 AtG). Eine Änderung oder Ergänzung der rechtswidrigen Genehmigung ist auf Antrag des Betreibers jederzeit möglich, gegen seinen Willen jedoch grundsätzlich nicht. Hat der Betreiber die anfängliche Rechtswidrigkeit selbst zu vertreten (z.B. wegen falscher Angaben), kommt auch eine Ordnungsverfügung nach § 19 Abs. 3 AtG in Betracht, nicht jedoch ein Widerruf (§ 17 Abs. 3 bis 5 AtG).

11. Die Fälle des »nachträglichen« Wegfalls der Genehmigungsvoraussetzungen und eines materiell rechtswidrigen oder gefahrenträchtigen Zustandes der kerntechnischen Anlage sind für aufsichtsbehördliches Handeln gleichgestellt. Das gilt vor allem bei sog. *Nachrüstungsmaßnahmen* (back fitting), die auch gegen den Willen des Betreibers durchgesetzt werden können, wenn sie aus Rechtsgründen geboten sind (etwa um der erforderlichen Schadensvorsorge willen).

12. Nachrüstungsmaßnahmen können im wesentlichen auf drei Umständen beruhen: 1. auf einer Änderung der Umgebung der Anlage, 2. auf einem Fortschreiten des »Standes von Wissenschaft und Technik« und 3. auf einer Erhöhung der Sicherheitsstandards. Variante 1 und 3 fallen in den Verantwortungsbereich der Allgemeinheit (weshalb hier in der Regel zu entschädigen ist), während beim »Stand von Wissenschaft und Technik« stets der Betreiber das Änderungsrisiko trägt, weil er bei einer Betriebsdauer der Anlage von etwa dreißig Jahren während dieser Zeit mit entsprechenden Fortschritten rechnen und sie in seine Kalkulation einbeziehen muß.

13. Demgemäß sind bei einer *Umgebungsänderung* nachträgliche Auflagen, ja selbst ein fakultativer Widerruf der Genehmigung (§ 17 Abs. 3 AtG) möglich, nicht jedoch der obligatorische Widerruf (§ 17 Abs. 5 AtG) oder Ordnungsverfügungen (§ 19 Abs. 3 AtG). Im Falle des *Wissenschafts- oder Technikfortschritts* kommen ebenfalls der Widerruf und nachträgliche Auflagen, zugleich aber auch Ordnungsverfügungen in Betracht, nicht aber die Rücknahme der

Genehmigung. Bei einer Änderung der *Sicherheitsphilosophie* schließlich sind nur nachträgliche Auflagen statthaft, die zu einer angemessenen Entschädigung führen können, wenn sie nach Schwere und Intensität einem Widerruf der Genehmigung gleichkommen.

14. Ordnungsgemäß genehmigte und betriebene kerntechnische Anlagen (sog. Altanlagen) genießen generell *Bestandsschutz*. Dieser folgt zum einen aus dem Gedanken des Vertrauensschutzes (in den Bestand der Genehmigung) als Ausprägung des Rechtsstaatsprinzips (Art. 20, 28 GG), zum anderen aus der Eigentumsgarantie (Art. 14 Abs. 1 GG) in Verbindung mit dem Substanzschutz des eingerichteten und ausgeübten Gewerbebetriebs. Dabei ist zwischen »formellem« (Bestandskraft der Genehmigung) und »materiellem« (genehmigter Zustand der Anlage) Bestandsschutz zu unterscheiden.

15. Der *formelle* Bestandsschutz darf – gegen den Willen des Betreibers – nur nach den erschöpfenden Regelungen in § 17 AtG durchbrochen werden, *muß* dies aber auch, sofern die Voraussetzungen dafür vorliegen. Dagegen stellt der *materielle* Bestandsschutz lediglich einen Abwägungsgesichtspunkt dar, der im Rahmen des Verhältnismäßigkeitsprinzips immer dann zu berücksichtigen ist, wenn den Aufsichtsbehörden ein Auswahlermessen zwischen mehreren gleich geeigneten und gleich wirksamen Maßnahmen eingeräumt wird.

16. Der Bestandsschutz von Altanlagen hat im übrigen keineswegs absoluten Charakter, sondern ist in dreifacher Hinsicht zu *relativieren*: Erstens handelt es bei kerntechnischen Anlagen um Unternehmenseigentum mit starkem sozialen Bezug, der die Schutzintensität des Art. 14 GG wesentlich abschwächt. Zweitens steht dem Bestandsschutz das Gebot bestmöglicher (dynamischer) Schadensvorsorge im Interesse der Allgemeinheit gegenüber; er ist daher mit den entsprechenden, ebenfalls grundrechtlich verankerten staatlichen »Schutzpflichten« abzuwägen (praktische Konkordanz). Und drittens schließlich unterliegt der Bestandsschutz von vornherein dem Vorbehalt des wissenschaftlichen und technischen Fortschritts.

17. Wie die Möglichkeit des obligatorischen Widerrufs einer Genehmigung nach § 17 Abs. 5 AtG zeigt, der entschädigungslos hinzunehmen ist (vgl. § 18 Abs. 2 Nr. 3 AtG), räumt das Atomgesetz in Extremfällen den Maßnahmen der Aufsichtsbehörden sogar absoluten Vorrang ein, wobei zugleich der Bestandsschutz gegen Null tendiert. Dieses Beispiel zeigt, daß der Bestandsschutz keineswegs eine »feste Größe« bildet, die kerntechnischen Anlagen den Charakter der Unantastbarkeit verleiht, sondern – soweit er im Atomgesetz nicht ohnehin abschließend geregelt wird – bestenfalls als Abwägungsgesichtspunkt in die Prüfung der *Verhältnismäßigkeit* von aufsichtsbehördlichen Maßnahmen einzubeziehen ist.

18. Für die Fälle der Rücknahme und des fakultativen Widerrufs der Genehmigung ist in § 18 Abs. 1 AtG grundsätzlich eine *Entschädigung* vorgesehen. Der Anspruch des Betreibers beschränkt sich jedoch auf eine *angemessene* Entschädigung, die keineswegs sämtliche Nachteile und Kosten zum Verkehrswert ausgleichen muß, die ihm aus der Aufsichtsmaßnahme erwachsen.

19. In besonderen Fällen: nämlich immer dann, wenn die Aufhebung der Genehmigung durch ein »rechtswidriges« Verhalten des Betreibers oder seiner leitenden Angestellten entweder schon bei der Antragstellung im Genehmigungsverfahren oder beim Betrieb der Anlage veranlaßt worden ist oder wenn der Widerruf wegen »erheblicher Gefährdung« der Allgemeinheit durch die Anlage oder Tätigkeit ausgesprochen werden mußte, ist eine *Entschädigung ausgeschlossen* (§ 18 Abs. 2 AtG).

20. Für nachträgliche Auflagen (§ 17 Abs. 1 Satz 3 AtG) gelten diese Entschädigungsvorschriften (auch der »Entschädigungsausschluß«) entsprechend, allerdings mit der Maßgabe, daß nur dann entschädigt werden muß, wenn die Auflage in ihrer belastenden Wirkung einem Widerruf der Genehmigung gleichkommt. Das Problem der *Konkurrenz* von entschädigungsloser Ordnungsverfügung (§ 19 Abs. 3 AtG) und entschädigungspflichtiger nachträglicher Auflage ist so zu lösen, daß im Falle einer Gefährdung durch den rechtswidrigen Zustand der Anlage (»Zustandsstörung«) die Ordnungsverfügung nach § 19 Abs. 3 AtG als »lex specialis« Vorrang hat. Weil bei rechtswidrigem Verhalten des Betreibers oder seines Personals (»Verhaltensstörung«) nach § 18 Abs. 2 Nr. 2 AtG aber eine Entschädigung ebenfalls entfällt, handelt es sich hier praktisch um ein Scheinproblem.

21. Die *Ausgleichsregelung* zwischen Bund und Ländern oder der Länder untereinander in § 18 Abs. 4 AtG verlangt nach einer Interessenabwägung, bei der indes meist die Tatsache ausschlaggebend sein dürfte, daß der Vollzug des Atomgesetzes im Auftrag des Bundes erfolgt und von daher das Bundesinteresse an Aufsichtsmaßnahmen zur Wahrung des Rechts ebenso wie zur Schadensvorsorge normalerweise überwiegt. Nur wenn das Land im Ausnahmefall seine Maßnahmen allein zu vertreten hat, z.B. weil es für deren Ursachen (neben dem Betreiber) mitverantwortlich ist, kann der Bund verlangen, daß er von einer Haftung ganz oder teilweise freigestellt wird.

22. Der obligatorische Widerruf nach § 17 Abs. 5 AtG ist der schwerwiegenste Eingriff in den Bestand einer Genehmigung. Er setzt eine »*erhebliche Gefährdung*« (der Beschäftigten, Dritter oder der Allgemeinheit) voraus. Dieses Tatbestandsmerkmal darf allerdings nicht mit »unmittelbarer« oder »konkreter« Gefahr im polizeirechtlichen Sinne gleichgesetzt werden. Denn in solchen Extremfällen, in denen die Gefahr eines unkontrollierten Freisetzens von Kernenergie *unmittelbar* bevorsteht, müssen sofort Katastrophenschutzmaßnahmen ergriffen werden. Der bloße Widerruf einer Genehmigung oder gar nachträgliche Auflagen, die der Gesetzgeber sogar bei einer »erheblichen Gefährdung« noch für möglich hält, sind allein nicht (mehr) geeignet, derartig konkrete Gefährdungen abzuwehren.

23. Offenkundig wollte der Gesetzgeber jedoch mit dem Begriff der »erheblichen Gefährdung« für den obligatorischen Widerruf eine »*bestimmte Form*« der atomaren Bedrohung von Menschen verlangen. Insofern versagt hier auch die übliche »Je/desto-Formel«, weil das Schadensausmaß bei Störungen oder Unfällen in kerntechnischen Anlagen immer erheblich ist und die Eintrittswahrscheinlichkeit solcher Schäden nur abstrakt bestimmt werden kann, es hier aber gerade auf die besonderen Umstände des Einzelfalles, d. h. auf das Risiko des *erstmaligen* Eintritts solcher Schäden, ankommt.

24. Deshalb kann dieses Tatbestandsmerkmal in § 17 Abs. 5 AtG nur als *komplexer Relationsbegriff* verstanden werden, in dessen praktische Ausfüllung alle Faktoren eingehen, die den *konkreten Gefährdungsgrad* einer Anlage ausmachen. Eine »erhebliche Gefährdung« liegt also immer dann vor, wenn die kerntechnische Anlage sich in einem Zustand befindet, bei dessen weiterer Duldung die unkontrollierte Freisetzung von Kernenergie nach Maßgabe der »praktischen Vernunft« (d.h. im Rahmen des menschlichen Erkennisvermögens) nicht mehr *hinreichend sicher* auszuschließen ist. Jener gesteigerte Gefährdungsgrad kann sich auch aus dem »*Gesamtrisiko*« einer Anlage ergeben, die wegen ihrer zahlreichen Mängel als ganze auf Dauer nicht mehr hinreichend stör- oder unfallfrei betrieben werden kann.

25. Hinzu kommen muß eine »Erheblichkeit« des zu erwartenden *Schadensausmaßes* für Beschäftigte, Dritte oder die Allgemeinheit (was bei unkontrollierter Freisetzung von ionisierender Strahlung stets zu vermuten ist) und die praktische Unmöglichkeit, durch nachträgliche Auflagen in angemessener Zeit *Abhilfe* zu schaffen. Letzteres ist auch dann anzunehmen, wenn erforderliche Nachrüstungs- oder Reparaturmaßnahmen entweder keinen Erfolg versprechen, also ungeeignet oder so aufwendig sind, daß sie dem Betreiber schon aus Rechtsgründen (Verhältnismäßigkeit) nicht zugemutet werden dürfen.

26. Die drei Fallgruppen eines fakultativen Widerrufs nach § 17 Abs. 3 AtG (Zeitablauf, Wegfall einer Genehmigungsvoraussetzung, Rechtsverstöße) ermöglichen die Aufhebung der Genehmigung dergestalt, daß unabhängig von drohenden Schäden oder Risiken in den Bestand der Genehmigung eingegriffen werden darf (bei Rechtsverstößen freilich nur im Falle ihrer Erheblichkeit und Wiederholung sowie des Fehlens von Abhilfemöglichkeiten in angemessener Zeit). Hierbei verfügt die Behörde über ein *echtes Widerrufsermessen*. Sind jedoch mit dem Wegfall der Genehmigungsvoraussetzungen oder den Rechtsverstößen zugleich Gefahren oder Risiken verbunden, so kann sich,

weil die Behörde zur Schadensvorsorge uneingeschränkt verpflichtet ist, dieses Aufsichtsermessen auch bei § 17 Abs. 3 Nr. 2 und 3 AtG auf Null reduzieren und im Rahmen der Verhältnismäßigkeit in eine *Widerrufspflicht* verwandeln.

27. Eine Rücknahme nach § 17 Abs. 2 AtG kommt nur bei »anfänglicher« Rechtswidrigkeit der Genehmigung in Betracht. Auch hier gilt das gleiche wie bei einem fakultativen Widerruf: Grundsätzlich besteht ein *Rücknahmeermessen* der Behörde, das sich jedoch dann, wenn die Rechtswidrigkeit gerade in unzureichender Schadensvorsorge besteht, zu einer *Rücknahmepflicht* verdichten kann.

28. Eine Änderung der Genehmigung (»Änderungsgenehmigung«) nach § 7 Abs. 2 AtG setzt stets einen Antrag des Betreibers voraus. Sie darf für eine ordnungsgemäß genehmigte und störungsfrei betriebene Anlage selbst bei unzureichender Schadensvorsorge *nicht gegen den Willen des Betreibers* erfolgen. Auch kann der entsprechende Antrag des Betreibers nicht erzwungen werden. Wesentliche Änderungen verlangen eine erneute Öffentlichkeitsbeteiligung (vgl. § 4 Abs. 2 AtVfV).

29. Die Möglichkeit nachträglicher Auflagen gemäß § 17 Abs. 1 Satz 3 AtG besteht völlig unabhängig von jedem Rechtsverstoß oder rechtswidrigen Zustand der Anlage schon dann, wenn diese zur Erreichung der Schutzzwecke des § 1 Nr. 2 und 3 AtG erforderlich sind. Insofern sind hier die Grenzen des Aufsichtsermessens besonders weit gezogen. Man wird freilich auch dabei annehmen müssen, daß im Interesse »bestmöglicher Gefahrenabwehr und Risikovorsorge« die Behörden immer dann zur Erteilung einer nachträglichen Auflage verpflichtet sind, wenn eine »dynamische Schadensvorsorge« dies verlangt. Nachträgliche Auflagen können jedoch im Unterschied zur Ordnungsverfügung nach § 19 Abs. 3 AtG einen Entschädigungsanspruch auslösen (§ 18 Abs. 3 AtG), allerdings erst dann, wenn die Auflagen nach Gewicht und Intensität dem Widerruf der Genehmigung gleichkommen.

30. Befindet sich eine kerntechnische Anlage in einem Zustand, der gegen geltendes Recht verstößt oder von dem Gefahren für Leben, Gesundheit oder Sachgüter ausgehen *können*, so ist die Behörde nach § 19 Abs. 3 AtG befugt, im Wege einer (entschädigungslos hinzunehmenden) Ordnungsverfügung vom Betreiber die Beseitigung jenes Zustandes zu verlangen. Diese Ermächtigung erstreckt sich ebenfalls auf den gesamten Bereich der »erforderlichen Schadensvorsorge«, greift über die allgemeine Pflicht des Staates zur Gefahren- und Risikoprävention hinaus und verlangt bestimmte Anhaltspunkte dafür, daß im konkreten Fall ohne aufsichtsbehördliche Intervention der *tatsächliche Eintritt von Schäden* zumindest im Bereich des Möglichen (nicht aber schon des Wahrscheinlichen) liegt. Das bloß abstrakte »Besorgnispotential« als Basis der generell erforderlichen Schadensvorsorge muß hier also in bezug auf eine bestimmte Anlage aufgrund besonderer Umstände bereits ein gewisses Maß an Konkretisierung erfahren haben.

31. Durch selbständige Ordnungsverfügung oder im Zusammenhang damit kann die Aufsichtsbehörde auch anordnen, daß der Betrieb einer kerntechnischen Anlage »einstweilen« oder (im Falle der Versagung oder des rechtskräftigen Widerrufs einer Genehmigung) »endgültig« eingestellt wird. Vor allem die Möglichkeit der *vorläufigen Stillegung* steht der Behörde unabhängig davon zur Verfügung, ob die Genehmigung noch besteht oder nicht. Sie kann davon jederzeit Gebrauch machen, sofern dieser Eingriff dem Verhältnismäßigkeitsprinzip entspricht, also auch zu Zwecken der Gefahren- oder Schadensermittlung sowie in Verbindung mit einer Reparatur- oder Nachrüstungsmaßnahme.

32. Nach dem Grundsatz der Verhältnismäßigkeit haben unter den einseitig hoheitlichen Anordnungen (die Änderungsgenehmigung auf eigenen Antrag des Betreibers also ausgenommen) die *Aufsichtsmaßnahmen* im engeren Sinn (nachträgliche Auflage, Ordnungsverfügung) prinzipiell *Vorrang*, weil sie den ursprünglichen Regelungsgehalt der Genehmigung unberührt lassen. Zwischen den Möglichkeiten der nachträglichen Auflage und der Ordnungsverfügung besteht ebenfalls ein Verhältnis der *Spezialität*; letztere geht der ersteren vor, wenn die Anforderungen des § 19 Abs. 3 AtG erfüllt sind. Unter den verschiedenen Formen der Aufhebung einer Genehmigung (Rücknahme, obligatorischer oder fakultativer Widerruf) herrscht *Gesetzeskonkurrenz*; es kommt stets nur eine, nämlich diejenige Maßnahme in Betracht, deren Voraussetzungen im konkreten Fall gegeben sind und die – dem Verhältnismäßigkeitsgrundsatz entsprechend – dem Betreiber auch zumutbar ist.

Literaturverzeichnis

Adler, Hans-Peter: Nachträgliche Anforderungen an Gewerbebetriebe, 1979
Afheldt, Horst: Die Traufe im Regen. Kernkraftwerke und Krieg, Kursbuch 85, 1986, S. 127 ff.
Albers, Hartmut: Die Krise der Verwaltungsgerichte und der Grundrechtsschutz im Atomrecht, in: Festschrift für Simon, Baden-Baden 1988, S. 519 ff.
ders.: Atomgesetz und Berstsicherung für Druckwasserreaktoren, DVBl. 1978, S. 22 ff.
ders.: Gerichtsentscheidungen zu Kernkraftwerken, Villingen 1980 (zit.: Gerichtsentscheidungen)

Backherms, Johannes: Bestandsschutz und wesentliche Änderungen, in: Sechstes Deutsches Atomrechts-Symposium 1979, S. 173 ff, Köln u.a. 1980
Baues, H.: Zum Begriff des Risikos als Kriterium für die Bewertung der zivilen Nutzung der Kernenergie, in: FS für Bosniakowski, Mainz 1989
Baumann, Wolfgang: Der Grundrechtsvorbehalt der »sozialadäquaten technisch-zivilisatorischen Risiken« und der »exekutive Gestaltungsspielraum« im Atomrecht, JZ 1982, S. 749 ff.
ders.: Betroffensein durch Großvorhaben – Überlegungen zum Rechtsschutz im Atomrecht, BayVBl. 1982, S. 257 ff.
Becker, Peter: Antrag an den Hessischen Minister für Umwelt und Reaktorsicherheit gem. § 17 Abs. 5 AtG, Marburg 1987
Benda, Ernst: Technische Risiken und Grundgesetz, in: ET 1981, S. 868 ff.
ders.: Technische Risiken und Grundgesetz, in: Blümel/Wagner (Hrsg.), Technische Risiken und Recht, Karlsruhe 1981, S. 5 ff.
Bender, Bernd: Gefahrenabwehr und Risikovorsorge als Gegenstand nukleartechnischen Sicherheitsrechts, in: NJW 1979, S. 1425 ff.
ders.: Nukleartechnische Risiken als Rechtsfragen, in: DÖV 1980, S. 633 ff.
ders.: Abschied vom »Atomstrom«? Einige Bemerkungen zur Problematik eines forcierten Ausstiegs aus der Kernenergie, in: DÖV 1988, S. 813 ff.
ders./Sparwasser, R.: Umweltrecht, Heidelberg 1988
Benecke, Jochen: Kritik der Sicherheitseinrichtungen und des Sicherheitskonzepts des Kernkraftwerks Würgassen, März 1988 (EWI-Gutachten, Teil A 2.6)
Bericht der Landesregierung Nordrhein-Westfalen zum Beschluß des Landtages vom 10.7.1986 betreffend den Übergang auf eine Energieversorgung ohne Kernkraft, hrsg.: Minister für Wirtschaft, Mittelstand und Technologie, Düsseldorf 1987
Birkhofer, Adolf: Das Risikokonzept aus naturwissenschaftlich-technischer Sicht, Siebtes Deutsches Atomrechts-Symposium 1983, S. 33 ff., Köln u.a. 1983
ders.: Anlageninterner Notfallschutz, in: Achtes Deutsches Atomrechts-Symposium 1989, S. 41 ff., Köln u.a. 1989
Bischof, Werner: Die Begriffe »Störfall« und »Unfall« im Atomenergierecht, in: ET 1980, S. 592 ff.
Bleckmann, Albert: Zum materiell-rechtlichen Gehalt der Kompetenzbestimmungen des Grundgesetzes, in: DÖV 1983, S. 129 ff.
Bochmann, Hans-Peter: Gefahrenabwehr und Schadensvorsorge bei der Auslegung von Kernkraftwerken, in: Siebtes Deutsches Atomrechts-Symposium 1983, S. 17 ff., Köln u.a. 1983
Breuer, Rüdiger: Gefahrenabwehr und Risikovorsorge im Atomrecht, in: DVBl. 1978, S. 829 ff.

ders. : Direkte und indirekte Rezeption technischer Regeln, in: AöR 101 (1976), S. 46 ff.
ders.: Die Bedeutung der Entsorgungsvorsorgeklausel in atomrechtlichen Teilgenehmigungen, in: VerwArch 72 (1981), S. 261 ff.
ders.: Anlagensicherheit und Störfälle – Vergleichende Risikobewertung im Atom- und Immissionsschutzrecht, in: NVWZ 1990, S. 211 ff.
Butze, G.: Bestandsschutz und wesentliche Änderungen, in: Sechstes Deutsches Atomrechts-Symposium 1979, S. 197 ff., Köln u.a. 1980

v. Caemmerer, Ernst: Wandlungen des Deliktsrechts, in: Hundert Jahre Deutsches Rechtsleben, in: FS zum 100jährigen Bestehen des Deutschen Juristentages, Bd. III, 1960, S. 49 ff.
Czajka, Dieter: Inhalt und Umfang der richterlichen Kontrolle im technischen Sicherheitsrecht, in: ET 1981, S. 537 ff.
ders.: Der Stand von Wissenschaft und Technik als Gegenstand richterlicher Sachaufklärung, in: DÖV 1982, S. 99 ff.
ders.: Die Zweite Verordnung zur Änderung der Strahlenschutzverordnung, in: NVwZ 1989, S. 1125 ff.

Darnstädt, Thomas: Gefahrenabwehr und Gefahrenvorsorge, Diss., Frankfurt 1983
Degenhart, Christoph: Kernenergierecht, 2. Aufl., Köln 1982
ders.: Technischer Fortschritt und Grundgesetz: Friedliche Nutzung der Kernenergie, in: DVBl. 1983, S. 926 ff.
ders.: Aktuelle Tendenzen in der neueren Rechtsprechung zum Atomrecht, in: ET 1989, S. 750 ff.
Denninger, Erhard: Polizeirecht, in: Meyer/Stolleis (Hrsg.), Hessisches Staats- und Verwaltungsrecht, 2. Aufl., S. 210 ff., Frankfurt 1986
Deutsche Risikostudie: Kernkraftwerke Phase A, Hauptband, 2. Aufl., Bonn 1980
Deutsche Risikostudie: Kernkraftwerke Phase B, Eine zusammenfassende Darstellung, Gesellschaft für Reaktorsicherheit mbH (Hrsg.), Juni 1989
Drews, B./Wacke, G./Vogel, K./Martens, W.: Gefahrenabwehr, Allgemeines Polizeirecht des Bundes und der Länder, 9. Aufl. Köln u.a. 1986, zit.: Bearb., in: Drews/Wacke
de Witt, Siegfried: Die Genehmigung von Atomanlagen, in: Roßnagel (Hrsg.), Recht und Technik im Spannungsfeld der Kernenergiekontroverse, Opladen 1984, S. 138 ff.

Esser, Josef: Schuldrecht, 2. Aufl., Karlsruhe 1960
ders./Schmidt, Eike: Schuldrecht, Bd. I, 6. Aufl., Heidelberg 1984
EWI-Gutachten: Gutachten der Elektrowatt Ingenieurunternehmung AG, Überprüfung der kerntechnischen Anlagen in Nordrhein-Westfalen, Zusammenfassung des Gesamtgutachtens, Oktober 1988, hrsg. vom Minister für Wirtschaft, Mittelstand und Technologie des Landes Nordrhein-Westfalen

Feldhaus, Gerhard: Einführung in die Störfall-Verordnung, in: Wirtschaft und Verwaltung 1981, S. 191 ff.
ders.: Zum Inhalt und zur Anwendung des Standes der Technik im Immissionsschutzrecht, in: DVBl. 1981, S. 165 ff.
Fischer, Precht: Umweltschutz durch technische Regelungen, Berlin 1989
Fischer, Bernhard/Hahn, Lothar/Sailer, Michael: Bewertung der Ergebnisse der Phase B der Deutschen Risikostudie Kernkraftwerke, Öko-Institut Darmstadt 1989
Fischerhof, Hans: Deutsches Atomgesetz und Strahlenschutzrecht, 2. Aufl., Baden-Baden 1978
ders.: Zur Revision des § 18 Atomgesetz. Eine Erwiderung auf den Aufsatz von Scharnhoop, in: DVBL. 1975, S. 330 ff.

Franzen, L. F.: Nachträgliche Berücksichtigung der Änderungen von Wissenschaft und Technik oder der Umgebung bei einer genehmigten Kernkraftanlage einschließlich Entschädigungsfragen – Technische Problematik, in: Erstes Deutsches Atomrechts-Symposium 1972, S. 125 ff., Köln u.a. 1973

Friauf, Karl Heinz: Polizei- und Ordnungsrecht, in: v. Münch, Besonderes Verwaltungsrecht, 7. Aufl., Köln u.a. 1985

Führ, Martin: Sanierung von Industrieanlagen, Düsseldorf 1989

Gerhardt, Michael: Aus der neueren Rechtsprechung zum Atom-, Immissionsschutz- und Abfallrecht, in: DVBl. 1989, S. 125 ff.

ders./Jacob, Peter: Die ungeliebte Öffentlichkeit – Drittbeteiligung im Atomrecht zwischen Verfassungsgebot und Farce, in: DÖV 1986, S. 258 ff.

Götz, Volkmar: Allgemeines Polizei- und Ordnungsrecht, 8. Aufl., Göttingen 1986

Haedrich, Heinz: Atomgesetz (Kommentar), Baden-Baden 1986
ders.: Neuere Entwicklungen im Atomrecht, in: ET 1988, S. 631 ff.

Hahn, Lothar/Sailer, Michael: Charakterisierung von Sicherheitsphilosophien in der Kerntechnik, Öko-Institut Darmstadt 1987

Handbuch : Reaktorsicherheit und Strahlenschutz, Hrsg.: Bundesminister für Umwelt, Naturschutz und Reaktorsicherheit, Stand Sept. 1989

Hanning/Schmieder: Gefahrenabwehr und Risikovorsorge im Atom- und Immissionsschutzrecht, in: DB 1977 Beil. Nr. 14/77

Hansen-Dix, Frauke: Die Gefahr im Polizeirecht, im Ordnungsrecht und im Technischen Sicherheitsrecht, 1982

Hansmann, Klaus: Nachträgliche Berücksichtigung der Änderungen von Wissenschaft und Technik oder der Umgebung bei einer genehmigten Kernkraftanlage einschließlich Entschädigungsfragen, in: Erstes Deutsches Atomrechts-Symposium 1972, S. 151 ff., Köln u.a. 1973

ders.: Sicherheitsanforderungen im Atomrecht und im Immissionsschutzrecht, in: DVBl. 1981, S. 898 ff.

ders.: in: Landmann/Rohmer, Gewerbeordnung, Band 3: Umweltrecht, 13. Aufl., Loseblatt, München 1977 ff., zit.: L/R-Hansmann

Hawickhorst, W.: Deterministik und Probabilistik bei der Bewertung nuklearer Risiken im Verwaltungsgerichtsverfahren, in: ET 1983, S. 844 ff.

Hermes, Georg: Das Grundrecht auf Schutz von Leben und Gesundheit, Heidelberg 1987

Hesse, Konrad: Grundzüge des Verfassungsrechts, 17. Aufl., Heidelberg 1990

Hofmann, Hasso : Rechtsfragen der atomaren Entsorgung, Stuttgart 1981, zit.: Rechtsfragen

ders.: Atomgesetz und Recht auf Leben und Gesundheit, in: BayVBl. 1983, S. 33 f.

ders.: Atomenergie und Grundrechte, in: Roßnagel (Hrsg.), Recht und Technik im Spannungsfeld der Kernenergiekontroverse, Opladen 1984, S. 55 ff., zit.: Grundrechte

ders.: Der Einfluß der Großtechnik auf Verwaltungs- und Prozeßrecht, in: UPR 1984, S. 73 ff.

ders.: Privatwirtschaft und Staatskontrolle bei der Energieversorgung durch Atomkraft, München 1989, zit.: Privatwirtschaft

Hohlefelder, W.: Zur Regelung der Gefahrenabwehr bei Kernenergieanlagen in der deutschen Rechtsordnung, in: ET 1983, S. 392 ff.

Hoppe, Werner/Beckmann, Martin: Umweltrecht, München 1989

Jakobs, Michael.: Der Grundsatz der Verhältnismäßigkeit, Köln u.a. 1985

Jarass, Hans D.: Der rechtliche Stellenwert technischer und wissenschaftlicher Standards, in: NJW 1987, S. 1225 ff.

ders.: Der Rechtsschutz Dritter bei der Genehmigung von Anlagen, in: NJW 1983, 2844 ff.

Kaul, Alexander: Ionisierende Strahlung, Schriften des Bundesgesundheitsamtes, 7/87
Klein, Eckart: Grundrechtliche Schutzpflicht des Staates, in: NJW 1989, S. 1633 ff.
Kloepfer, Michael: Umweltrecht, München 1989
Köberlein, Klaus: Risikoanalysen, in: Michaelis (Hrsg.), Handbuch der Kernenergie, S. 905 ff.
Kopp, Ferdinand: VwGO, Kommentar, 7. Aufl., München 1989
Kramer, Rainer: Die nach dem Atomgesetz erforderliche Schadensvorsorge als Grundrechtsproblem, in: NJW 1981, S. 26 ff.
ders./Zerlett, Georg: Strahlenschutzverordnung, 3. Aufl., Köln u.a. 1990

Ladeur, Karl-Heinz: »Praktische Vernunft« im Atomrecht, in: UPR 1986, S. 361 ff.
Lamprecht, Rolf: Die Lebensgarantie im Zeitalter der Atomenergie, in: Festschrift für H. Simon, Baden-Baden 1988, S. 505 ff.
Lange, Klaus: Rechtliche Aspekte eines »Ausstiegs aus der Kernenergie«, in: NJW 1986, S. 2459 ff.
Lawrence, Christian: Grundrechtsschutz, technischer Wandel und Generationenverantwortung, Berlin 1989
Levi, H. W.: Wie solide ist das wissenschaftliche Fundament des Strahlenschutzes? in: atw 1989, S. 28 ff.
Lorenz, Dieter: Die öffentliche Sache als Instrument des Umweltschutzes, in: NVwZ 1989, S. 812 ff.
Lukes, Rudolf: Die nach dem Stand von Wissenschaft und Technik erforderliche Vorsorge gegen Schäden, in: Sechstes Deutsches Atomrechts-Symposium 1979, S. 49 ff., Köln u.a. 1980
ders.: Rechtsfragen eines Verzichts auf die friedliche Nutzung der Kernenergie, in: BB 1986, S. 1305 ff.
ders.: Rechtsfragen im Zusammenhang mit dem anlageninternen Notfallschutz, in: Achtes Deutsches Atomrechts-Symposium, 1989, S. 63 ff., Köln u.a. 1989

v. Mangoldt/Klein/Starck: Grundgesetz, Bd. 1, 3. Aufl. 1985
Marburger, Peter: Atomrechtliche Schadensvorsorge, 2. Aufl., Köln 1985, zit.: Schadensvorsorge
ders.: Der Verhältnismäßigkeitsgrundsatz bei der atomrechtlichen Schadensvorsorge, in: Siebtes Deutsches Atomrechts-Symposium 1983, S. 45 ff., Köln u.a. 1983
ders.: Bewertung von Risiken chemischer Anlagen aus der Sicht des Juristen, in: Blümel/Wagner (Hrsg.), Technische Risiken und Recht, Karlsruhe 1981, S. 27 ff., zit.: Bewertung von Risiken
ders.: Ausbau des Individualschutzes gegen Umweltbelastungen als Aufgabe des bürgerlichen und des öffentlichen Rechts, Gutachten C zum 56. Deutschen Juristentag 1986, Band 1, Gutachten, München 1986, zit.: Individualschutz
Martens, Wolfgang: Immissionsschutzrecht und Polizeirecht, in: DVBl. 1981, S. 597 ff.
Mattern, K. H./Raisch, Peter: Atomgesetz, Berlin 1961
Maurer, Hartmut: Der Verwaltungsvorbehalt, in: VVDStRL 43 (1985), S. 159 ff.
Meißner, J.: Gesundheitsbelastung durch ionisierende Strahlung und chemische Schadstoffe, in: atw 1980, S. 93 ff.
Menzel, Andreas: Nochmals: Zum materiell-rechtlichen Gehalt der Kompetenzbestimmungen des Grundgesetzes, in: DÖV 1983, S. 805 ff.
Mertens, Hans-Joachim: in: Münchner Kommentar zum Bürgerlichen Gesetzbuch (MünchKomm), Bd. III, 2. Hbd., 2. Aufl., 1984
Meyer-Abich, Klaus M./Grupp, H.: Die risikoanalytische Bewertung des Brüters, in: ders./Ueberhorst, R. (Hrsg.), Ausgebrütet – Argumente zur Brutreaktorpolitik, 1985, S. 108 ff.

ders./Schefold, D.: Die Grenzen der Atomwirtschaft, 1986
v. Münch, Ingo: Grundgesetz (Kommentar), Bd.1, 3. Aufl., München 1985
Murswiek, Dietrich: Die staatliche Verantwortung für die Risiken der Technik, Berlin 1985
ders.: Zur Bedeutung der grundrechtlichen Schutzpflichten für den Umweltschutz, in: WiVerw 1986, S. 179 ff.

Nell, Ernst L.: Wahrscheinlichkeitsurteile in juristischen Entscheidungen, Berlin 1983
Nicklisch, F.: Wechselwirkungen zwischen Technologie und Recht, in: NJW 1982, S. 2633 ff.
ders.: Funktion und Bedeutung technischer Standards in der Rechtsordnung, in: BB 1983, S. 261 ff.
Nolte, Rüdiger: Rechtliche Anforderungen an die technische Sicherheit von Kernanlagen, Berlin 1984

Obenhaus, Werner/Kuckuck, Bernd: Funktion und Strukturmerkmale des Begriffs »Stand von Wissenschaft und Technik« für die erforderliche Schadensvorsorge im Atomrecht, in: DVBl. 1980, S. 154 ff.
Ossenbühl, Fritz: Rechtsanspruch auf Erteilung atomrechtlicher Genehmigungen und Versagungsermessen, in: ET 1983, S. 665 ff.
ders.: Vorsorge als Rechtsprinzip im Gesundheits-, Arbeits- und Umweltschutz, in: NVwZ 1986, S. 161 ff.
ders.: Die Bewertung von Risiken kerntechnischer Anlagen aus rechtlicher Sicht, in: Blümel/Wagner (Hrsg.), Technische Risiken und Recht, Karlsruhe 1981, S. 45 ff., zit.: Bewertung von Risiken

Papier, Hans-Jürgen: Rechtskontrolle technischer Großprojekte, 11. Bitburger Gespräche, 1981, S. 91 ff.
Perrow, Charles: Normale Katastrophen. Die unvermeidbaren Risiken der Großtechnik, Frankfurt 1987
Plischka, Hans Peter: Technisches Sicherheitsrecht, Berlin 1969

Rat von Sachverständigen für Umweltfragen, Umweltgutachten 1987
Reich, Andreas: Gefahr – Risiko – Restrisiko. Das Vorsorgeprinzip am Beispiel des Immissionsschutzrechts, Düsseldorf 1989
Rengeling, Hans-Werner: Der Stand der Technik bei der Genehmigung umweltgefährdender Anlagen, Köln 1985
ders.: Probabilistische Methoden bei der atomrechtichen Schadensvorsorge, Köln 1986, zit.: Probabilistik
ders.: Reaktorsicherheit: Vorsorge auch jenseits der praktischen Vernunft? in: DVBl. 1988, S. 258 ff.
Renneberg, W.: Der »Stand der Wissenschaft« und die »Schadensvorsorge« im atomrechtlichen Genehmigungsverfahren, in: ZRP 1986, S. 161 ff.
Renn, Ortwin u.a.: Sozialverträgliche Energiepolitik, 1985
Richter, Bernhard: Nachrüstung von Kernkraftwerken, Köln 1985
Ritter, Ernst-Hasso: Umweltpolitik und Rechtsentwicklung, in: NVwZ 1987, S. 929 ff.
Ronellenfitsch, M.: Das atomrechtliche Genehmigungsverfahren, Berlin 1983
Roßnagel, Alexander: Grundrechte und Kernkraftwerke, Heidelberg 1979
ders,: Wie dynamisch ist der »dynamische Grundrechtsschutz« des Atomrechts?, in: NVwZ 1984, S. 137 ff.
ders.: Die rechtliche Fassung technischer Risiken, in: UPR 1986, S. 46 ff.
ders.: Plutonium und der Wandel der Grundrechte, in: ZRP 1985, S. 81 ff.

ders.: Rechtliche Risikosteuerung, in: Recht und Technik im Spannungsfeld der Kernenergiekontroverse, Opladen 1984, S. 198 ff., zit.: Risikosteuerung
ders.: Zum rechtlichen und wirtschaftlichen Bestandsschutz von Atomkraftwerken, in: JZ 1986, S. 716 ff.
Roth-Stielow, K.: Grundrechtsschutz und Schadensausschluß im Atomrecht, in: DÖV 1979, S. 167 ff.
ders.: Grundrechtsverständnis des Parlamentarischen Rates und der Grundrechtsschutz beim Betrieb von Kernkraftwerken, in: EuGRZ 1980, S. 386 ff.
ders.: »Stand von Wissenschaft« und Grundrechtsschutz – ein Plädoyer aus rechtspolitischökologischer Sicht –, in: ZAU 1989, S. 259 ff.
Sachverständigenrat für Umweltfragen: Umweltgutachten 1987
Saladin, Peter: Kernenergie und schweizerische Staatsordnung, in: FS für Hans Huber, Bern 1981, S. 299 ff.
Scharnhoop, Herrmann: Nachträgliche Berücksichtigung der Änderung von Wissenschaft und Technik oder Umgebung bei der genehmigten Kernkraftanlage einschließlich Entschädigungsfragen – Rechtliche Problematik, in: Erstes Deutsches Atomrechts-Symposium 1972, S. 131 ff., Köln u.a. 1973
ders.: Zur Revision des § 18 Atomgesetz. Eine Bestandsaufnahme zum Problem der nachträglichen Belastung begünstigender Verwaltungsakte im industriellen Sicherheitsrecht, in: DVBl. 1975, S. 157 ff.
ders.: Rechtsfragen im Zusammenhang mit der Stillegung kerntechnischer Anlagen, in: Fünftes Deutsches Atomrechts-Symposium 1976, Köln 1977, S. 141 ff.
Schattke, Herbert: Wechselbeziehungen zwischen Recht, Technik und Wissenschaft – am Beispiel des Atomrechts, in: Roßnagel (Hrsg.), Recht und Technik im Spannungsfeld der Kernenergiekontroverse, Opladen 1984, S. 100 ff., zit.: Schattke in: Recht und Technik
ders.: Grenzen des Strahlenschutzes in kerntechnischen Anlagen, in: ET 1982, S. 1083 ff.
Schmidt, Christoph: Der Ausstieg des Bundesverwaltungsgerichts aus der atomrechtlichen Kontrolle, in: KJ 1986, S. 470 ff.
Schmieder, Klaus: Atomanlagengenehmigung und Bestandsschutz von Atomanlagen bei nachrückender Industrieansiedlung, Köln 1977
Schmitt, Franz Josef: Bestandsschutz für Kernenergieanlagen, in: Achtes Deutsches Atomrechts-Symposium 1989, S. 81 ff., Köln u.a. 1989
Scholz: Die polizeirechtliche Gefahr. Begriff, Erkennbarkeit und richterliche Nachprüfung besonders bei Polizeiverordnungen, in: VerwArch. 27 (1919), S. 1 ff.
Schwarzer, Wolfgang: Der Kerntechnische Ausschuß (KTA) – Auftrag, Arbeitsweise, Arbeitsergebnisse, in: ET 1984, S. 377 ff.
Sellner, Dieter: Atom- und Strahlenschutzrecht: in: Salzwedel (Hrsg.), Grundzüge des Umweltrechts, S. 357 ff., Berlin 1982, zit.: Atomrecht
ders.: Gestuftes Genehmigungsverfahren, Schadensvorsorge, verwaltungsgerichtliche Kontrolldichte, in: NVwZ 1986, S. 616 ff.
ders.: Immissionsschutzrecht und Industrieanlagen, 2. Aufl., München 1988, zit.: Immissionsschutzrecht
Sendler, Horst: Gesetzes- und Richtervorbehalt im Gentechnikrecht, in: NVwZ 1990, S. 231 ff.
ders.: Skeptisches zum unbestimmten Rechtsbegrif, in: FS für Ule, S. 337 ff., Köln u.a. 1987.
ders.: Wer gefährdet wen: Eigentum und Bestandsschutz den Umweltschutz – oder umgekehrt?, in: UPR 1983, S. 33 ff.
Smidt, D.: Die nach dem Stand von Wissenschaft und Technik erforderliche Vorsorge gegen Schäden, in: Sechstes Deutsches Atomrechts-Symposium 1979, S. 39 ff., Köln u.a. 1980

Sommer, Herbert: Praktische Vernunft beim kritischen Reaktor, in: in: DÖV 1981, S. 654 ff.
Sommer, Wolf-E.: Zum Dosisgrenzwertkonzept des § 45 Strahlenschutzverordnung, DÖV 1983, S. 754 ff.
Steinberg, Rudolf: Verwaltungsgerichtlicher Umweltschutz – Voraussetzungen und Reichweite der egoistischen Umweltschutzklage, in: UPR 1984, S. 350 ff.
ders.: Grundfragen des öffentlichen Nachbarrechts, in: NJW 1984, S. 457 ff.
ders. : Verfassungsrechtliche Kontrolle der »Nachbesserungspflicht« des Gesetzgebers, in: Der Staat 1987, S. 161 ff.
ders. : Das Nachbarrecht der öffentlichen Anlagen, Stuttgart u.a. 1988, zit.: Nachbarrecht
ders.: Bundesaufsicht, Länderhoheit und Atomgesetz, Heidelberg 1990, zit.: Bundesaufsicht
Sterzel, Dieter: Tschernobyl und keine Rechtsfolgen, in: KJ 1987, S. 394 ff.
Streffer, Christian: Risiko nach niedrigen Strahlendosen, Achtes Deutsches Atomrechts-Symposium 1989, S. 143 ff., Köln u.a. 1989

Trute, Hans-Heinrich: Vorsorgestrukturen und Luftreinhalteplanung im Bundesimmissionsschutzgesetz, 1989

v. Tuhr, A.: Der Allgemeine Teil des Deutschen Bürgerlichen Rechts, 2. Bd., 2. Hälfte, 1918

Überprüfung der kerntechnischen Anlagen in Nordrhein-Westfalen, Gutachten der Elektrowatt Ingenieurunternehmung AG, Zusammenfassung des Gesamtgutachtens, Oktober 1988, hrsg. v. Minister für Wirtschaft, Mittelstand und Technologie des Landes NRW

Vieweg, Klaus: Atomrecht und technische Normung, Berlin 1981

Wagner, Hellmut: Schadensvorsorge bei der Genehmigung umweltrelevanter Großanlagen, in: DÖV 1980, S. 269 ff.
ders.: Ausstieg aus der Kernenergie durch Verwaltungsakt? Ein Kurzbeitrag zur Rücknahme und zum Widerruf von Reaktorbetriebsgenehmigungen, in: DÖV 1987, S. 524 ff.
Weizenbaum, Joseph: Die Macht der Computer und die Ohnmacht der Vernunft, 1978
Winkler v. Mohrenfels, Peter: Errichtung und Betrieb von Kernkraftwerken, in: ZRP 1980, S. 86 ff.
Winter, Gerd: Bevölkerungsrisiko und subjektives öffentliches Recht im Atomrecht, in: NJW 1979, S. 393 ff.
ders.: Ausstieg aus dem Schnellen Brüter?, in: KJ 1986, S. 23 ff.
ders./Schäfer, Rüdiger: Zur richterlichen Rezeption natur- und ingenieurwissenschaftlicher Voraussagen über komplexe technische Systeme am Beispiel von Kernkraftwerken, in: NVwZ 1985, S. 703 ff.
Winters, Karl-Peter: Atom- und Strahlenschutzrecht, München 1978
Wolf, Rainer: Der Stand der Technik, Opladen 1986

Ulrich Bachmann/Hans-Peter Schneider

Zwischen Aufklärung und politischem Kampf

Aktuelle Probleme des parlamentarischen Untersuchungsrechts

Das parlamentarische Untersuchungsrecht ist nicht nur ein Kriterium für die Bestimmung der Gewichte zwischen Exekutive und Parlament. Es ist vor allem ein (Kampf-)Instrument der parlamentarischen Opposition und damit Ausdruck der politischen Geltendmachung von Minderheitenpositionen. Zunehmend gerät auch die Privatsphäre von Bürgern und Unternehmen in den Blickpunkt von Untersuchungsausschüssen und damit letztlich auch in die staatliche Observanz. Die seit längerem anhaltende Reformdebatte über das Recht der parlamentarischen Untersuchungsausschüsse scheint jedoch nicht recht aus den Startlöchern zu kommen. Immerhin liegen dem Deutschen Bundestag zwei Gesetzentwürfe zur Beratung vor. Der Sammelband will Denkanstöße in Richtung einer Neuordnung des parlamentarischen Untersuchungsrechts vermitteln. Dabei wird die Möglichkeit einer Verfassungsänderung nicht von vornherein ausgeschlossen. Einige Beiträge plädieren für eine konsequente Ausgestaltung als Minderheitsrecht. Andere Beiträge versuchen, Eckpunkte für eine gesetzliche Regelung von bestimmten Einzelproblemen zu formulieren.Der Anhang enthält die beiden dem Bundestag vorliegenden Gesetzentwürfe sowie eine Rechtsprechungsübersicht. Dadurch kann der Leser unmittelbar nachvollziehen, ob und auf welche Weise Vorschläge in den beiden Entwürfen realisiert werden.

1988, 147 S., brosch., 39,– DM, ISBN 3-7890-1663-2

NOMOS VERLAGSGESELLSCHAFT
Postfach 610 · 7570 Baden-Baden

SCHRIFTEN zur öffentlichen Verwaltung und öffentlichen Wirtschaft

Herausgegeben von Prof. Dr. Peter Eichhorn und Prof. Dr. Peter Friedrich

Rudolf Steinberg   Band 51

Politik und Verwaltungsorganisation

Zur Reform der Regierungs- und Verwaltungsorganisation unter besonderer Berücksichtigung der Obersten Bundesbehörden in den Vereinigten Staaten von Amerika

In der Freiburger Habilitationsschrift des Verfassers wird die Verwaltungsorganisation im Regierungsbereich auf ihre politischen Bedingtheiten, Abhängigkeiten und Wirkungen auf und für das Handeln von Regierung und Verwaltung untersucht; ferner werden die Beziehungen zwischen gesellschaftlichen Interessen und dieser Organisation aufgehellt sowie Aspekte der Organisationspolitik und der Durchsetzung von Organisationsreformen entwickelt. Der Verfasser arbeitet einmal die große, bislang unzulänglich erkannte Bedeutung von Organisationsfragen im demokratischen Regierungssystem heraus. Zum andern werden die sich aus dieser Sicht ergebenden Konsequenzen für die Behandlung von Organisationsaufgaben erörtert. Die letzte Frage wird unter Kompetenzgesichtspunkten (»Organisationsgewalt«) und institutionellen Aspekten abgehandelt. Organisationsfragen werden dabei als gemeinsame Aufgabe von Exekutive und Legislative verstanden.

Zu allen Fragen werden eingehend die amerikanischen Erfahrungen herangezogen und ausgewertet. Dies gilt insbesondere für die Darstellung und Analyse der Entwicklung der amerikanischen Regierungsorganisation des Bundes, bei der der Verfasser seine These der primär politischen Bedeutung von Organisationsfragen exemplifiziert. Hierbei wird erstmalig in der deutschsprachigen Literatur unter Auswertung des umfangreichen amerikanischen Schrifttums die Entwicklung der zentralen amerikanischen Bundesbehörden einschließlich des Executive Office des Präsidenten unter den Bedingungen des modernen Lenkungs- und Leistungsstaates verfolgt. Neuland betritt der Verfasser mit der Behandlung der Arbeit der amerikanischen Regierungsreformkommissionen, der Beteiligung der Legislative an der Wahrnehmung von Organisationsaufgaben in der Bundesrepublik Deutschland und den Vereinigten Staaten von Amerika sowie der Untersuchung der verfassungsrechtlichen Zuständigkeiten für Organisationsfragen im amerikanischen Verfassungsrecht.

1979, 476 S., 15,3 x 22,7 cm, Salesta geb., 95,– DM
ISBN 3–7890–0462–6

Nomos Verlagsgesellschaft
Postfach 610 · 7570 Baden-Baden